멀티족으로 산다

멀티족으로 산다

Liberty
Boundless
Discovery
Making
Achievement
Money
Development
Challenge
business
Variety
Handle
Learning
Soft power
Life
Curiosity
Slasher
Target
Harmony
Explore
Start-up

수잔 쾅 지음
정주은 옮김

좋아하는 일 다 하면서 돈도 벌고 행복하게 사는 법

쌤앤
파커스

이제부터
내 방식대로 살래!

얼마 전에 친구를 만나 식사하다가 앞으로의 계획에 대해 묻자 그가 입이 귀에 걸려 대답했다.

"9월에 베이징 고궁박물원에서 열리는 서화전을 관람한 다음, 항저우에서 특별 전시회를 관람하고 광저우에서 열리는 송원宋元 왕조 서화전을 보러 갈 거예요. 거기서 홍콩으로 건너가 한무제漢武帝 특별전을 관람하고, 겸사겸사 미슐랭 3스타 레스토랑인 룽킨힌의 음식을 맛볼 거예요. 중추절에는 빅토리아만에서 보름달을 감상하고 곧바로 대만으로 건너가 소동파蘇東坡의 '한식첩'과 주세페 카스틸리오네Giuseppe Castiglione가 중국으로 온 지 300년을 기념하는 특별 전시회를 관람할 예정이에요. 물론 타이베이의 유명 맛집을 들르지 않고 그냥 올 수는 없겠죠."

그의 독특한 생활 방식에 이미 익숙할 대로 익숙해졌지만 전시회를 찾아 세계 각지를 전전하는 삶에 적잖이 놀라 내가 우스갯소리를 건넸다.

　　"너무 사치스럽게 사는 것 아녜요?"

　　사치스럽다고 한 것은 단순히 돈을 많이 쓴다는 뜻에서 한 말이 아니었다. 사실 그런 호화로운 생활 방식에 비해 쓰는 돈은 그다지 많지 않았다. 내가 '사치'라는 단어를 입에 올린 까닭은 그가 돈과 시간에 구애받지 않고 원하는 삶을 살기 때문이었다. 이것이야말로 진정한 '사치'였다.

　　열렬한 세계문화유산 애호가인 그는 어려서부터 역사서를 가까이하며, 책으로 얻을 수 있는 지식은 거의 다 섭렵했다. 그래서 현재 그의 가장 큰 꿈은 역사의 틈바구니에서도 운 좋게 보존된 세계문화유산을 자신의 두 눈으로 직접 보고 느끼는 것이다. 그래서 지난 10년간 대부분의 시간을 세계 각지의 문화유산을 구경하러 다니는 데 썼다. 어디에서 좋은 전시회가 열린다고 하면 당장 비행기표를 끊었다. 지금까지 500여 곳에 가까운 세계자연문화유산과 국내외 유명 역사 문물을 두 눈에 담았다.

　　내가 그를 알고 지낸 지 2년이 넘었다. 우리 두 사람은 업무 파트너로 시작한 관계였다가 서로 공통점이 많다는 것을 알고 절친한 친구가 되었다. 나는 처음에 그의 생활 방식을 이해하지 못했지만 지금은 존경하고 지지한다. 특별히 존경하는 부분은 세계 곳곳을 여행하는 삶이 아니라 자신의 방식으로 삶을 살아가는 용기다.

자신이 하고자 하는 일이 무엇인지 정확히 알고 꿋꿋이 추구하는 것은 결코 쉬운 일이 아니다. 사람은 누구나 군중심리가 있기 때문에 본능적으로 주변 사람과 비슷한 행보를 하려고 한다. 원시사회에서는 다수를 따르면 생존 확률이 높아졌기 때문에 그것이 매우 현명한 선택이었다. 그러나 오늘날 인류 사회는 '다수를 따르는 것'과 '생존' 사이에 그다지 직접적인 관계가 없는데도 이런 원시적인 힘이 여전히 우리의 의식을 지배하고 있다.

물론 당신은 스스로에게 대다수가 옳다고 여기는 길을 따라야 할 이유를 끝도 없이 말할 수 있을 것이다. 당신의 마음이 괴로움에 몸부림치는 것과는 별개로 말이다.

'일자리 구하기가 어디 쉬워?'

'당장 일을 관두면 가족과 친구들이 걱정할 거야!'

'카드 대금은 어떡해? 집세는 또 어쩌고?'

'동료들은 군말 없이 일하잖아?'

'조금만 더 버티면 괜찮아질 거야….'

이런 것은 진짜 이유라기보다는 스스로 만들어낸 장애물에 가깝다. 물론 세상에는 사람의 힘으로 안 되는 일이 있어 가고 싶다고 해서 아무 길이나 갈 수는 없다. 물리적으로 인간은 빛의 속도를 따라잡을 수 없다. 생물학적으로 인체는 광합성을 할 수 없다. 사회적으로 인간은 법률의 위엄에 도전할 수 없다. 그러나 역사를 되돌아보면 인류의 삶이 엄청난 제약 아래 있을 때도 무한한 가능성이 있었고, 필연적으로 보이는 많은 일이 사실 별로 신성불가침한 일이 아니었음을 알 수 있다.

절대다수의 사람들은 노력으로 바꿀 수 없는 현실에 한숨 지으면서도 대자연과 사회가 정한 한계를 넘지 못한다. 우리는 그렇게 자신의 발에 족쇄 채우는 것을 좋아한다. 그러고는 혼잣말한다.

'선택의 여지가 없어.'

'다른 길이 없어.'

그러나 이 세상은 수많은 선택지가 존재하는 다채롭고 근사한 곳이다. 당신이 스스로 인생의 다른 선택을 지워버리면, 당신의 인생에는 단 한 개의 길만 남게 된다.

2015년, 나는 마침내 '정상'적인 궤도를 이탈했다. 그제야 나는 '내가 원하는 삶을 산다'는 것이 거짓 명제라는 사실을 깨달았다. 실제로 그런 삶을 살기 전에는 내가 어떤 삶을 좋아하는지 알 수가 없기 때문이다.

나는 원래 내가 사업적인 욕망이 강한 철의 여인이고 직장을 주름잡는 엘리트를 꿈꾼다고 생각했다. 하지만 직장인의 삶에서 멀어지고 나니, 나는 내가 생각했던 것처럼 포부가 원대하고 야심만만한 사람이 아니었음을 알 수 있었다. 오히려 나는 느긋하고 자유 시간이 충분해 삶을 누리고 자기 발전을 꾀하는 삶을 더 좋아하는 것 같았다.

　미리 말해두건대 나는 규칙적으로 출퇴근하는 생활 방식을 부정할 생각이 없다. 어쨌든 '9 to 6' 근무 형태는 오늘날의 주류 생활방식이니 말이다. 하지만 '9 to 6'는 돈을 벌 수 있는 유일한 생활 방식도 아니고, 자기 가치를 실현하는 단 하나의 경로도 아니라는 사실을 알아야 한다.

　현재 세계적으로 '슬래셔Slasher'라고 불리는 무리가 있다. '슬래셔'는 영어 단어인 'slash'에서 나온 단어로, 2007년《뉴욕 타임스》칼럼니스트 마르시 앨보허Marci Alboher가 쓴《한 사람, 다중 직업One Person, Multiple Careers》이라는 책에서 처음 등장했다. 앨보허는 갈수록 많은 청년이 '한 가지 직업'만 가지는 생활 방식에 만족하지 않고, 다중 직업으로 다채롭고 다원화한 삶을 체험하기 시작했다고 밝혔다. 이런 사람들은 자기소개서를 쓸 때 '/'로 여러 가지 직업을 나열하기 때문에 '슬래셔'가 그들을 대변하는 용어가 되었다.

　나는 이 슬래셔를 직관적으로 이해할 수 있게 '멀티족multi族'이라고 명명한다. 하룻밤 사이에 '멀티족'은 많은 직장인의 이상적인 생활 방식이자 삶의 목표가 되었다. 그러나 사람들 대부분이 '멀티족'을 제대로 이해하지 못하거나 잘못 이해하고 있다. 겉으로 보이는 '멀티족'의 특징이 다중 수입, 다중 신분인 탓에 직업을 늘리고 수많은 명함을 가지면 자신도 '멀티족'이 될 수 있다고 생각한다. 이는 상당히 잘못된 인식이다.

'멀티족'은 세 가지로 정의할 수 있다.

하나, '멀티족'은 아주 새로운 인생 가치관이다. '멀티족'의 핵심은 다중 수입이나 다중 신분이 아니라 다원화한 인생에 있다. 이는 산업화 시대에 투자한 만큼의 생산성만 얻는 식의 업무 양식과 단일한 직업으로 개인을 정의하는 것에 대한 성찰이자 도전이다. 또 인간의 잠재력을 발휘하고 실현하고자 하는 본능에 대한 존중이자 방출이다.

둘, '멀티족'은 시대의 산물이다. 과거 이런 다채롭고 다원화한 인생은 생계를 고민할 필요가 없는 부유층의 전유물이었다. 사람들은 대부분 그저 부러워할 뿐 시도조차 하지 못했다. 그러나 이제는 시대가 달라졌다. 과학기술의 발전으로 사회는 보다 유동적이고 공평해졌으며, 조직에도 변혁이 일어났다. 시대의 진보는 재능과 능력을 가진 사람들이 조직의 속박에서 벗어나 자신의 힘으로 더 많은 수입을 얻고 자유로운 삶을 살 기회를 주었다.

셋, '멀티족'의 생활 방식은 실력이 밑받침되어야 한다. 주변의 '멀티족'들을 살펴보면 하나같이 자제력이 매우 강하고, 오랜 시간 자기 투자와 단련을 거쳤으며, 핵심 경쟁력을 보유하고 있음을 알게 된다. 나는 종종 이런 질문을 받는다.

"어떻게 해야 '멀티족'이 될 수 있나요?"

이렇게 묻기 전에 자기 자신에게 먼저 물어봐야 한다.

'나는 나 자신이 하고 싶은 일을 제대로 알고 있는가?'

'나는 자제력이 강한 사람인가?'

'나는 특출한 재능과 기술을 가지고 있는가?'

질문에 대한 답이 부정적이라면 먼저 실력을 갖추기 위해 시간과 노력을 투자해야 할 것이다. 자제력과 실력이 전제되지 않은 자유는 방종일 뿐이다. 이런 말도 있지 않은가!

"당신의 재능이 야심을 받쳐주지 못한다면 일단 마음을 가라앉히고 배워야 한다. 당신의 능력이 목표를 제어하지 못한다면 일단 마음을 가라앉히고 경험을 쌓아야 한다. 꿈은 조급함이 아니라 침전과 축적이다."

현재 나는 이런 새로운 생활 방식을 실천하고 있지만 '멀티족'이 주는 오해를 피하기 위해 '무경계 인생'이라는 용어를 즐겨 사용한다. 무경계라는 말은 광범위하다는 뜻이다. 이는 직업과 수입의 무경계를 가리키기도 하지만 정해진 업무 장소가 없고, 특정한 고용주가 없으며, 업무 파트너도 유동적인, 업무 방식의 무경계를 지칭하기도 한다. 이보다 더 중요한 것은 심리 상태의 무경계다. 즉, 인생에는 '반드시'나 '꼭'이라는 것이 없고 무한한 가능성이 존재함을 믿는 것이다.

내가 경계를 무너뜨리고자 하는 까닭은 흔히 말하는 '경계'가 인위적으로 정해진 것으로, 영원불변의 것이 아니고 당연한 것도 아니기 때문이다. 우리가 마음에 씌운 굴레를 벗기기만 하면 훨씬 다양하고 무한한 가능성이 있는 삶을 살 수 있다. 다윈화한 인생이야말로 진정 기대할 만하고 추구할 만한 인생이다.

사실 나는 회사를 그만두고 나서 한동안 불안감에 시달렸다. 나 자신의 미래에 불확실한 요소가 너무 많았기 때문이다. '치료비가 많이 드는 병에 걸렸을 때 병원비가 없어서 치료를 못 받으면 어떡하나' 하는 고민을 가장 많이 했다. 어느 날, 친한 친구에게 고민을 털어놨는데, 친구가 그간의 내 고민을 단번에 날려버릴 현명한 답을 내놓았다.

"도저히 치료비를 마련할 수 없으면 치료 안 받으면 되지."

순간 머릿속이 환하게 밝아졌다.

'그래. 생에 그렇게 집착할 이유가 있나? 모든 사람의 삶은 이름과 늦음의 차이만 있을 뿐, 예외 없이 죽음으로 귀결된다. 또 삶은 무상하기 그지없어 내일과 뜻하지 않은 사고 중에 어느 것이 먼저 찾아올지 알 길이 없다. 그러므로 미래를 걱정하며 현재를 희생하느니 차라리 살아 숨 쉬는 순간순간을 열심히 잘 보내는 것이 낫다.'

인생에서 가장 두려운 것은 죽음이 아니라 죽음이 닥쳤을 때 문득 '아, 나는 단 한 번도 내가 원하는 삶을 살지 못했구나!' 하고 깨닫는 것이다.

— 수잔 쾅

차례

Part 1

나는
멀티족으로
살기로 했다

"

인생에서 가장 두려운 것은
죽음이 아니라 죽음이 닥쳤을 때
문득 '아, 나는 단 한 번도 내가 원하는 삶을
살지 못했구나' 하고 깨닫는 것이다.

"

회사는 우리의 미래를
책임지지 않는다

언제부턴지 '샤먼廈門'이라는 지명을 들으면 자동으로 '낭만', '문학예술'이라는 단어가 떠올랐다. 샤먼을 생각하면 남실바람이 살랑살랑 귓가를 간지럽히는 여름날의 해변과 짙푸른 하늘 아래 새하얀 담장을 따라 흐드러지게 핀 부겐빌레아, 그리고 독특한 인테리어가 시선을 사로잡는 수많은 공예품 가게가 연상됐다. 그래서 이번 휴가에 샤먼으로 놀러 가기로 했다.

부푼 기대를 안고 샤먼에 발을 디뎠다. 거리를 가득 메운 인파를 뚫고 나는 게스트하우스 방향으로 어렵사리 걸음을 옮겼다. 그러나 정취안會厝垵을 마주하는 순간, 마음 한구석에서 스멀스멀 실망감이 피어올랐다. 거리에 늘어선 가게들은 모던한 인테리어와 예술성이 묻어나는 문구로 본심을 숨기려 안간힘을 썼지만 '씹고 뜯고 맛보고 즐기자', '지름신 강림' 따위의 카피는 물욕을 자극하려는 장삿속을 고스란히 드러냈다. 그것만으로도 그곳이 어떤 모습일지 훤히 그려졌기 때문에 나는 계획을 수정해 이튿날 아침 남보타사라는 사찰까지 걸어가기로 했다.

불가의 청정한 정토에서 느껴지는 고즈넉함을 갈망하던 나는 늘 사찰에 대한 동경을 품어왔다. 그러나 남보타사 입구를 뒤덮은 여행사 깃발을 보고 이번 여행에 대한 기대를 버려야겠다고 생각했다.

하긴 장기 연휴를 맞은 중국에서 어디를 가든지 인파에 휩쓸리지 않기란 불가능에 가깝다. 그럼에도 나는 마지막 희망의 끈을 놓지 않고 개인이 운영하는 책방과 북카페들을 둘러보러 갔다. 과연 포기하지 않길 잘했다. 확실히 샤먼에는 주인장이 심혈을 기울인 독특한 카페가 몇 군데 있었다. 묵향이 솔솔 풍기는 내부 인테리어에 곧바로 감이 왔다.

'아, 내가 찾던 곳이구나!'

그러나 안타깝게도 김칫국부터 들이켰음을 깨닫기까지 채 10분도 걸리지 않았다. 겨우 이런 정도로는 내가 상상했던 끌림의 반도 느낄 수 없었다. 그 순간, 문득 나 자신이 변했다는 사실을 알아차렸다. 이제 외부의 자극은 내 흥미를 일으킬 수 없었다.

샤먼으로 떠나기 2주 전, 나는 일생일대의 중요한 결정을 내렸다. 회사를 그만두기로 한 것이다. 내가 퇴사를 결심한 표면적인 이유는 회사가 나와 상의도 하지 않고 내가 도저히 납득할 수 없는 결정을 내렸기 때문이다. 이런 나를 두고 동료들은 충동적이라느니, 제멋대로라느니 수군거렸다. 하지만 나 자신은 이 같은 결심을 한 데에 보다 근본적인 원인이 있음을 알고 있었다. 다만, 영혼 깊은 곳에서 비롯된 이러한 고집을 이성적이고 논리적으로 설명할 길이 없었을 따름이다. 그런데 공교롭게도 이번 샤먼 여행을 통해 내가 그토록 단호했던 이유를 깨달았다.

5년 전, 미국에서 귀국한 나는 열심히 준비하던 공인재무분석사CFA 레벨2 시험을 포기하고 중국에 갓 진출한 실리콘밸리의 새로운 총아 그루폰Groupon의 채용 제안을 받아들이면서 인터넷 업계에 뛰어들었다. 나는 실리콘밸리에서 불어온 창업 바람을 보며 중국 인터넷 업계의 장밋빛 미래를 보았다. 이는 틀림없이 기존의 질서를 완전히 뒤엎을 새로운 물결이 될 터였다.

순식간에 미국 유수의 대학을 졸업한 수재들이 이곳으로 몰려들었다. 심지어 오랫동안 실리콘밸리나 투자 은행에 몸담았던 엘리트들도 앞다퉈 귀국해 창업에 동참했다. 부럽기 그지없는 학벌에 비상한 두뇌, 세상을 바꾸고자 하는 야심까지 두루 갖춘 그들과 함께 있으면 몸속의 모든 세포가 요동치는 듯한 기분이 들었다. 우리는 실리콘밸리의 가슴 벅찬 창업 스토리를 함께 나누고, 새로운 비즈니스 모델을 탐구하며, 모바일인터넷이 우리 삶에 불러올 변화를 동경했다.

눈 깜짝할 사이에 4년이라는 세월이 흘렀다. 그 사이, 모바일인터넷은 겨우 4년만의 변화라고는 믿을 수 없을 정도로 발전했다. 맹렬한 기세로 전국을 휩쓸던 시나웨이보新浪微博는 단 몇 년 만에 위챗WeChat에 자리를 내주고 말았고, 뒤이어 셀 수 없이 많은 위 미디어We Media와 앱App이 쏟아져 나왔다.

한때 같이 식사할 정도로 사이가 가까웠던 쥐메이요우핀聚美優品의 창업자는 뉴욕증권거래소에 회사를 상장시켰다. 젊은 날 함께 어울렸던 친구들의 소식은 과학기술 프로그램에서 전해들을 수 있었다. SNS 광풍이 휩쓴 뒤에는 O2OOnline to Offline 서비스, 인터넷금융, 공유경제가 이슈로 부상했다.

겨우 2년 전만 하더라도 모바일인터넷이 우리 삶을 이토록 변화시키리라고는 예측, 아니 상상조차 할 수 없었다. 창업 문턱이 날로 낮아져 취업이냐 창업이냐를 고민할 지경이 되었고, 주로 엘리트들이 창업을 주도했던 데 반해 이제는 상아탑을 막 벗어난 사회 초년생까지 창업에 뛰어들고 있다. 그러다 보니 예전에는 누가 창업한다고 하면 탄복을 금치 못했는데, 이제는 누가 창업 자금을 마련하고 있다고 하면 한시라도 빨리 그 자리를 벗어나고 싶어진다.

창업을 쉽게 입에 올리는 사람들은 실리콘밸리 출신들처럼 과학기술로 세상을 바꾸고자 하는 이상과 포부가 없다. 어떻게 하면 투자자들의 환심을 사서 융자 받을 수 있을지에 대해 떠들어댄다. 한때 나를 사로잡았던 모바일인터넷 업계는 이미 지조 따위는 개나 줘버리고, 자본 운영의 도구이자 데이터 전매 시장으로 전락해버렸다.

샤먼의 정취안은 모바일인터넷의 오프라인 버전이라고 할
수 있다. 사람의 탐욕, 욕망, 저속한 면을 적나라하게 드러내고
있으니 말이다. 정취안이나 모바일인터넷은 모두 짧은 시간 안
에 돈으로 만들어진 개념이다. 정취안은 원래 보잘것없는 작은
어촌에 불과했으나 자금이 유입되면서 지금의 모습으로 바뀌었
다. 온갖 수단으로 사람들의 시선을 사로잡아 상업적 이익을 얻
는다. 그들의 눈에는 모든 사람이 소비 잠재력을 가진 '데이터'
일 뿐이다.

회사가 명확한 임무와 목표를 하달했을 때, 나는 내가 그
일을 해낼 수 없음을 직감했다. 비록 데이터에 대한 자본시장의
요구사항을 명확히 알고 있고, 자본의 압박을 받으면 스타트업
기업으로서는 어쩔 수 없는 선택을 할 수밖에 없다는 점을 이해
한다. 그러나 그 시리도록 차가운 데이터는 결코 내 마음속 깊은
곳의 열정을 깨울 수 없었다. 나는 내가 하는 일의 의의를 알아
야만 했다. 사용자들을 욕망의 노예로 만드는 것이 아니라 내가
한 일로 인해 그들의 삶이 더 나아지는 모습을 보고 싶었다.

그러나 회사를 떠나는 것이 결코 쉬운 일은 아니었다. 불확
실한 미래는 사람을 불안감의 수렁으로 밀어 넣는 법이다. 이미
떠나겠다고 마음을 굳혔음에도 어느 순간 '타협'을 떠올리기도
했으니 말이다. 이처럼 마음이 갈피를 못 잡고 흔들리던 어느 날
밤, 나는 내가 이승을 떠나는 꿈을 꾸었다. 꿈속에서 나는 창밖

의 푸른 하늘을 바라보며 서글프게 중얼거렸다.

'아, 이게 내가 마지막으로 보는 푸른 하늘이겠구나!'

이튿날, 커튼 사이를 비집고 들어오는 찬란한 햇살에 눈을 뜬 순간, 나는 내가 아직 살아 있음에 안도했다.

아침 7시, 테니스 강습을 받던 나는 코트에서 라켓을 휘두르며 신나게 뛰어다녔다. 머리 위의 시리도록 푸른 하늘이 나에게 유전자에서 비롯된 원시적 쾌감을 선사했다. 몸 위로 내려앉은 아침 햇살이 살갗을 파고들어 마음까지 따스하게 데우며 오랜 시간 쌓인 우울함과 초조함을 몰아냈다.

'그래, 바로 이게 삶이지!'

그때부터 나는 다시는 흔들리지 않았다.

사람은 누구나 나름의 리듬이 있다. 날마다 오르락내리락하는 기분과 상태가 곧 리듬이다. 이 리듬은 주마다, 달마다, 분기마다, 해마다 그 오르내림이 미묘하게 달라진다. 우리는 본래 이런 리듬에 자연스럽게 몸을 맡길 수 있었지만 학교와 사회에 발을 들이는 순간, 시간은 기계적으로 나뉘고 말았다. 우리는 자기만의 리듬을 따르는 대신 타인이 만들어낸 리듬과 속도에 따르게 됐다.

사회는 온갖 외부의 요구와 타인의 리듬에 적응하고 타인의 '가락'에 맞춰 앞으로 나아가라고 주문한다. 그 결과, 매일 아침 우리는 등 떠밀려 링에 오르는 부담감에 시달린다. 어린 시절에는 그토록 사회의 일원이 될 날만을 손꼽아 기다렸는데…, 나를 둘러싼 외부 세계가 무척이나 궁금했는데…. 어느새 그런 기대감이나 호기심은 자취를 감췄다.

사회에 지배당한 우리는 갈수록 자신이 소유한 물질세계에 의존하게 되었다. 또 갈수록 타인의 영향을 많이 받아 타인의 규칙에 따라 결정을 내리고 타인의 가치관에 따라 생활하게 되었다. 결국에는 생활의 노예가 되어 날마다 각종 규제와 속박 속에서 지친 몸을 이끌고 바삐 움직이며 남의 시선과 평가에 전전긍긍한다.

우리가 사는 세상은 거대하고 무시무시한 곳으로 변했다. 이곳에서 우리는 결코 메울 수 없는 욕망의 독을 가득 채우기 위해 끊임없이 싸운다. 그러나 그토록 원하던 목표를 이루고 나서야 그것이 자신이 바라던 결과가 아니었음을 깨닫게 된다. 더 나은 삶을 위해 땀을 흘리지만 흔히 말하는 '더 나은 삶'이 대개 무료하고, 천박하며, 남의 삶의 방식을 베낀 것임을 발견하게 된다. 그리하여 마침내는 격정적이고 창조적이고 활력 넘치는 삶이야말로 이 시대에 가장 이루기 어려운 도전임을 깨닫게 된다.

인생은 원래 즐거움과 기쁨이 가득해야 한다. 어릴 때는 부모 손에 이끌려 어쩔 수 없이 학원을 전전했고, 커서는 사무실에 앉아 재미도 없는 일에 시달리고 있다. 경제적 부담에 잔뜩 짓눌리면서도 내 집을 마련하고 자녀를 키우느라 아등바등하는 삶이 당연하다고 여긴다. 오히려 삶에 기쁨과 즐거움이 넘치는 것이 비정상이라고 여기는 듯하다. 따라서 내가 회사를 떠나는 이유는 신나고 자연스럽고 즐거움이 가득한 삶이 가능한지 알고 싶어서다. 내가 떠나려는 것은 단순히 지금의 일 또는 모바일인터넷 업계가 아니라 비뚤어진 삶의 상태다.

마지막 근무일에 인수인계를 모두 마치고 빌딩을 나설 때, 내 마음속은 일말의 두려움도 없이 오로지 기대감으로 가득 찼다. 회사 밖을 나가는 순간, 끝없이 펼쳐진 드넓은 하늘과 마주하게 될 것을 알았기 때문이다.

우리가 일하기
싫어하는 이유

2016년 6월 30일은 내가 이직한 지 꼭 1년째 되는 날이었다. 더도 덜도 말고 딱 사실만 말하건대, 지난 1년은 내 인생을 통틀어 가장 즐겁고 보람차고 최고의 성과를 거둔 시간이었다. 지난 1년의 경험은 일에 대한 내 생각마저 바꿔놓았다. 지난날의 나는 사람들 대부분과 마찬가지로 업무란 곧 통제당하고, 관리받는 것이며, 싫지만 어쩔 수 없이 해야 하는 일이자 재미와 흥미의 대척점에 있는 것이라고 생각했다.

아마 경제적 압박이 없다면 회사를 당장 그만둘 사람이 90퍼센트도 넘을 것이라고 생각한다. 주변에서도 경제적 자유를 이뤄 일을 그만두는 것이 꿈이라고 말하는 사람들을 심심찮게 볼 수 있다. 아무튼 기존 관념에서 보면 업무는 고통스럽고 힘든 일이다. 그런데 과연 정말로 그럴까?

지난 1년 동안, 알람이 울리기도 전에 벌떡 일어나 컴퓨터 앞으로 달려가 두근거리는 가슴을 달래며 그날의 일을 시작했다가, 배 속에서 꼬르륵꼬르륵 전쟁이 일어나고 나서야 아침식사를 하러 간 적이 얼마나 많았는지 기억조차 나지 않는다. 믿을 수 없겠지만 한 점 거짓도 없는 사실이다. 똑같은 '업무'인데 왜 예전에 출근할 때는 도살장에 끌려가는 기분이었고, 지금은 일을 생각만 해도 입가에 미소가 걸리게 되었을까?

이는 인간의 행위 동기를 살펴보면 이해할 수 있다. 과거 과학자들은 인간의 행위 동기를 잘못 인식하고 있었다.

오랜 시간 동안, 과학자들은 인간을 움직이는 동기가 단 두 가지라고 생각했다. 하나는 생물학적 동기로 생존을 위한 최소한의 필요를 만족시키기 위해 인간이 움직인다는 견해다. 하나는 외부적 동기, 즉 외부 환경의 자극으로 인간이 움직인다는 견해다. 과거 과학자들은 인간이 천성적으로 게을러서 가장 기본적인 필요를 위해서만 움직이므로 그밖에 다른 일을 시키려면 반드시 '상벌'이라는 수단을 이용해야 한다고 생각했다.

그런데 이런 잘못된 인식이 경영학의 토대가 되고 말았다. 경영학에서 관리는 매우 중요한 개념이다. 직원은 게으르기 때문에 관리 감독하지 않으면 농땡이를 피우거나 업무를 데면데면한다. 그래서 기업에서 가장 중요한 관리 전략은 '당근과 채찍'이고, 관리직이 존재하는 이유도 직원들을 더 효과적으로 통제하기 위해서다.

잘못된 신념 탓에 경영자와 관리자는 기본적으로 직원을 믿지 않고, 이런 관리 방식 탓에 직원은 업무에 수동적으로 반응하게 된다. 우리가 어떤 일을 하는데 다른 사람이 계속 지켜본다면 '아, 이 일은 내가 하고 싶어서 하는 일이 아니라 저 사람이 내가 하길 원해서 하는 일이구나!'라는 생각이 들기 때문이다. 이것이 바로 사람들이 업무에서 즐거움을 느끼지 못하는 근본 원인이다. 사람은 자신이 원하는 일을 할 때만 진정한 기쁨을 느끼기 때문이다.

다행스럽게도 이런 관점이 틀렸다는 사실이 밝혀졌다. 심리학자들은 많은 실험과 연구 끝에 인간의 세 번째 행위 동기를 밝혀냈다. 바로 '자발적으로 배워 더 나은 세계를 만들려는 의지'다. 과학자들은 인간이 신기한 것을 발견하고자 하는 본성을 타고나 도전해서 재능을 펼치고 새로운 기술을 얻으려는 경향이 있다고 지적했다. 다시 말해 아무런 상을 주지 않아도 인간은 스스로 행동할 수 있으며, 이는 도전과 성장에 대한 갈망에서 비롯된 행위다.

짐 콜린스Jim Collins는 《성공하는 기업들의 8가지 습관》에서 이렇게 말했다. "진보를 추구하는 원동력은 인류의 묵직한 충동, 일종의 탐색하고 발견하고 성공하고 바꾸고 개선하려는 충동에서 비롯된다. 진보를 추구하는 원동력은 지루한 이성적 인식이 아니라 마음 깊숙이 자리한, 강제적이고도 거의 태어날 때부터 가지고 있는 원동력이다."

　우리가 진심으로 어떤 일을 하고자 할 때는 그 일 자체가 목적이 된다. 어떤 보수나 상을 받고 싶어서가 아니라 그 일을 하면서 즐거움을 느낄 수 있기 때문에 하는 것이다. 게임을 좋아하고 운동을 좋아하는 것은 상을 받을 수 있어서가 아니라 도전하는 즐거움 때문이다. 이와 마찬가지로 여가 시간에 아무런 보상을 바라지 않고 어떤 활동을 조직하고 참여하는 것도 자신의 가치를 보여주고 싶고, 자신의 행동으로 더 나은 세상을 만들고 싶기 때문이다.

　따라서 문제는 업무 자체가 아니라 업무의 배후에 존재하는 '원동력'에 있음을 알 수 있다. 우리는 자신이 업무를 싫어한다고 생각하지만 사실은 그렇지 않다. 사람이 가장 신나고 즐거울 때는 한가하거나 아무것도 하지 않을 때가 아니다. 아무 일도 하지 않고 있으면 재미없고 허전하고 심심하다. 몸과 마음을 바쳐 의미 있는 일을 하면서 도전을 즐기고 진보와 성장을 바라는 것이야말로 인류의 천성이다. 어떤 일에 완전히 집중해 극도의 흥분과 보람을 느끼는 것이야말로 인생에서 가장 멋진 경험이자 심리학자가 말하는 '몰입flow'이다.

　그렇다면 태생적으로 도전을 즐기고 배움과 성장을 갈망하는데도 업무를 싫어하는 까닭은 무엇일까? 도대체 무엇이 우리가 업무 중 마땅히 느껴야 할 즐거움을 빼앗아간 것일까?

미국 베스트셀러 작가 다니엘 핑크Daniel Pink는 2010년에 출간한 《드라이브》에서 이 물음에 대한 답을 내놓았다. 그는 우리가 업무에서 즐거움을 느끼지 못하는 가장 중요한 원인이 독립적이고 자주적일 권리를 박탈당했기 때문이라고 했다. 그에 따르면 오늘날의 경제는 엄청난 변혁의 한가운데 있으며, 경제 발전의 동력이 좌뇌에서 우뇌로 옮겨갔다. 다시 말해 창의력과 공감 능력, 종합적 사고 능력이 갈수록 중요해진다는 뜻이다. 따라서 '당근과 채찍' 식의 관리 방식이 더는 통하지 않는다. 당연한 일이다. 업무를 어쩔 수 없이 해야 하는 임무로 여기는 직원은 잠재력과 창의력을 발휘할 수 없기 때문이다.

사람은 자신이 좋아하고 자발적으로 선택한 일을 할 때 비로소 적극성을 드러내고 열정을 불태운다. 그래서 리더는 직원이 가치를 최대한 발휘하게 하려면 직원에게 더 많은 자주성을 부여해 스스로 업무 내용과 업무 시간, 업무 방법, 팀원을 선택할 수 있도록 기업관리 수준을 제고해야 한다.

이미 많은 기업이 이 점을 깨닫고 직원이 자유롭게 잠재력을 발휘할 수 있도록 기업관리 시스템을 대대적으로 손보고 있다. 구글, 페이스북, 샤오미 등 테크놀로지 혁신 기업은 이미 거의 모든 부분에서 직원에게 자율권을 부여했다. 이들 기업의 조직 구조는 수평적이고, 관리의 대상은 사람이 아니라 프로젝트다. 사람은 모두 강한 내재적 동기와 자기 관리 능력이 있다고 믿기 때문이다. 프로젝트의 협력과 진전에 영향을 미치지만 않는다면 자신이 원하는 대로 업무 시간과 장소를 정할 수 있다.

심지어 직원들이 창의력을 발휘할 수 있도록 회사 내 창업을 독려하는 회사도 있다. 일단 잠재 가능성이 있는 아이디어로 인정받으면 회사로부터 자금을 지원받을 수 있다. 이런 환경에서 일하는 사람은 잠재력을 발휘할 수 있고, 업무는 열정과 재미가 넘치는 일이 된다.

유연한 관리 제도, 조직, 업무 양식은 곧 능동적인 업무로 이어져 더 많은 동기와 재미를 만들어내지만 이런 변화는 하루아침에 이루어지는 것이 아니라 상당한 시일이 걸린다. 그래서 그 전에 우리가 업무에서 재미를 느끼는 위해서는 자발적으로 찾아 나서고 창조하는 수밖에 없다.

지금 다니는 회사를 관두고 내가 좋아하면서 돈도 벌 수 있는 일을 찾는다는 것은 듣기만 해도 가슴 설렐 만큼 이상적이고 많은 사람이 바라 마지않는 꿈이 분명하다. 그러나 꿈은 꿈일 뿐, 지금 이 순간 가장 올바른 선택이라고 할 수는 없다. 일단 자신을 제대로 파악해야 하고, 어느 정도의 비즈니스 마인드와 충분한 능력, 실행력, 그리고 강인한 멘탈이 뒷받침되어야 하기 때문이다.

따라서 당장 이직 여부가 아니라 지금 하는 일에서 더 많은 자주성을 확보하는 방법을 고민해야 한다. 어떤 면에서 보면 멀티족과 멀티 수입은 자발적으로 재미를 찾고 삶을 더 즐겁게 만드는 방식이라고 할 수 있다. 안정적인 수입을 보장하는 일은 그 일대로 하면서 동시에 색다른 일을 탐색하고 시도해 삶의 동력과 열정을 찾을 수 있기 때문이다.

일은 삶에서 없어서는 안 될 부분이고 즐거운 인생이라면 일에서 재미를 느낄 수 있어야 한다. 자, 이제 우리가 일을 하면서 마땅히 느꼈어야 할 즐거움을 찾아 나설 시간이다.

거대 기업의
종말

'출근'이라는 말을 들으면 사람들은 '지옥철', '책상 앞에 앉아 있기', '재미없는 반복 노동', '매의 눈으로 감시하는 상사', '동료 사이의 각종 암투' 등을 떠올릴 것이다. 이런 삶을 좋아하는 사람이 있을 리 없지만 먹고살기 위해서는 어쩔 수 없는 듯이 보인다. 일을 안 하면 돈이 하늘에서 뚝 떨어지겠는가, 땅에서 쑥 솟아나겠는가?

사실 우리가 출근을 인생의 필수 요소로 여기는 까닭은 '업무'와 '출근'의 개념을 헷갈리기 때문이다. 백과사전의 정의를 살펴보면 '업무'는 노동자가 생산재를 생활재로 바꿔 생존에 필요한 요구를 만족시키고 사회사업을 지속적으로 발전시키는 것을 의미한다. '출근'은 정해진 시간 안에 업무 장소에 일하러 가는 것을 뜻한다. 즉, 업무는 우리가 생활을 유지하는 중요한 방식이고 출근은 그저 업무를 하기 위한 일종의 형식일 뿐이다.

현재 직장인 대부분은 오전 9시에 출근하고 오후 6시에 퇴근하는 삶을 산다. 이는 현대 기업이 시장경제의 가장 중요한 참여자가 되고 나서 나타난 현상이다. 그러나 현대 기업은 그저 하나의 생산 조직 단위로, 예부터 쭉 존재해왔던 것이 아니고 앞으로 쭉 존재할 것도 아니다. 생산 조직 방식이 끊임없이 변하면서 우리의 생활 방식도 그에 맞게 변화했다. 머지않아 '9 to 6'의 삶도 끝날 날이 올지 모른다.

최근 몇 년간 이런 변화 추세는 갈수록 분명해지고 있다. 기업 규모는 점점 작아지고 있고, 존속 기간도 서서히 줄어들고 있다. 그러면서 뛰어난 인재를 붙잡아두기도 어려워지고, 개인이 한 회사에서 일하는 기간도 점점 짧아지고 있다. 많은 사람이 더 효율적인 조직 방식이 지금의 기업을 대체할 것이라고 믿는다.

매트 리들리Matt Ridley는 《이성적 낙관주의자》에서 이렇게 말했다. "우리는 머잖은 미래에 포스트 자본주의, 포스트 엔터프라이즈 세계에서 살게 될지도 모른다. 개인은 자유롭게 임의로 모여서 함께 나누고 협력하고 창조할 수 있으며, 인터넷은 사람들이 세계 각지에서 고용주, 직원, 소비자, 위탁인을 찾을 수 있도록 도와줄 것이다."

그렇다면 현대적인 기업은 얼마나 더 생존할 수 있을까? 미래의 삶의 방식은 어떤 형태일까? 상업의 본질에 접근해보면 미래 기업의 형태에 대해 이성적이고 합리적으로 판단할 수 있을 것이다.

/ 상업의 본질 이해하기 /

한 동네에 A와 B가 살고 있다. A는 부지런하고 유능해서 무명 한 필을 2시간 만에 짜고 1시간이면 물고기 한 마리를 잡을 수 있다. 이에 비해 B는 어리숙한 구석이 있어 무명 한 필을 짜는 데 3시간이 꼬박 걸리고 물고기 한 마리를 잡는 데도 4시간이 족히 걸린다. 만약 두 사람 다 자급자족하는 생활을 한다면 A가 무명 한 필과 물고기 한 마리를 얻는 데 드는 시간은 3시간·인 데 반해 B는 7시간이나 걸린다. 그런데 두 사람이 각자 자신이 잘하는 일만 한다면 상황은 어떻게 달라질까?

A가 무명을 짜고 물고기를 잡는 데 드는 시간은 B보다 짧지만 '무명 짜기'와 '물고기 잡기', 이 두 가지 일만 비교한다면 A는 물고기 잡기를 더 잘하고 B는 무명 짜기를 더 잘한다. A는 2시간이면 물고기 두 마리를 잡을 수 있고 B는 6시간이면 무명 두 필을 짤 수 있다. 만약 A가 남는 물고기를 B의 남는 무명과 바꾼다면 두 사람은 무명과 물고기를 모두 얻을 수 있을 뿐만 아니라 둘 다 1시간씩 아낄 수 있다.

이 이야기는 데이비드 리카도David Ricardo가 제기한 '비교우위론'에 관한 설명이다. 다만 리카도는 국가 간 거래(무역)에서의 비교우위에 대해 설명했다면, 이 이야기는 개인 간 거래에서의 비교우위에 대해 설명한 것이 다를 뿐이다.

그러나 사람과 사람 사이의 거래든 국가와 국가 사이의 거래든 본질은 같다. 만약 A와 B의 경우를 더 많은 사람에게 확대 적용해 모두가 자신이 잘하는 일에만 집중하고 필요한 물품을 다른 사람과의 교환을 통해 얻게 한다면 우리는 한 가지 일만 잘해도 모든 생필품과 더 많은 여유 시간을 얻을 수 있다. 그런 점에서 자급자족 생활에 비해 분업과 물물교환은 삶을 더 풍요롭게 만든다.

그런데 문제가 생겼다. 분업이 활발히 이루어지고 교환에 참여하는 사람이 늘면서 갈수록 교환 과정이 복잡해지고 직접적인 교환이 불가능해졌다. 수많은 중간 거래를 거쳐야 원하는 물건을 얻을 수 있게 된 것이다. 이런 상황에서는 보다 능률적인 체제가 나타나기 마련이다. 그리하여 출현한 것이 '시장'이다. 시장의 주된 역할은 사회자원을 적절히 배분해 생산과 교환 문제를 해결하는 것이다. 시장은 효율적으로 교환이 이루어지게 할 뿐만 아니라 모든 자원이 합리적으로 사용될 수 있도록 수급 균형을 유지할 수 있다.

그러나 시장이 제대로 기능하려면 생산자와 소비자 말고도 몇 가지 핵심적 요소, 즉 화폐, 가격, 중간상인이 있어야 한다. 교환이라는 측면에서 보면 '화폐'는 그저 교환을 위한 매개 수단에 불과하다. 화폐가 없으면 제한된 시간과 지리적 범위 안에서만 물물교환을 해야 한다. 그러나 화폐가 등장하면서 시공간을 넘나드는 교환이 가능해졌다. 간단히 말해 내가 생산한 상품을 화폐로 바꾼 다음, 미래의 어느 순간에 다른 나라에서 생산한 상품으로 바꿀 수 있게 되었단 말이다.

'가격'은 상품이 가진 내재적 가치의 외재적 구현이다. 가격은 생산 원가와 시장 수요에 의해 결정된다. 상품의 생산 원가가 높을수록 가격이 비싸지고, 수요가 공급을 넘어설 때 가격이 오른다. 사실 가격은 자원을 배분하는 중요한 수단이다. 가격은 상품 수급 관계의 변화를 반영한다. 상품의 가격이 오르면 생산자는 생산량을 늘려 시장 수요를 만족시키고, 반대로 가격이 생산 원가에 가까워지면 생산자는 상품 생산을 중단한다.

마지막 요소인 '중간상인'도 시장에서 없어서는 안 될 존재다. 상품의 생산자도 아니고 최종 소비자도 아니지만 상품을 생산자에게서 소비자에게로 전달하는 중요한 역할을 한다.

사실 상업의 본질은 교환이고, 상품이라는 것은 교환에 쓰이는 노동 제품을 가리킨다. 예를 들어 A가 자신에게 필요 없는 두 번째 물고기를 잡았을 때 이 물고기는 상품이 되었고, A가 이 물고기를 B의 무명과 교환했을 때 두 사람은 상업 활동을 한 셈이 된다. 다만, 교환 규모가 커지면서 상업도 갈수록 복잡해지는 바람에 과거에는 단순한 물물교환이 가능했다면 이제는 시장을 통해서만 교환을 할 수 있게 되었다.

상업이 없었다면 우리는 아직까지도 자급자족하는 생활 방식에 머물러 있었을 테고, 일주일에 겨우 40시간만 일하고도 이토록 풍요로운 물질생활과 정신생활을 누리지는 못했을 것이다. 상업은 인류 문명의 토대라고 해도 과언이 아니다. 사회가 분업화하고 교환이 빈번해질수록 물질문명은 더욱 풍요로워지고 경제도 번영할 것이 분명하다.

/ **기업에서 동맹으로** /

상업의 본질은 시종일관 변한 적이 없지만 그것이 이루어지는 형식은 끊임없이 진화했다. 18세기 산업혁명은 인류 상업사에 일대 변혁을 불러와 인류의 생활 방식에 엄청난 영향을 미쳤다. 그 영향은 이루 다 열거할 수 없을 정도로 많다.

생산 효율이 향상되었고 생산 조직 방식도 크게 달라졌다. 사람 대신 기계가 생산 현장에 투입되었고, 공장제 공업의 대량생산 방식이 가내수공업의 소량생산 방식을 대체했다. 그리하여 자급자족 생활을 포기하게 된 농민과 경쟁우위를 잃어 어쩔 수 없이 손에 익은 일을 내려놓게 된 수공업자들이 공장으로 쏟아져 들어갔다. 그들은 공장에서 번 돈으로 필요한 상품을 시장에서 사게 되었다.

산업혁명 이후, 기업은 점차 주요한 상업 조직으로 자리매

김했고 각종 생산 요소를 조직해 시장에 상품과 서비스를 제공했다. 그러다 보니 18세기는 공장제 기업이 주를 이뤘다. 이들은 대형기계와 노동자를 이용해 대규모 노동 집약적 상품을 생산했다.

19세기 말부터 20세기 초까지, 생산 규모가 확대되고 경쟁이 치열해지면서 기업은 과학적인 관리 제도를 수립하기 시작해 '과학적 관리 이론'을 줄줄이 만들어냈다. 경영권과 소유권의 분리로 전문 경영인이 등장하면서 기업도 점점 성숙해져 지금과 같은 형태의 현대적인 기업으로 변모했다.

현대적인 기업은 그에 맞는 생활 방식을 불러왔다. 직장인은 대개 주 5일 출근해 배정된 부서에서 전문적인 업무를 하고 매달 정해진 임금을 받는다. 이런 삶을 두고 불평불만을 쏟아내는 사람이 적지 않지만 인류의 역사를 되돌아보면 보통 사람의 삶 치고 이렇게 괜찮은 삶이 없었다는 사실을 깨닫게 된다. 그러나 상업 형식과 조직 형태의 진화가 이로써 끝날 리가 없고, '9 to 6'의 삶이 영원히 지속될 리도 없다.

현대 경제학 이론에 따르면 기업의 본질은 그저 자원을 배치하는 시스템일 뿐이다. 기업은 정해진 조직과 관리 방식에 따라 전 사회의 경제 자원을 능률적으로 배치해 사회의 '거래 비용'을 낮출 수 있다. 물론 기업 자체를 관리하는 비용이 들지만 '관리 비용'을 거래 비용보다 낮추기만 하면 기업의 존재 가치를 확보할 수 있다. 그러나 과학기술과 인터넷이 비약적으로 발전하면서 협력이 보다 쉬워졌고, 정보의 비대칭도 어느 정도 해소됐으며, 거래 빈도와 효율이 역대 최대치로 늘어난 덕분에 거래 비용이 지속적으로 줄어들고 있다. 따라서 거래 비용이 관리 비용보다 낮아지면 지금의 기업 조직과 관리 방식은 우위를 잃게 된다.

사실 기업은 이미 비용과 효율 면에서 빠르게 우위를 잃어가고 있다. 일단 인건비와 관리 비용이 끊임없이 늘어나고 있다. 고용 비용이 갈수록 커지고 유동성도 점점 커지는 상황이다. 또한 지나치게 복잡하고 경직된 조직 구조, 지나치게 세분화된 직위 및 상명하달식 의사 결정 체계 때문에 비즈니스 환경의 변화에 발 빠르게 대응할 수 없다는 점도 문제다.

이런 상황에서 일부 기업은 적극적으로 조직과 관리 체계를 혁신하기 시작했다. 많은 기업이 중간관리직 축소, 수평화, 부서 중심이 아니라 프로젝트 중심의 방식으로 유연성을 키우고 있다. 또 직위 경계의 퍼지화, 탄력근무제, 자주권 확대를 통해 관리 비용을 낮추고 직원의 적극성을 고양시키고 있다.

그러나 기업이 아무리 개혁을 단행하더라도 우수한 인재들이 회사에 매이는 것을 기피하는 추세를 막을 수는 없다. 이제 기업이 우수한 인재와 관계를 맺는 유일한 방법은 '동맹'뿐이다. 동맹은 링크드인LinkedIn의 공동 설립자인 리드 호프먼Reid Hoffman이 자신의 저서 《얼라이언스》에서 제기한 개념이다. 이는 기업과 직원의 관계가 상업거래식 고용 관계에서 상호 투자 관계로 변화한 것을 의미한다. 우수한 인재가 기업과 손을 잡는 것은 기업을 위해 일하는 것이 아니라 기업을 통해 자신의 발전을 꾀하기 위함이다. 따라서 둘의 관계는 잠정적 이익 동맹일 뿐이다.

그러나 나는 이런 동맹이 기업과 인재 사이뿐만 아니라 인재와 인재 사이에서도 이루어질 것이라고 확신한다. 서로 다른 기술과 전문성을 지닌 인재들이 공동의 상업 목표와 이익을 위해 잠정적 팀을 이뤘다가 이익이 실현되고 나면 팀을 해체하고, 구성원들은 다시 각자의 관심 분야에 따라 다른 프로젝트에 합류하는 식이 될 것이다.

어떤 의미에서 보면 내가 현재 운영하고 있는 교육 플랫폼도 이런 새로운 업무 형태와 조직 방식에 관한 실험이라고 할 수 있다. 우리는 직원이 없고 사업 파트너만 있으며, 고용 형태가 아니라 협력 형태고, 정해진 임금을 지급하는 것이 아니라 이윤을 배분한다. 독립적인 전문가는 공동의 이념과 흥미, 이익에 따라 동맹을 맺고 서로의 장기를 발휘해 상업적인 목표를 완성해서 그 이윤을 나눈다.

동맹에 참여하는 사람은 대부분 '멀티족'에 속한다. 그들은 특정 업체에 묶여 있지 않고 다양한 프로젝트에 참여하며, 자신의 시간을 충분히 이용하고 자신의 가치를 발휘한다. 또한 시간을 자유롭게 쓸 수 있기 때문에 일과 취미를 병행하면서 일과 생활의 완벽한 균형을 이룬다.

기업의 종말

 그렇다면 기업은 결국 종말을 맞이할까? 두말하면 잔소리다. 다만, 시간이 꽤 오래 걸릴 뿐이다. 하지만 결국 기업의 종말을 불러올 존재는 인공지능일 것으로 예상한다.

 컴퓨터 공학이 조직과 교환 방식을 전복시켰다면 인공지능은 생산 방식을 전복시킬 것이다. 인공지능의 발전으로 인류는 무미건조한 생산 활동에서 해방되고 그 자리를 인공지능이 대신하게 될 것이다. 미래의 어느 날, 로봇이 주요 생산자가 된다면 인류는 생산을 위해 많은 시간을 낭비하는 대신 소비자의 역할만 담당하면서 풍요로운 삶을 마음껏 누리면 된다.

 만약 정말로 그런 날이 온다면 인간은 모두 귀족 같은 삶을 누리게 될 것이며, 교육의 목적도 일하는 기계가 되기 위해서가 아니라 더 완전한 인간이 되어 풍요로운 정신세계와 품격 있는 삶을 영위하기 위한 것으로 바뀔 것이다. 어쩌면 이것이 인류의 궁극적인 삶의 방식이지 않을까?

 나는 미래가 어떻게 변하든 예나 지금이나 미래를 낙관한다. 반복적이고 무미건조하며 재미없는 일들은 점점 사라지고 업무 방식은 점차 인간적으로 변해 모두가 훨씬 자주적이고 균형적인 삶을 누리게 될 것이다. 사람들의 가장 중요한 인생 목표는 삶을 더 보람차고 다채롭게 만드는 것이 될 것이라고 믿어 의심치 않는다. 그렇기에 '멀티족'은 우리의 미래와 궤를 같이한다.

미래 사회에 적합한
자기개발 전략

2007년, 《뉴욕타임스》 칼럼니스트 마르시 앨보허는 많은 뉴요커가 다양한 신분으로 활동하고 있다는 사실을 발견했다. 그들은 "무슨 일을 하십니까?"라는 질문에 한 단어로 자신을 소개하지 않고 '/'를 써서 다양한 신분을 열거했다. 그래서 앨보허는 이런 사람들에게 '슬래셔'라는 신조어를 붙여줬다. 그녀는 책에서 슬래셔의 다양한 사례를 소개한다.

- 산제이 굽타Sanjay Gupta, 신경외과 의사/CNN 기자
- 캐리 레인Carrie Lane, 예술고문/필라테스 강사
- 댄 밀스테인Dan Milstein, 컴퓨터 프로그래머/연출가
- 로널드 호프먼Ronald Hoffmann, 노벨화학상 수상자/시인/극작가

• 로버트 차일즈Robert Childs, 심리치료사/바이올린 제작자

앨보허는 이런 현상을 '슬래시 효과The Slash Effect'라고 불렀다. 갈수록 많은 사람이 업무상 직위가 아니라 취미나 여가생활과 관련된 신분으로 자신을 정의할 것이라는 뜻이다. 직업은 당신이 무슨 일을 하고 생계를 유지하는 수단이 무엇인지만 알려주지만 직업 외의 신분은 당신이 누구이고 무엇을 좋아하며 특기가 무엇인지를 알려준다. 앨보허는 이것이 사람을 더 완전하고, 입체적으로 만들어주며, 단일한 신분보다 다중 신분으로 살 경우 훨씬 더 큰 만족감과 보람을 느낄 수 있다고 말한다. 또 원래의 수입을 유지하면서 더 많은 취미를 찾아 삶과 일, 모두에서 성공을 거둘 수 있다고 결론 내린다.

그런데 많은 사람이 '멀티족'에 대해 오해하고 있다. 단순히 여러 가지 직업을 가진 사람이라고 생각하는 경우도 있고 안정적인 수입이 없는 프리랜서와 같은 개념으로 취급하기도 한다. 심지어 '투잡을 뛰면 죽도 밥도 안 되는 거 아닐까?', '본업에 영향을 미치지 않을까?', '안정적인 수입을 얻기는 어렵지 않을까?'라는 식의 회의 섞인 말을 내뱉기도 한다.

우리에게 익숙한 '멀티족'들이 대부분 다중 신분 덕분에 높은 수입을 올리는 것은 사실이지만 '멀티족'의 궁극적 목적은 고소득이나 자유로운 시간 배분이 아니라 다채로운 인생을 즐기며 더 완전한 인간이 되는 것이다. 그들은 고정적인 일을 따로

할 수도 있고, 다중 신분을 유지하면서 그것으로 반드시 경제적 이익을 내지 않을 수도 있다.

앨보허 자신도 고정적인 일을 하면서 한 비영리단체의 부원장으로 있지만, 이는 앨보허가 '멀티족'이 되는 데 아무런 영향도 미치지 않는다. 작가, 강사, 라이프 코치 등 또 다른 신분들을 가지고 있기 때문이다.

/ '멀티족'은 천성이다 /

'멀티족'이 최근 몇 년 사이 등장한 개념이기는 하지만 이런 사람들은 줄곧 있었다. 그들은 성격적으로 매우 두드러진 특징을 보인다. 취미가 다양하고, 독립적이며, 주관이 확실하고, 규칙을 잘 따르지 않고, 새로운 도전을 즐긴다. 이런 사람은 뼛속까지 '멀티족'이 확실하다. 이들은 편견에 구애받지 않고 내면의 목소리에 따라 움직이며 비용 따위 고려하지 않고 자신이 좋아하는 일에 시간을 쏟아 붓는다.

내가 바로 전형적인 이 부류에 속한다. 나는 어려서부터 다양한 취미 활동을 즐겼다. 네 살 때부터 그림을 그리기 시작해 초등학생 때는 글과 그림이 멋들어지게 어우러진 동화책을 몇 권이나 펴냈고, 전국 어린이 그림대회에서 입상하기도 했다. 그러면서 무용단과 합창단 단원으로 활동하기도 했다. 중학교에 올라

갈 때는 미술에서 두각을 드러내 명문 중학교에 합격해 그때부터 정규 예술교육을 받기 시작했다. 중학생 시절에는 단막극 창작에 빠져 작품을 써내기도 했고, 내가 각본, 연출, 연기를 도맡은 영어 뮤지컬은 전교에 센세이션을 불러일으키기도 했다.

대학생이 되어서도 뭐든 배우기 좋아하고 고생을 사서 하는 천성은 바뀌지 않았다. 전공 공부 외에도 평면 디자인을 부전공했고, 두 달 동안 동시통역 교육을 받기도 했다. 사회에 진출하면서 내 삶은 더욱 다채로워졌다. 나는 여가 시간을 이용해 커뮤니티를 만들어 활발하게 활동했다. 다시 그림과 무용을 시작해 전시회를 두 번이나 개최했고 무용 연습실을 열었다. 글쓰기에는 별로 재주가 없었지만 그래도 꾸준히 노력한 덕분에 꽤 괜찮은 성과를 거뒀다.

내 삶에 대해 들려주면 사람들은 종종 이렇게 묻곤 한다.

"그렇게 하는 일이 많은데 다 제대로 할 수 있어요?"

"그렇게 살면 피곤하지 않아요?"

하지만 이것이 바로 어려서부터 지금까지 이어진 내 삶의 방식이다. 마치 타고난 본능처럼 나에게는 지극히 자연스러운 일이다. 만약 이런 삶을 살 수 없다면 그것이야말로 고통일 테고 재미없는 인생이 될 것이다. 그래서 '멀티족'이라는 개념이 등장했을 때, 나는 굳이 '멀티족'이 되려고 뭔가를 할 필요가 없었다. 원래부터 '멀티족'이었기 때문이다.

그러나 보통 사람들은 대개 나 같은 부류를 이해하지 못한다. 마치 외향적인 사람이 내성적인 사람을 이해하지 못하고 이성애자가 동성애자를 이해하지 못하는 것처럼 말이다. 심지어 우리 같은 사람들은 종종 '믿음직하지 못하다'거나 '전념하지 못한다'는 타인의 평가에 스스로를 의심하기도 한다.

그래서 '멀티족'이라는 개념의 등장은 우리 같은 독특한 사람들에게 정식 신분을 부여했다는 점에서 큰 의미가 있다. 그보다 더 중요한 것은 우리가 비정상이 아니며, 세상에는 우리와 비슷한 사람이 수없이 많다는 점을 깨닫게 해줬다는 사실이다.

/ '멀티족'은 새로운 차원의 사고다 /

한 미국인 친구의 생일파티에 갔을 때 있었던 일이다. 친구가 내게 다른 미국인 친구를 소개해주었는데, 그 사람이 내게 무슨 일을 하냐고 묻자 나는 당당하게 '멀티족'이라고 밝히며 그 말의 의미까지 친절하게 알려주었다. 그런데 놀랍게도 그 친구는 정색을 하면서 이렇게 말했다. "사람은 한 분야의 전문가밖에 될 수 없어요. 한꺼번에 많은 일을 다 잘해낼 수는 없으니까요." 그 말에 나는 예의 바르게 고개를 끄덕이며 웃어주고는 조용히 자리를 떠났다.

이처럼 자기만의 사고와 신념으로 모든 것을 판단하는 사람은 우리 주변에 널렸다. 그런데 문제는, 신념에는 힘이 있어서 사람의 행위에 영향을 미칠 수 있다는 사실이다. 편협한 신념은 그 사람의 발전과 성장을 저해한다. 만약 사람이 평생 한 가지 일만 할 수 있다고 믿는다면 그 사람은 다른 일을 시도조차 하지 않을 것이다. 그러나 사람에게는 다양한 잠재력이 있고 저마다의 인생이 다채로워질 수 있다고 믿는다면 그 사람은 새로운 일을 체험하고 시도해보려고 할 것이다. 서로 다른 신념은 서로 다른 선택을 불러오고, 서로 다른 선택은 서로 다른 인생을 만든다.

그러나 안타깝게도 신념을 바꾸기란 매우 어렵다. 그래서 나는 '사람은 한 가지 일에만 전념할 수 있다'고 굳게 믿는 사람의 사고와 신념을 바꾸려고 노력할 생각이 전혀 없다. 하지만 사고가 개방돼 있고 다채로운 삶을 갈망하는 사람에게 '멀티족'은 새로운 깨달음을 줘 색다른 인생 이념과 생활 방식을 보여줄 것이다. 이런 깨달음은 그들이 인생에서 더 많은 가능성을 추구하는 데 힘이 되어줄 것이다.

마르시 앨보허가 책을 출간한 이후 각국 독자들에게서 편지를 많이 받았는데, 상당수 독자가 비슷한 반응을 보였다.

'이 책을 읽고 큰 깨달음을 얻었어요.'

'좋아하는 일을 하는 것과 돈을 버는 것이 상충되는 개념이 아니며, 꿈과 일을 병행하는 것이 결코 불가능한 일이 아니라는 사실을 깨달았어요.'

그래서 많은 사람이 지난날 포기했던 꿈을 다시 꾸기 시작하거나 지금 하고 있는 취미 활동에 더 적극적으로 몰입하면서 더 보람차고 만족스러운 삶을 살게 됐다.

사실 내 주변에도 이런 사례가 많다. 어떤 친구들은 '멀티족'이라는 개념이 등장하면서 원래 자신이 가진 특기를 십분 발휘해 더욱 즐겁고 새롭고 자주적인 삶을 살게 되었다. 또 어떤 친구들은 여가 시간을 이용해 꽃꽂이, 펜아트, 폴댄스, 요가, 방송 진행 등 새로운 취미를 발굴하고 발전시켰다. 설령 이런 취미로 돈을 벌지는 못하더라도 그 덕분에 더 즐겁고 자신감 넘치는 삶을 살게 되었음은 분명하다.

/ '멀티족'은 새로운 자기개발 전략이다 /

과거에는 직장생활을 할 때 '한 우물만 파겠다'는 단 한 가지 전략만 세웠다. 자신의 강점을 고려해 직업을 정하고 나서는 발전 전략에 따라 한 삽 한 삽 우직하게 파내려갈 뿐이었다.

그러나 '멀티족'은 '여기저기 우물을 파라'는 전혀 다른 발전 전략을 제시한다. 흥미와 장점에 따라 다양한 시도를 해서 다양한 분야에서 소득을 거두라는 말이다. 나는 '여기저기 우물을 파는' 것이 미래의 생활 방식에 훨씬 더 적합한 자기개발 전략이라고 생각한다. 취미와 일을 융합시켜 삶의 균형을 이루게 하고, 개인이 더 유연하게 발전하는 데 도움이 되며, 소득도 늘려주기 때문이다.

그래서 요즘 젊은이라면 커리어를 고민할 때 '멀티족' 모델을 고려해볼 수 있다. 하지만 '멀티족'은 되고 싶다는 생각만으로 금세 되는 것이 아니다. 기존의 커리어 계획을 짤 때와 마찬가지로 어떤 직업 목표에 이르기 위해 구체적으로 어떤 노력을 기울여야 하는지 생각해봐야 한다. 노력과 마찬가지로 '멀티족'의 발전 모델도 계획과 투자가 필요하다. 이를 위해서는 자기 자신과 미래에 원하는 삶에 대해 제대로 알고 나서 합리적인 계획을 세우고 여가 시간을 충분히 활용해 자기 투자를 해야 한다.

마르시 앨보허는 다양한 사례와 피드백을 바탕으로 '멀티족' 모델을 5가지로 정리했다.

1. 안정적인 수입 + 취미

취미를 탐색하는 단계거나 취미를 통한 수입이 일상생활을 영위하기에는 부족한 경우에 적합하다.

2. 좌뇌 + 우뇌

이성적 사고와 창조적 사고가 같이 발전한 모델로, 앞서 언급한 댄 밀스테인이 이런 유형에 해당한다. 그는 컴퓨터 프로그래머이자 연출가다. 이성과 예술은 상호 보완성이 강해 사고의 폭을 넓혀준다.

3. 대뇌 + 신체

정신노동과 육체노동의 상호 치환이 가능해 건강한 심신과 균형적인 생활을 보장한다. 캐리 레인이 여기에 해당하는데, 그녀는 예술고문이자 필라테스 강사로 활동 중이다. 사실 정신노동을 하는 사람이 육체노동 신분을 추가하는 것은 매우 바람직한 선택이다. 나의 경우, 여가 시간에는 재즈댄스를 가르치며, 크로스핏 1급 트레이너 자격증도 가지고 있다.

4. 글쓰기 + 교육 + 강연 + 고문

이보다 더 좋은 조합을 찾을 수 없을 정도로 완벽한 모델이다. 이 네 가지 신분은 잘 맞물린 톱니바퀴처럼 매끄럽게 서로를 밀어주고 끌어준다. 글을 쓰다 보면 자연스럽게 어떤 분야에서 돋보이게 되고, 그로 인해 강연 기회가 주어질 것이며, 경험이 충분히 쌓이면 교육자나 고문의 신분까지 추가할 수 있다. 이런 모델은 지식형 인재에게 적합하다.

5. 멀티플레이어형

여러 가지 일이나 다중 신분을 가지지 않고도 '멀티족'이 될 수 있다. 한 가지 일과 신분만 가지고 있더라도 그 일을 제대로 해내기 위해 필요한 종합적인 능력을 갖췄고 유관 부문의 업무도 꿰고 있다면 그 사람은 '멀티족'이다. 그래서 CEO는 모두 이 기준에 부합한다. 앞으로 기업 내에서 이런 사람은 갈수록 많아질 것이다.

'멀티족'은 사실상 새로운 인생 이념이자 자기개발 전략이라고 볼 수 있다. '멀티족'은 다채로운 삶 가운데서 이룬 균형, 개성과 잠재력의 탐색, 일과 삶, 취미의 융합을 강조한다. 그래서 '멀티족'은 단순히 부가 수입만 올리는 것이 아니라, 보다 보람차고 즐거운 인생까지 선사한다.

부와 자유를
동시에 얻을 수 있는 시대

사람들은 대개 '자유'라는 단어를 들으면 엉뚱하게도 '가난'을 떠올린다. 자유의 대가는 경제적 희생이라고 생각하기에, 지난날의 '프리랜서'든 오늘날의 '멀티족'이든 그들이 보기에는 그저 빛 좋은 개살구일 뿐이다. 얼핏 보면 평범한 삶보다 행복할 것 같지만 입에 풀칠하는 게 훨씬 중요하기 때문에 여태껏 하던 대로 착실하게 경력을 쌓는 것이 가장 현명하다고 생각한다.

몇 년 전까지만 하더라도 기업이라는 든든한 배경을 버리고 개인이 성공을 거두기란 불가능에 가까웠다. 그러나 이 시대는 상상을 초월하는 속도로 발전하고 있다. 겨우 몇 년 사이에 규칙이 완전히 바뀌어 기업은 갈수록 큰 도전에 부딪치는 반면 개인은 갈수록 많은 기회를 얻고 있다.

처음으로 '시대의 빠른 발전이 기존의 규칙을 바꾸고 있다'고 생각하게 된 계기는 2년 전 경험한 일 때문이었다. 그때 회사에서 브랜드와 시장 관련 업무를 맡게 되었는데, 당시 나는 그 분야를 잘 모르는 상태였다. 그래서 부족한 지식을 채우기 위해 스터디 모임을 조직했다.

도움 줄 분으로 호주와 유럽에서 오랫동안 관련 업계에 몸 담은 바 있는 모 브랜드 총괄 책임자를 초청했다. 그는 실제 경험을 바탕으로 실용적인 지식을 알려줬지만 그 역시 브랜드와 시장 진출 과정에서 곤란을 겪는다는 사실을 알고 깜짝 놀랐다. 경험 많은 게스트도 우리와 마찬가지로 똑같은 문제 때문에 고민하고 있었던 것이다.

뜻밖의 사실은 놀라움과 더불어 큰 깨달음을 주었다. 그 전까지만 하더라도 나는 일이 잘 안 풀리면 경험 많은 선배들에게서 노하우를 얻을 생각만 했다. 그런데 이제 보니 경험은 점점 가치가 떨어지고 있고 시장 규칙은 기술의 진보와 전달 방식의 변화, 소비자의 의식과 행위의 전환으로 바뀌고 있어 과거의 방법이 더는 통하지 않게 되었다. 우리는 이미 신세계로 들어섰지만 이 세계에 대해 아무것도 모르고 있다. 덩샤오핑鄧小平이 "돌을 더듬으며 강을 건너라"고 한 것처럼 탐색과 시도로 이곳의 새로운 규칙을 이해해야만 한다.

경험은 이제 우리가 생각하는 것만큼 그렇게 중요하지 않게 되었다. 이 점은 '높은 연봉으로 우수한 인재를 스카우트해왔는데 기대했던 효과와 데이터를 얻지 못했다'는 불평이 곳곳에서 터져 나오는 것으로도 확인할 수 있는 사실이다. 이 말은 곧 '우수한 인재'로 추켜세워지는 사람들이 새내기 직장인에 비해 절대적 우위를 차지하지 못한다는 뜻이자 훌륭한 학벌, 풍부한 경험은 없지만 열정과 능력, 용기가 넘치는 보통 사람에게는 좋은 시기가 도래했다는 뜻이기도 하다. 혜안과 시대의 흐름을 읽는 통찰력, 시장의 새로운 수요와 기회를 발견하는 능력만 있으면 자원은 넝쿨째 당신에게 굴러올 테니 말이다.

/ 이제 가장 중요한 생산요소는 인재다 /

산업 자본 경제 시대에는 자본이 가장 중요한 생산요소였다. 자본만 충분하면 원하는 만큼 토지와 공장을 매입하고 노동자를 고용해 '규모의 효과'로 거대한 이윤을 챙길 수 있었다. 이런 기업이 대거 양성해낸 우수한 전문 경영인들은 그 시대를 이끈 엘리트로서 전문적인 관리 지식으로 기업을 일궈 엄청난 가치를 창조했다. 그러나 그 시대는 이미 역사의 뒤안길로 사라졌다. 자본이 전부이던 시절은 이미 흘러갔고 인재가 가치 창조의 핵심이 되는 시대가 찾아왔다.

실리콘밸리의 부상은 전통을 자랑하는 글로벌 500대 기업에게는 악몽이었다. 세상은 빠르게 활력과 열정이 넘치는 테크

놀로지 기업으로 눈을 돌렸다. 구글, 애플의 성공 신화에 힘입어 엔지니어와 디자이너의 위상도 크게 달라졌다. 그리하여 예전에 학교에서 천대받던 '긱Geek, 전자공학 등에서 한 분야 혹은 여러 분야를 탁월하게 이해하는 사람'이 역사의 무대 위로 올라와 유명 테크놀로지 기업과 인터넷 기업이 앞다퉈 영입에 힘쓰는 인재로 거듭났다.

인터넷 시대의 판이 다 짜이고 연결할 수 있는 점이 온갖 방식으로 다 연결되고 나면 콘텐츠와 아이디어를 겨루는 시대가 올 것임을 알아야 한다. 기술은 단순히 판을 짜주고 거래 효율을 높이는 역할만 할 뿐, 그 자체는 최종 거래의 일부가 아니다. 최종적인 가치는 수준 높은 콘텐츠를 만들고 실제 수요가 있는 제품과 서비스를 만들어내는 사람들이 창조한다.

새로운 시대에 가장 주요한 변화는 미디어의 분산화다. '시나웨이보'와 '위챗' 같은 뉴미디어의 출현은 전통적인 콘텐츠와 정보의 생산 및 전달 방식을 완전히 와해시켰다. 과거에 우리는 주로 TV, 신문, 인터넷 포털사이트 등을 통해 정보를 얻었고, 정보와 콘텐츠는 전문적인 미디어그룹이 수집하고 만들어냈다. 그러나 뉴미디어의 출현으로 대중도 콘텐츠 생산에 참여할 권리를 얻으면서 거의 모든 사람이 SNS를 통해 주관적인 관점과 의견을 밝히고 전달할 수 있게 되었다.

사실 분산화를 추구하는 뉴미디어 시대는 긍정적이기도 하지만 부정적이기도 하다. 일단 콘텐츠의 창작 및 전달 문턱이 낮아져 평범한 사람도 1인 미디어를 통해 자신을 내보이고, 대중을 끌어들이고, 더 나아가 상업적 이익을 얻을 수 있게 되었다. 또 수직화한 소규모미디어IT, 스포츠, 화장품 등 특정 분야 콘텐츠만 다루는 전문 전자상거래 플랫폼가 생존할 수 있는 공간을 넓혀 대중이 더 다양한 콘텐츠에 다가갈 수 있는 환경을 마련해주었다.

그러나 너도 나도 미디어가 되는 시대는 필연적인 문제를 야기한다. 정보의 자유는 곧 정보의 범람을 의미한다. 전통적인 미디어 시대와 비교하여 뉴미디어의 콘텐츠 생산 과정은 전문적이지도 치밀하지도 않다. 이 때문에 콘텐츠가 부실한 경우가 비일비재하고 정보도 지나치게 분산돼 있어 더 심각한 정보 비대칭 현상을 일으키게 된다.

이러나저러나 미디어의 분산화는 돌이킬 수 없는 추세가 되었다. 그러나 정보의 범람으로 질 좋은 콘텐츠의 가치가 더 두드러질 테고, 이러한 콘텐츠에 대한 대중의 갈급이 심해지면서 1인 미디어들도 전문성과 콘텐츠 질을 제고할 수밖에 없을 것이다. 따라서 누구나 미디어가 되는 시대일수록 창의력 넘치고 양질의 콘텐츠를 제공하는 전문적인 개인 또는 단체만이 살아남게 될 것이다.

/ 지식과 기술이 직접적인 소비재가 된다 /

1983년, 뉴욕대학교 교수 폴 로머Paul Romer는 '신경제 성장

이론'을 제기했다. 그는 지식이 중요한 생산요소이며, 이로 상징되는 지식경제가 21세기를 이끌 경제 형태가 될 것이라고 예언했다.

2012년 말, 인터넷에 혜성처럼 등장한 〈뤄지쓰웨이羅輯思維〉라는 토크쇼 프로그램이 중국 사회에 센세이션을 불러일으켰다. 이 프로그램의 등장과 유행으로 전 사회가 다시 지독한 지식 숭배에 빠져들었고, '지식 공동체'라는 개념이 만들어졌으며, 지식이 대중 소비품으로 합격점을 받았다. 2년 후, 〈뤄지쓰웨이〉는 '더다오得到' 모바일 앱을 출시하면서 지식 서비스 업체로 변모해 수많은 훌륭한 지식인을 지식 생산자로 섭외하고 그 과정에서 이윤을 거둬들였다.

2015년, 테크놀로지 관련 콘텐츠를 다루는 사이트 궈커왕果殼網은 중국 최초로 지식과 기술 공유를 위한 모바일 앱인 '짜이항在行'을 출시했다. '짜이항'을 통해 이용자는 각 분야의 우수한 인재를 찾아 만남에 대한 비용을 지불하고 관련 지식과 경험을 얻을 수 있게 되었다. '짜이항'은 출시되자마자 엄청난 호응을 이끌어냈다. 이용자들은 수백 위안, 심지어 수천 위안을 지불하고도 전문가를 만나고 싶어 했다. 지식을 얻기 위해 돈을 지불한다는 것은 과거에는 상상도 할 수 없는 일이었다. 이 같은 변화는 시장이 이미 가치 있는 지식과 경험에 돈을 지불할 용의가 있을 정도로 성숙했음을 의미했다.

2016년, 궈커왕은 유료 Q&A 플랫폼인 '펀다分答'를 출시해

음성 인식 Q&A 방식으로 지식과 경험을 거래하기 시작했다. '펀다'는 '짜이항'과 비교할 수 없을 만큼 어마어마한 성공을 거뒀다. 궈커왕 CEO 지스쌴姬十三은 '펀다'가 출시된 지 43일 만에 유료 이용자 수가 100만 명에 이르렀고 거래 총액이 1,800만 위안(한화 약 30억 원)을 넘었다고 밝혔다. 이후, 비슷한 Q&A 플랫폼, 유료 지식 플랫폼이 봇물 터지듯 출시됐다.

〈뤄지쓰웨이〉와 '펀다'의 엄청난 성공은 지식이 저렴하게, 또 무료로 제공되는 상품이 아님을 의미한다. 지식재산권에 대한 보호 의식이 강해졌고, 지식과 경험은 가격표가 붙은 상품이 되었다. 이는 참신하면서도 엄청난 잠재 수요가 존재하는 시장이다. 따라서 지식 서비스업은 앞으로도 고속 성장세를 유지할 것이며, 갈수록 많은 지식형 인재를 끌어들일 것이다.

/ 공유경제의 유행 /

2015년, 중국 경제에서 서비스업이 차지하는 비중이 처음으로 50퍼센트를 넘어섰다. 이 비중은 앞으로도 지속적으로 늘어나 선진국 수준에 이르리라 예상된다. 이는 곧 많은 인재가 교육, 건강, 오락, 문화, 예술, 여행 등의 서비스업으로 몰릴 것을 의미한다. 공업과 비교해 서비스업은 생산과 관계되지 않으며, 대부분 개인의 기술, 지식, 시간을 거래한다. 대규모 생산 시설도 존재하지 않고, 길고 긴 산업 사슬도 없으며, 대규모 협력도 필요 없다. 심지어 개인이 독립적인 서비스 제공 업체가 될 수 있다.

'공유경제' 하면 대부분 미국의 숙박 공유 서비스 에어비앤비Airbnb와 모바일 차량 예약 서비스 우버택시Uber Taxi가 떠오를 것이다. 2009년에 등장한 우버는 교통 분야에 가히 혁명이라 일컬을 변화를 몰고 왔고, 숙박업계의 이단아 에어비앤비는 기존 호텔 업계에 심각한 위협을 가하면서 새로운 여행 문화로 자리매김했다. 우버와 에어비앤비가 성공하면서 전 세계에 공유경제 바람이 불기 시작했다.

공유경제는 본질적으로 보자면 오프라인 상의 유휴 물품이나 서비스 제공자를 취합해서 특정한 때에 타인에게 물품의 사용권을 양도하거나 서비스를 제공함으로써 경제적 이득을 얻는 것을 말한다. 현재 공유경제는 글로벌 발전에 영향을 미치는 인터넷의 새로운 힘이 되고 있으며, 공유하는 콘텐츠도 유휴 공간과 물품에서 유휴 시간과 기술로 확대되고 있다. 다국적 회계컨설팅기업 PwC의 보고에 따르면, 2014년 중국의 글로벌 공유경제 시장 규모는 5위, 약 150억 달러이며 2025년에는 약 3,350억 달러로 늘어날 것으로 예측된다.

공유경제와 1인 미디어의 유행으로 말미암아 자유업이 크게 늘고 있다. 물론 코치, 사진작가, 디자이너, 상담사, 직업설계사 등 많은 직업이 소비자에게 독립적으로 서비스를 제공할 수 있지만 과거에는 효율적인 마케팅 경로가 부족해 기관을 통해서 간접적으로 서비스를 제공하는 데 그쳤다. 그러나 지금은 상황이 달라졌다. 공유경제 덕분에 노동자가 상업 조직에 예속된 상황이 타파되면서 공유경제 플랫폼을 통해 직접적으로 최종 이용자에게 서비스와 제품을 제공할 수 있게 되었고, 프리랜서들도 안정적으로 고객을 확보할 수 있게 되었다.

한편 흥미도 생계를 도모하는 수단이 되어가고 있다. 한 가지라도 특기가 있으면 각종 수직적 플랫폼을 이용해 부가 수입을 얻을 수 있기 때문에 흥미와 취미를 사업으로 발전시킨 사람들이 적지 않다.

산업화 시대부터 근로자 중 90퍼센트가 직업에 대해 희망하기를, 대기업에 들어가 '9 to 6' 생활을 영위하며 안정적인 수입과 쏠쏠한 복지를 누리는 것이었다. 그러나 이 희망사항은 앞으로 10년 안에 사람들의 머릿속에서 퇴출될 것이다. 인터넷의 보급으로 미국에서는 전체 근로자의 34퍼센트에 달하는 5,000만 명이 프리랜서로 일한다고 한다. 모 기관은 2050년에 이르면 전 세계 근로자 중 절반이 프리랜서로 활동할 것이고, 출퇴근하는 직장 근로자는 소수가 될 것이라고 전망했다.

나는 앞으로 분산화와 탈기업화가 주요 흐름이 될 것이라고 믿는다. 상업의 본질은 교환이다. 만약 기업을 거치지 않고 직접적으로 거래해 상호간에 더 개성적인 상품과 서비스를 제공할 수 있다면 기업의 중요성은 갈수록 줄어들 것이다. 어쩌면

머지않아 '서로가 서로에게 서비스하는 세상'이 나타날지도 모른다.

/ '삶'의 질이 '생존'의 질을 대신하다 /

지난 시대의 사람들에게 인생에서 가장 중요한 일은 생존이었을 것이다. 그들이 흘린 땀방울은 모두 가정과 자녀를 위한 것이었다. 그러나 이 시대의 젊은이에게는 생존보다 삶의 질이 인생에서 가장 중요해졌다. 단순히 '생존하는 것'만으로는 부족하다. 우리는 행복하고 보람차고 의미 있는 삶을 살고자 한다.

가치관의 변화는 소비 관념과 수요까지 바꿔놓았다. 그러면서 '소비구조 업그레이드', '체험경제' 등의 개념이 생겨났다. 새로운 소비자는 정신적인 만족을 더 중요하게 생각할 것이며, 서비스와 체험적인 소비 비율도 점점 더 늘어날 것이다. 상업에서는 제품 디자인, VPVisual Presentation, 감정적 연계 및 사용자 경험이 중요해졌다. 앞으로 디자인, 예술, 문학창작 분야의 인재는 기회를 얻게 될 것이고, 개성적이면서 품질이 우수한 중소 브랜드는 경쟁력을 확보하게 될 것이다.

사실 과거에는 '자유'와 '부'를 둘 다 얻는 것이 어려웠으나 이제는 그 경계가 점점 사라지고 있다. 몇 년 전만 해도 우리는 안정적인 일자리를 박차고 나오는 사람을 이해할 수 없었다. 그러나 지금은 젊은이들이 회사를 나와 자유와 독립을 선택한다고 해서 별종 취급하지 않고 오히려 유능함의 상징으로 여기기도 한다. 이제 기업은 더는 안정의 상징이 아니며, 개인의 능력이야말로 안정적이고 지속적인 수입의 원천이기 때문이다. 시대의 흐름을 종합해보면 이제 성공은 기업을 통해서가 아니라 시장에 의해 직접적으로 결정된다.

지난 1, 2년 동안 수많은 친구가 이직하고 나서 전보다 성장하고 발전하는 모습을 내 눈으로 확인했다. 그들의 사례는 기업보다 시장이 개인의 '재능'을 훨씬 높이 산다는 사실을 증명한다. 그래서 '부'와 '자유'는 결코 양자택일의 문제가 아니다. 중요한 것은 능력이다. 이런 말도 있지 않은가!

"개인의 수입은 노동 시간에 비례하지 않고 노동의 대체 불가능성에 비례한다."

지출을 투자로 바꾸는 '창업자적 사고'

작년 초에 나는 계획대로 한 해의 중요한 목표를 이뤘다. 바로 크로스핏 1급 트레이너 자격증을 딴 것이다. 내가 크로스핏 트레이너 자격을 딴 목적은 단순하다. 건강한 삶에서 신체적 건강이 차지하는 비중은 매우 크다. 따라서 체계적인 전문 지식이 있으면 트레이너의 도움을 받지 않고 혼자서도 신체를 단련해 더 쉽게 건강한 신체를 유지할 수 있다.

그런데 내가 트레이너 자격을 딴 이유가 나 자신의 건강을 위해서라는 말을 듣고 어떤 사람이 이해가 안 된다는 투로 물었다. "어렵게 트레이너 자격증을 따서 겨우 자신을 트레이닝하는 데만 쓴다니 너무 아깝지 않아요?"

당연히 아니다. 간단한 계산으로 이 질문에 답해보겠다. 트레이닝 비용이 회당 200위안이고 평균적으로 매주 한 번씩 트레이닝을 받는다고 하자. 1년이 총 52주라고 계산했을 때, 나는 1년 트레이닝 비용으로 1만 400위안을 지불해야 한다. 그러나 내가 트레이너 자격 시험을 보기 위해 지출한 비용은 고작 6,000위안밖에 안 된다. 따라서 얼핏 생각했을 때는 자격증 하나 때문에 큰돈을 쓴 것 같지만 사실 꽤 많은 돈을 아낀 셈이다.

또 만약 내가 자격증을 따서 트레이너로 활동하면 시간당 200위안을 벌 수 있다. 하지만 이 시간을 다른 일에 투자한다면 나는 시간당 200위안보다 더 많은 소득을 올릴 수 있다. 한마디로 눈에 보이는 200위안의 수익 이면에는 매우 큰 '기회비용'이 존재한다. 따라서 트레이너 자격을 따려면 돈이 들지만 관점을 바꿔 미래의 지출을 줄일 수 있다고 생각하면 이는 지출이 아니라 투자로 이해할 수도 있다.

이러한 관점의 차이는 '노동자적 사고'와 '창업자적 사고'라는 판이한 두 가지 사고방식에서 기인한다. 누구에게나 하루에 24시간이 공평하게 주어지고, 주어진 시간을 어떻게 이용하느냐에 따라 각자의 삶의 모습이 정해진다. 전형적인 노동자적 사고는 시간을 돈으로 바꾸는 것이다. 이런 사고를 지닌 사람은 인력시장에서 이루어지는 '게임의 법칙'을 엄격히 준수한다. 고용주에게 자신의 시간과 기술을 적당한 가격에 팔고 끊임없이 자기 발전을 꾀해 자신의 시장가격을 높이는 방식으로 수입을 늘린다.

이와 달리 창업자적 사고를 하는 사람은 자신을 인력시장의 '상품'이 아니라 번듯한 '기업'으로 여긴다. 상품의 목적은 판매지만 기업의 역할은 자원을 취합해 가치를 창조하는 것이다. 그래서 창업자적 사고를 하는 사람은 자신의 가치를 높이고 적합한 고용주를 찾는 데 에너지를 낭비하지 않는다. 이들은 시간을 자신의 '원시 자본'으로 보고 어떻게 하면 최소의 시간으로 최대의 가치를 내고 더 많은 수입을 창조할지 고민한다. 이렇게 가치를 최대로 키우는 과정에서 이들이 가진 최강의 무기는 '지렛대' 원리다.

'지렛대 원리'라고 하면 "나에게 긴 지렛대와 지렛목만 주면 지구도 들어 올릴 수 있다"는 아르키메데스Archimedes의 명언을 떠올릴 것이다. 이는 지렛대의 위력을 가장 직관적으로 설명한 말이라고 할 수 있다. 지렛대는 영어로 'Lever'라고 하며 '경감되다'라는 뜻이 있다. 다시 말해 지렛대를 사용하면 무거운 물체도 가벼워지므로 매우 작은 힘으로도 무거운 물체를 쉽게 옮길 수 있다.

지렛대 원리를 시간에 응용해도 비슷한 일이 생긴다. 즉, 매우 적은 시간을 투자해 몇 배, 심지어 몇십 배의 결과를 얻을 수도 있다. 물론 이런 일은 저절로 일어나는 것이 아니라 지렛대라는 도구가 필요하다. '타인의 능력'이 바로 전형적인 지렛대다. 우리는 타인을 지배함으로써 유한한 시간 내에 더 많은 임무를 완성할 수 있다. '기술'도 중요한 지렛대다. 기술은 우리가 효율을 최대한 끌어올리고 시간을 절약하는 데 도움이 된다.

　노동자적 사고를 벗어나려면 자신을 인력시장의 '상품'이 아니라 '기업'이라고 생각해야 한다. 시간은 기업의 가장 중요한 자본이고 지렛대는 투자 수입을 확대할 수 있는 도구다. 이런 사고를 가지면 일할 때 시간을 더 효과적으로 이용하게 될 것이고, 온갖 방법을 동원해서 지렛대 시간을 만들어내 최소한의 시간으로 더 많은 결과를 산출하려고 할 것이다.

　개인의 '기업화'는 미래에 어울리는 사고방식이다. 미래에는 기업의 규모가 갈수록 작아지고, 존속 기간도 짧아질 것이며, 개인의 근속 기간도 점점 짧아지고, 사람과 사람이 직접적으로 손을 잡는 협력 동맹이 중요한 상업 형식이 될 전망이다. 따라서 우리는 지금부터 '노동자적 사고'를 '창업자적 사고'로 업그레이드하는 훈련을 시작해야 한다. 다음에서 지렛대 원리를 활용해 시간을 이용하는 네 가지 방법을 소개한다.

/ '관리자' 말고 '리더' /

　주어진 임무를 완성하기 위해 타인을 동원하는 것은 가장 일반적인 지렛대 방식이다. 이런 권력을 얻으려면 '고용'과 '격려' 두 가지 방식을 쓸 수 있다. 전자는 관리를 의미하고 후자는 지도를 의미한다.

우리는 종종 리더와 관리자를 헷갈려한다. 리더십이 우수한 관리자의 필수 조건이기는 하지만 리더와 관리자는 결코 동의어가 아니다. 모든 관리자가 리더십이 뛰어난 것은 아니고, 리더십을 가진 사람이라고 반드시 관리자가 되는 것은 아니기 때문이다. 관리자가 가진 관리 권한과 의사결정권은 더 권위 있는 제3자에게서 부여받지만 리더의 권력은 그 사람 개인의 매력에 반한 추종자들이 부여한 것이다.

만약 타인을 고용할 만큼의 자금 여력이 없거나 관리직을 맡고 있지도 않다면 지렛대를 이용하는 가장 좋은 방식은 인간적 매력이 넘치는 리더가 되는 것이다. 리더가 된다는 말은 곧 모두가 따르고 싶어 하고, 심지어 본받고 싶어 하는 사람이 된다는 뜻이다. 학식과 포부, 통찰력을 두루 갖춘 사람이 되면 자신을 엄격히 단속하는 한편 끊임없이 타인을 격려하고 일깨워줄 테니, 그 주변으로 추종자들이 모이는 것이 인지상정이다. 또 리더가 아니라면 혼자 힘으로 해결했어야 할 임무를 더 많은 힘을 동원해 쉽게 해결할 수 있게 된다.

/ 일과에 80대20 법칙 적용하기 /

1897년, 이탈리아 경제학자 빌프레도 파레토Vilfredo Pareto는 19세기 영국인의 부와 소득 유형을 조사하다가 대부분의 부가 소수에게로 흘러들어간다는 사실을 발견했다. 또 이것이 수학적으로 어떠한 안정적인 관계를 보인다는 사실을 알아냈다. 바로 상위 20퍼센트의 사람이 전체 사회 부의 80퍼센트를 차지하고 있다는 것이었다.

　주변을 둘러보면 경제사회 활동뿐만 아니라 일상생활에서도 '80대20 법칙'이 적용되지 않는 곳이 없음을 알 수 있다. 상위 20퍼센트 브랜드의 시장점유율이 80퍼센트에 이르고, 20퍼센트의 제품과 20퍼센트의 고객이 기업 매출액의 80퍼센트를 책임지며, 20퍼센트의 직원이 80퍼센트의 성과를 거둔다.

　따라서 일상생활에서든 직장생활에서든 이 법칙을 머릿속에 새기고 계획을 세울 때마다, 전략을 실행할 때마다 결과에 영향을 미칠 수 있는 중요한 요소가 무엇인지 끊임없이 자문해야 한다. 그러면 우리는 80퍼센트의 결과에 영향을 미칠 수 있는 20퍼센트의 요소에 더욱 집중할 수 있게 된다. 결국 20퍼센트만 투입하고도 80퍼센트의 산출을 얻을 수 있다.

/ 표준화와 공정화 /

　업무에서라든지 일상생활에서 발생하는 일 중 상당수는 끊임없이 반복해서 해야 한다. 예를 들어 정리정돈, 쇼핑, 계획 수립, 회의, 보고, 결산 등과 같은 일은 일정한 흐름이나 양식에 따라 할 수 있다는 공통점이 있다. 그런데 우리는 일이 닥쳐서야 이런 흐름을 생각하다 보니 매번 불필요한 시간과 에너지를 낭비하게 된다.

사실 반복 노동은 모두 표준 공정이나 정해진 방식으로 실행하고 관리할 수 있으며, 그렇게 하면 시간을 많이 아낄 수 있다. 따라서 특정한 공정이 있는 일을 하기 전에는 앞으로 이 일을 반복해서 할 가능성이 있는지를 생각해봐야 한다. 만약 "그렇다"는 답이 나온다면 일단 표준 공정이나 표준 방식을 확정하고 진행하면서 끊임없이 개선해야 한다.

표준화와 공정화는 반복 노동의 효율을 높일 수 있을 뿐만 아니라 복제의 관건이다. 표준과 공정이 있으면 품질 확보 차원에서 노동력의 지렛대 역할을 최대한 이용해 효율과 산출을 높일 수 있기 때문이다. 나는 크로스핏 트레이너 과정에서 표준화와 공정화의 힘을 뼈저리게 느꼈다.

크로스핏은 겨우 15년 만에 신생 기업에서 세계적인 브랜드로 거듭났으며 수많은 건강 마니아들의 마음을 사로잡았다. 이렇게 된 데는 크로스핏의 표준화된 복제 양식이 큰 힘을 발휘했다. 크로스핏은 꽤 복잡한 이론과 트레이닝 체계를 보유하고 있다. 따라서 단시간 내에 크로스핏을 확산시키려면 먼저 치명적인 '걸림돌'을 해결해야 했다. 바로 트레이닝의 질을 유지하면서 신속히 트레이너를 대거 확보하는 것이었다. 그리고 해결책으로 생각해낸 방안이 바로 표준화된 트레이닝 커리큘럼과 트레이너 자격 심사 인증 체계였다.

크로스핏은 먼저 통일된 트레이닝 내용과 교육 과정을 설계하고 제정한 다음, 트레이너가 상세한 커리큘럼 시행 표준에 따라 엄격하게 완성하도록 했다. 이러한 표준화된 방식을 통해 크로스핏은 트레이너 개인의 능력과 경험에 대한 의존도를 크게 낮췄다. 트레이너가 정해진 과정에 따라 체계적으로 시행만 한다면 편차 없이 모든 교육 내용을 완수할 수 있기 때문이다. 그 덕분에 크로스핏은 주말마다 전 세계 20개 도시에서 동시에 트레이닝을 실시하게 됐고, 높은 수준을 유지하면서 단시일 내에 트레이너를 대거 확보하는 문제를 깔끔하게 해결했다.

/ 효과적인 규칙 만들기 /

어떠한 조직이나 시스템도 규칙 없이 운영될 수는 없다. 세상 어디에나 규칙은 존재하고 조직 안에서 강력한 지렛대 역할을 한다. 그런데 2가지 사고는 규칙에 대한 입장도 전혀 다르다.

노동자적 사고를 하는 사람은 규칙을 엄격하게 준수하는 것에 자부심을 느낀다. 그러나 창업자적 사고를 하는 사람은 규칙이 목표를 이루기 위한 수단이라고 여겨 깰 수도 있고 종종 깨줘야 한다고 생각한다. 환경은 끊임없이 변하기 마련이고, 환경이 변했으면 규칙도 따라서 변해야 한다고 생각하기 때문이다.

규칙에도 좋고 나쁨이 존재한다. 자연스러운 발전 법칙에 순응하고 인성에 부합하는 것은 좋은 규칙이다. 이러한 규칙이 만들어지면 조직이나 시스템 안의 요소는 선순환해서 저절로 더 나은 방향으로 발전해나가므로 인위적인 간섭을 할 필요가 없다. 나쁜 규칙은 자연스러운 발전 법칙을 거슬러 악순환을 일으키기 때문에 인위적으로 통제하고 간섭해야 할 뿐만 아니라 예상했던 결과를 거둘 수도 없다.

여기에서 보험업과 직판업에 대한 이야기가 빠질 수 없다. 보험업과 직판업은 줄곧 대중에게 외면을 받아왔다. 하지만 이 두 업계가 인간의 본성을 잘 이용하고 종사자들의 적극성을 이끌어낸 결과, 개인의 이익을 위해 최선을 다하도록 했고 전체 상업 조직이 오랜 세월 번영하도록 했다는 점은 부인할 수 없다.

따라서 '노동자적 사고'를 '창업자적 사고'로 업그레이드하는 키포인트는 나쁜 규칙을 통제하고 넘어서는 것이다. 자연스러운 발전 법칙을 이해하고 법칙에 맞는 효과적인 규칙을 만들어야 목표를 이룰 수 있다. 사실 방법보다 더 중요한 것은 의식이다. 만약 자신의 시간을 판매할 수 있는 '상품'으로 보지 않고 유한하고 소중한 '자산'으로 본다면 우리는 자발적으로 시간을 더 가치 있게 사용하는 방법을 고민하고 찾을 것이다.

월급에 목매는
인생에서 벗어나려면

　　해변으로 휴가 온 부자가 낚시하고 있는 어부를 발견했다. 부자는 어부에게 다가가 부자가 되어 삶을 누리는 비법을 알려 주겠다고 했다. 이에 어부는 부자의 말에 귀를 기울였다. 부자가 말했다.

　　"먼저 돈을 빌려 배를 산 다음, 바다로 나가 고기를 잡으세요. 돈을 좀 벌면 그 돈으로 인부를 사서 더 많은 고기를 잡는 겁니다. 이렇게 해야 더 많은 이득을 볼 수 있어요."

　　부자가 말을 마치자 어부가 물었다.

　　"그다음은요?"

　　부자가 대답했다.

　　"그다음에는 더 큰 배를 사서 더 많은 고기를 잡고 더 많은 돈을 버는 거죠."

"그다음은요?"

"그다음에는 배를 몇 척 더 사들이고 어업회사를 설립하고 수산물 가공 공장에 투자하는 겁니다."

"그다음은요?"

"그다음에는 회사를 상장시키고 그간 벌어들인 돈을 부동산에 투자하는 겁니다. 이렇게 하면 당신도 나와 같은 억만장자가 될 수 있어요."

"억만장자가 된 다음은요?"

아무래도 어부는 부자가 하는 말이 무슨 뜻인지 제대로 이해하지 못한 모양이었다. 그래서 부자는 좀 더 생각한 뒤 이렇게 말했다.

"억만장자가 되면 나처럼 해변으로 휴가를 와서 뜨거운 햇살 아래 낚시도 하면서 느긋하게 삶의 여유를 즐길 수 있습니다."

"아! 그렇군요."

그제야 어부는 무슨 뜻인지 알았다는 듯이 대답했다.

"그렇다면 당신이 보기에 지금 내 삶은 어떻습니까? 당신이 말한 그 과정의 결과를 지금 내가 누리고 있지 않나요?"

들어본 적이 있을 법한 이 이야기는 부자를 비꼬고 있다. 평생 돈 버는 데만 혈안이 돼서 살았는데 결국 그것이 평범한 어부가 날마다 누리는 삶을 살기 위해서였다니, 너무 우습지 않은가? 언뜻 생각하면 일리가 있지만 이 이야기에는 돈에 대한 심각한 논리적 결함이 존재한다.

　물론 지금 이 순간, 어부와 부자가 똑같은 생활을 하고 있는 것은 사실이다. 그러나 부자에게 이 시간은 그의 인생 중 단 하루에 불과하고, 내일이면 스위스로 날아가 스키를 탈 수도 있고, 모레는 발리로 날아가 스쿠버다이빙을 할 수도 있으며, 또 며칠 뒤에는 일본으로 날아가 뜨끈한 온천에 몸을 담근 채 정갈한 일본 요리를 즐길 수도 있다.

　반면 어부는 날이면 날마다 똑같은 생활을 해야 한다. 낚시하고 뜨거운 햇살 아래 누워 있는 것 말고는 달리 할 일이 없단 말이다. 그러니까 단순히 인생의 어느 한 조각만을 가지고 인생 전체를 판단하는 것은 말도 안 된다. 부자와 어부의 차이는 선택 가능성에 있다. 부자는 선택할 권리가 있고 그 덕분에 그의 인생에는 더 많은 가능성이 존재한다.

　한편 이 이야기는 돈을 버는 유일한 목적은 삶을 누리는 것이고, 최종 결과가 같다면 거기에 이르기까지의 과정은 아무런 의미가 없다고 가정했다. 이는 전형적인 '결과 편향 가치관'으로 과정의 가치를 무시하고 있다. 일단 창업하는 과정에서 부자가 겪은 독특한 체험과 그가 얻은 인생의 지혜는 차치하더라도 창업은 그 자체로 부자가 민첩한 사고력, 성숙한 세계관, 단호한 의지력, 뛰어난 리더십을 기르는 데 도움이 되었을 것이다. 따라서 어부에 비해 부자는 인간이 가진 '잠재력'을 충분히 이용했다는 점에서 더 완전한 인간이라고 할 수 있다.

　마지막으로 이 이야기가 소홀히 다룬 한 가지가 더 있다. 바로 부를 창조하는 과정은 사회적으로 가치를 창조하는 과정이고, 기업이 있기 때문에 더 많은 사람이 서로 협력해서 효율과 생산량을 높일 수 있고, 더 많은 사람이 더 싼 가격에 고기를 살 수 있게 되므로 부가적인 수입과 이윤은 가치를 창조한 이후에 생긴 결과에 불과하다는 사실이다.

　이 이야기는 돈과 상인에 대한 사회적 편견을 반영한다. 나아가 상인의 비즈니스 행위와 도덕적 해이를 연관 짓고 있다. 나또한 지난날 이런 편견에 사로잡혀 그릇된 생각을 했던 적이 있다. 나는 무의식적으로 장사하고 돈 버는 행위를 깔봤다. 돈을 버는 것은 '부끄러운' 일이었고, 돈을 받는 것도 영 체면이 안 서는 일이었다.

　이런 편견 때문에 나는 회사에 다니며 월급을 받는 전통적인 생활 방식에 묶일 수밖에 없었고, 또 이 때문에 자유와 안정감을 느낄 수 없었다. 비록 귀국해서는 여가 시간을 이용해 다양한 일을 시도했지만 이마저도 돈 버는 일과는 상관없는 일이었다. 이 문제로 몹시 고민한 나는 돈 버는 것에 대해 편견을 깨야만 월급에 목매는 삶에서 벗어날 수 있다는 사실을 깨달았다.

　그 후, 화폐의 기원을 알게 되면서 마침내 돈의 본질에 대해 이해했다. 사실 화폐는 교환을 위한 매개체일 뿐이다. 화폐가 만들어지면서 시장에 통일적인 가치 판단 체계가 생겨 사람들 사이에 더 효율적인 분업과 협력이 가능해졌고, 유한한 자원을 합리적으로 분배할 수 있게 되었다. 화폐는 일종의 투표 시스템이라고 생각할 수 있다. 당신이 구매라는 방식으로 당신에게 필요한 것이 무엇인지 시장에 알려주면 시장은 이런 정보를 받아 보유하고 있는 자원을 합리적으로 분배하고 이용해 소비자의 니즈를 만족시킨다.

만약 누군가가 당신의 상품이나 서비스에 돈을 지불할 의사가 있다면 이는 곧 당신이 가치를 창조했다는 뜻이 된다. 수익은 가치를 창조한 것에 대한 인정이다. 이윤이 있어야 전체 가치 창조 사슬은 계속해서 더 많은 사람의 니즈를 만족시킬 수 있다. 만약 상품이 팔리지 않는다면 이는 당신이 하는 일이 다른 사람에게 아무 의미가 없고 자원 낭비일 뿐이므로, 당장 멈추고 가치를 창조하는 일에 자원을 투입해야 한다는 뜻이다.

따라서 시장에서 이루어지는 소비는 모두 투자이며 자원을 어떻게 배치하는지를 결정한다. 화폐가 없으면 상업에서의 자원 분배 시스템은 무너지게 되고 우리도 자신이 하는 일의 가치를 판단할 수 없게 된다.

인류 사회가 돈 버는 행위에 대해 뿌리 깊은 편견을 갖게 된 데는 그럴 만한 원인이 있다. 과학기술 혁명이 일어나기 전에 세계에는 경제 성장이라는 개념이 없었다. 돈은 '실제로 현존하는' 물품이었고, 당시 사람들은 오늘보다 내일이 더 나을 것이라고 믿지 않았다. 미래는 기껏 해봐야 지금과 같은 수준일 테고, 어쩌면 자원이 소모되면서 더 형편없어질 수도 있다고 생각했다. 세상은 크기가 커지지 않는 커다란 파이라서 누군가 많이 가져가면 다른 누군가는 적게 가져갈 수밖에 없고, 상인이 돈을 많이 벌수록 남은 돈이 적어질 수밖에 없어 결국 나머지의 이익에 해를 끼치는 셈이 된다.

따라서 과거에는 돈을 많이 버는 것을 일종의 죄악으로 여겼다. 이러한 관념은 자본주의가 등장하면서 조금씩 변하기 시작했다. 과학기술 혁명이 인류에게 빛과 희망을 전해주고 기술이 곧 생산력이 되면서 인류가 지닌 전체 부의 크기도 빠른 속도로 커져갔다. 애덤 스미스Adam Smith의《국부론》은 부와 도덕이 서로 대립한다는 전통적인 개념을 뒤집었다. 전체 부의 크기가 커진 마당에 누군가 부유해졌다고 해서 다른 사람의 부가 줄어들지는 않기 때문이다.

이는 상업과 돈 버는 행위에 대한 편견을 바꿔놓았다. 심지어 자신의 능력과 두뇌로 자원을 효과적으로 이용해 소비자가 필요로 하는 물품과 서비스를 제공할 뿐만 아니라 일자리를 마련해주는 상인과 기업가가 '자선가'로 여겨지기 시작했다. 테드TED 강연에서 〈아이들을 기업가로 키웁시다〉라는 영상을 주의 깊게 본 적이 있다.

연사로 나선 카메론 헤럴드Cameron Herold는 기업가 가정에서 태어났다. 그의 아버지는 어려서부터 기업가 정신을 가르쳤고 기회와 수요를 찾게 했다. 그래서 헤럴드는 일곱 살 때부터 꾸준히 장사를 하며 돈을 벌기 시작해 젊은 나이에 자신의 증권 중개인을 두었고, 학비를 벌어 대학을 다녔고, 결국 포브스가 선정한 부자 명단에 이름을 올린 성공한 기업가가 되었다. 헤럴드는 이렇게 말했다.

"학교는 어려서부터 기업가 정신을 보이는 아이들이 기업가의 꿈을 펼칠 수 있도록 용기를 북돋아줘야지, 변호사, 의사, 회계사로 키워서는 안 됩니다."

그가 생각하는 기업가는 이런 사람들이다.

"기업가는 일단 생각과 열정이 생기거나 세상의 수요를 발견하면 곧바로 행동에 옮기고, 모든 방법을 동원해 자신의 생각을 실현하며, 자신과 비슷한 사람들을 끌어들여 꿈을 향해 함께 노력하도록 만드는 사람들입니다."

나는 '더 많은 유능한 사람이 기업가가 될 수 있도록 우리 사회가 힘을 북돋아줘야 한다'는 그의 의견에 십분 공감한다. 기업가 정신은 인간의 잠재력과 창의력을 극한으로 끌어올려 주어진 임무를 수동적으로 기다리고 안정적인 임금을 받는 사람에서 스스로 기회를 발견하는 사람으로 탈바꿈시킨다. 뿐만 아니라 자신의 재능과 지혜로 시장이 아직 해결하지 못한 문제를 해결해 결국 모두가 이윤을 얻도록 만든다.

그러나 이익을 추구하는 것에 대한 사회적 편견 탓에 기업가 정신을 지닌 수많은 잠재적 기업가들이 꿈을 펼치지 못하고 꼬박꼬박 임금을 받는 노동자의 삶에 만족하게 되었다. 애덤 스미스는 이렇게 말했다. "인류 전체 부의 기초는 자신의 이윤을 늘리고 싶어 하는 개인의 이기심에 있다." 사회 발전의 이면에 존재하는 원동력이 이익과 부를 추구하는 개인의 이기심에서 비롯되었다는 사실을 분명히 알아야 한다.

상업이 발달한 지금도 '상업은 사악하다'는 신념이 보편적으로 존재하고 있다. 내가 위챗을 기반으로 한 교육 프로젝트를 독자적으로 추진하던 초기에 한 구독자가 내게 이런 글을 남겼다. "전 이 플랫폼이 너무 상업적이라서 싫어요." '너무 상업적'이라고 한 까닭은 플랫폼의 모든 콘텐츠가 판매와 직접적으로 관련된 커리큘럼 소개일 뿐, 순수하게 영혼이나 정신과 관련된 공유는 전혀 없었기 때문이다. 이런 논리에 따라 그녀가 바라 마지않는 '상업적이지 않은' 이상세계가 무엇일지 추측해봤다. 그것은 아마도 모든 사람이 무상으로 공유할 수 있거나 돈 대신 애정과 봉사정신으로 거래가 이루어지는 세상일 것이다.

이런 신념 때문에 중국 시장에서는 무척 흥미로운 현상이 나타났다. 많은 창업 기업이 '너무 상업적'으로 보이지 않기 위해 직접적인 상업 모델을 간접적인 형태로 바꾼 것이다. 예를 들어 콘텐츠를 만드는 회사가 콘텐츠로 돈을 벌지 않고, 소프트웨어를 만드는 회사가 소프트웨어로 돈을 벌지 않고, 고객을 광고주에게 팔거나 고객의 개인정보를 팔아 돈을 번다. 하드웨어를 만드는 회사는 제품을 팔아 돈을 버는 것이 아니라 부가서비스를 통해 돈을 번다.

얼핏 보면 이런 세상은 단순하고 순결해 보인다. 애플 CEO 팀 쿡Tim Cook은 공개 서신에서 이런 상업 모델에 대해 다음과 같이 평했다. "어떤 온라인 서비스가 무료로 제공될 때 당신은 소비자가 아니라 소비되는 대상이 된다." 팀 쿡은 애플이 결코 고객 정보를 팔지 않는다고 밝혔다. 그 이유는 애플의 상업 모델은 매우 직접적, 다시 말해 훌륭한 제품을 판매해 돈을 벌기 때문이다.

이런 점에서 나는 〈뤄지쓰웨이〉의 창업자 뤄전위羅振宇의 비즈니스 방식에 매우 찬성한다. 대다수 인터넷 창업자와 달리 뤄전위는 처음부터 자기 자신을 '장사꾼'으로 소개하고 돈을 벌려는 목적을 숨기지 않았다. 그는 삶의 존엄을 지키는 길은 합법적으로 돈을 버는 것이라고 굳게 믿었다. 이런 생각을 가진 덕분에 〈뤄지쓰웨이〉는 돈 버는 플랫폼이 되었고, 중국을 유료 콘텐츠 시대로 이끌어 많은 지식인에게 이익을 가져다주었다. 가치 있는 상품과 서비스를 구매하기 위해 비용을 지불하는 것은 당연한 일이고 돈을 버는 것이 정상적인 상업 행위인 것은 두말하면 입 아픈 사실이다.

소비자와 생산자 사이에 화폐를 통한 직접적인 거래가 없다면 정상적인 가치 창조 체계는 어그러질 테고, 생산자나 기업가는 진실하고 의미 있는 시장 정보를 얻을 수 없게 되며, 자신이 하는 일이 의미 있는 일인지 판단할 수 없게 된다. 그렇게 되면 많은 자원이 무의미하게 소모될 것이다. 따라서 우리는 융자에 의존해 자신의 실패를 타인에게 떠넘기는 창업자가 아니라 이윤에 의해 살아가는 기업가가 더 많이 생겨나도록 격려해야 한다.

이직하기 전에는 나도 대다수 직장인처럼 고정적인 임금을 받았지만 한 번도 그 돈을 속 편히 받은 적이 없었다. 날마다 숨 돌릴 틈 없이 바쁘게 일한 것은 사실이지만 내가 한 일의 의미를 느낄 수 없었고 그 일들의 최종적인 가치를 볼 수 없었기 때문이다. 퇴사와 창업이 내 삶에 가져온 가장 직접적인 영향은 그 전까지 매달 꼬박꼬박 월급 통장에 들어오던 돈이 다시는 들어오지 않게 되었고, 한 푼이라도 눈에 보이는 내 노력의 결실로만 얻게 되었다는 것이다. 그러나 나는 지금껏 이토록 마음이 편안했던 적이 없다. 내가 벌어들인 돈은 모두 내가 이 사회를 위해 창조한 가치에서 비롯되었고, 그것들은 나라는 존재의 가치를 가장 직접적으로 보여주는 것이기 때문이다.

이런 삶이야말로 가슴을 활짝 펴고 당당히 살 수 있는 삶이 아닐까?

경제적 자유에
이르는 길

나는 2013년부터 매년 1, 2부씩 전자잡지를 만들고 있다. 전자잡지 발간은 무심코 떠오른 생각에서 시작되었다.

2013년 말, 나는 개인 계정에 이미 많은 글을 올렸지만 그런 식으로 대중의 파편적이고 시간 때우기식 독서 욕구는 풀어줄망정, 연속적이고 체계적인 독서 욕구는 해소시켜줄 수 없다는 사실을 깨달았다. 그래서 어떻게 하면 이 문제를 해결할 수 있을까 고민하다가 문득 '개인 잡지'에 생각이 미쳤다. 잡지를 창간하면 모든 글을 주제별로 정리할 수 있을 뿐만 아니라 이미지를 통해 독자의 '읽기 경험'을 제고할 수 있기 때문이다.

그래서 대학 시절 2년 동안 평면 디자인을 부전공한 내공을 살려 첫 번째 개인 잡지를 내 손으로 만들어 300부를 찍었다.

그런데 뜻밖에도 이 잡지가 꽤 인기를 끌면서 이틀 만에 다 팔렸다. 재판을 요구하는 목소리에 갑자기 '전자잡지'가 떠올랐다. 전자잡지는 종이잡지보다 더 친환경적이고 잡지 가격과 작업량을 낮출 수도 있는 방법이었다.

그런데 이처럼 별것 아닌 시도가 '경제적 자유'에 대한 내 생각을 완전히 바꿔놓았다. 왜냐하면 그 일로 나는 잡지를 지속적으로 판매하면 마치 은행에서 이자를 받는 것처럼 힘들이지 않고 꾸준히 수입을 얻을 수 있다는 사실을 알게 되었기 때문이다. 문득 오래전에 읽었던 이야기가 떠올랐다.

/ 파이프라인 우화 /

오래전, 이탈리아 중부의 한 산골 마을에 파블로와 브루노라는 두 젊은이가 살고 있었다. 사촌지간인 두 사람은 똑똑하고 부지런했으며, 언젠가 마을에서 첫째가는 부자가 되겠다는 웅대한 포부도 있었다. 어느 날, 마을 사람들은 파블로와 브루노에게 근처 강물을 마을 광장에 있는 물탱크로 나르는 일을 하면 물 한 통에 1페니씩 품삯을 쳐주겠다고 했다.

두 사람에게 주어진 일은 똑같았지만 파블로와 브루노는 전혀 다른 '전략'을 짰다. 브루노는 생각했다.

'물 한 통에 1페니씩 쳐주니까 하루에 100통씩 나른다면 하루에 1달러를 벌 수 있어. 일주일 뒤에는 신발을 살 수 있고, 한 달 뒤에는 암소 한 마리를 살 수 있고, 반년 뒤에는 새집을 장만할 수 있을지도 몰라!'

브루노는 짭짤한 수입을 예상하며 날마다 강에 가서 물을 퍼 나르기로 했다. 그러나 파블로의 생각은 달랐다.

'낮에는 물통을 나르고 나머지 시간에는 파이프라인을 만들자. 파이프라인을 구축하면 강물을 마을로 직접 끌어올 수 있어. 꽤 오랜 시간 동안 브루노보다 적은 수입에 만족해야 할 테고 밤까지 더 많은 일을 해야 할 거야. 돌처럼 단단한 땅을 파서 파이프라인을 구축하는 게 보통 어려운 일이겠어? 하지만 완공만 되면 틀림없이 노력이 아깝지 않은 수입과 보상을 얻을 수 있을 거야!'

몇 년이 흘러 마침내 파이프라인이 완공되었다. 이제 굳이 사람이 물을 길어오지 않아도 필요할 때면 언제나 원하는 만큼 물을 쓸 수 있게 되었다. 파블로는 더는 물을 길어올 필요가 없어졌다. 그보다 더 중요한 것은 그가 일을 하든 말든 물은 끊임없이 마을 물탱크로 흘러들었고, 물탱크가 가득 찰수록 그의 주머니도 두둑해졌다는 사실이다. 한편 브루노는 파이프라인이 구축되면서 일거리가 없어졌다. 그리고 오랜 시간 동안 고된 노동에 시달린 탓에 허리가 굽고 걸음도 느려지고 말았다.

'파이프라인 우화'는 경제적 자유에 관한 이야기다.

파블로는 결국 자신의 노력으로 일하지 않고도 여유를 즐길 수 있게 되었다. 그가 이렇게 살 수 있게 된 데는 '수동적 수입'이 핵심적인 역할을 했다. 수동적 수입이란 시간과 에너지를 들이지 않고, 신경 써서 지켜보지 않아도 자동으로 얻어지는 수입을 말한다. 파블로가 파이프라인을 통해 마을에 물을 제공해서 얻은 수입이 바로 수동적 수입이다. 이는 파블로가 먹고 놀고 자더라도 파이프라인의 물처럼 끊임없이 그의 통장으로 흘러들어오는 수입이기 때문이다.

수동적 수입에 상대되는 말은 '능동적 수입'이다. 능동적 수입이란 반드시 시간과 에너지를 들여야만 얻을 수 있는 수입으로, 우리가 평소에 노동을 통해 얻는 수입이 모두 능동적 수입이라고 할 수 있다. 이는 일을 해야만 얻을 수 있고 일하지 않으면 얻을 수 없는 일종의 임시적 수입이다. 브루노가 얻은 것은 능동적 수입이다. 이는 체력과 시간을 들여 얻는 것으로 일단 일을 그만두면 수입도 끊기게 된다. 형태와 액수에 상관없이 임금은 모두 능동적 수입에 해당한다.

수동적 수입과 능동적 수입의 가장 큰 차이는 '자본'에 있다. 왜냐하면 취득한 수입으로서의 수동적 수입은 자본이 성장한 결과이기 때문이다. 자본과 수입의 형태는 매우 다양하다.

전형적인 수동적 수입으로는 은행 예금에서 발생한 이자 수입, 재테크 투자로 얻은 투자 수입, 부동산에서 발생한 임대 수입 등이 있다. 이 밖에 지식재산권도 중요한 자본에 속한다. 앞서 언급한 잡지 수입이나 음반 수입, 작가의 저작권료 수입 등은 모두 지식재산권으로 얻은 수동적 수입이다. 또 기업도 자본에 속한다. 기업이 지속적인 경영을 통해 기업의 소유자에게 제공하는 수익도 수동적 수입에 속한다.

/ 진정한 경제적 자유란 /

거의 모든 사람이 경제적 자유를 꿈꾼다. 그러나 사람들 대부분은 경제적 자유가 무엇인지, 왜 경제적 자유를 이뤄야 하는지, 어떻게 해야 경제적 자유에 이를 수 있는지에 대해 잘 모른다. 아마 상당수는 '경제적 자유'에서 '경제적'에 방점을 찍어 경제적 자유를 얻으려면 충분한 부를 쌓아야 한다고 생각할 것이다.

그래서 하루 빨리 충분한 노후 자금을 확보한 뒤 여유로운 삶을 누리기 위해 젊었을 때 죽기 살기로 돈 버는 일에 매달린다. 그러나 사실 '경제적 자유'에서 중요한 부분은 '자유'다. 우리가 경제적 자유를 추구하는 궁극적 목표는 최대한 많은 재산을 쌓는 것이 아니라 돈의 '속박'을 최소화해 심신의 자유를 최대화하기 위해서다.

경제적 자유를 제대로 이해하려면 자유의 의미를 알아야 한다. 여기서 말하는 자유는 물질 소비의 자유만을 가리키는 것이 아니며, 경제적 자유를 얻는다 해도 사고 싶은 것을 마음껏 살 수 있다는 의미가 아니라는 것이다. 아무리 돈이 많아도 세상에는 돈으로 살 수 없는 것도 있기 마련이고, 물질적 욕망은 밑 빠진 독처럼 아무리 채워도 채울 수 없기 때문이다.

진정한 자유는 '소유'의 자유가 아니라 '거절'의 자유다. 좋아하지 않거나 하고 싶지 않은 일인데도 돈 때문에 해야 할 필요가 없어졌을 때 진정한 의미의 경제적 자유를 얻을 수 있다. 따라서 경제적 자유의 정도와 부의 크기는 결코 비례하지 않는다. 부는 경제적 자유를 실현하는 데 도움이 되기는 하지만 부를 가졌다고 반드시 경제적 자유를 얻는 것은 아니다.

사실 부유한 사람은 물질적 소비를 하는 데 제약이 적을 뿐, 가난한 사람과 다를 바 없이 항상 돈에 시달리고 더 많은 부를 위해 가족과 함께하는 시간, 개인의 취미와 꿈, 건강 등 인생의 소중한 가치를 수없이 희생한다. 돈이 있어서 좋은 점은 돈의 속박에서 벗어나 돈 때문에 살지 않아도 된다는 점이다. 그러나 돈이 끝없는 욕망과 더 많은 속박을 불러온다면 아무리 부유하더라도 경제적 자유를 실현할 수 없다.

그렇다면 진정한 의미의 경제적 자유를 실현하려면 어떻게 해야 할까? 먼저 경제적 자유는 충분한 노후 자금을 확보한다는 의미가 아니라 수동적 수입과 일상적 지출의 차액에 달려 있다. 수동적 수입이 지속적이고 안정적으로 발생하며 일상적 지출보다 액수가 많다면 자산이 많지 않더라도 경제적 자유를 실현했다고 할 수 있다. 돈 때문에 일할 필요 없이 자신이 하고 싶은 일을 하면 되기 때문이다. 수동적 수입은 고정자산에서 얻을 수도 있지만 지식재산권이나 어떤 사업의 지속적인 경영에서 얻을 수도 있다.

경제적 자유를 얻으려면 자신의 욕망도 관리할 줄 알아야 한다. 욕망과 돈의 노예가 되길 거부하고 추구할 가치가 있는 것이 무엇인지 알아야만 돈으로부터 영혼의 자유를 얻을 수 있는 것이지, 무조건 많이 갖는 것은 의미가 없다.

/ 수동적 수입 원천을 발굴하라 /

경제적 자유의 진정한 의미를 알면 그것이 생각처럼 아득한 것이 아니라 전략을 통해 얻을 수 있다는 사실을 알 수 있다. 한마디로 여러 개의 '파이프라인', 즉 수동적 수입을 만들면 된다. 일반적으로 수동적 수입은 다음 몇 가지 방식으로 얻을 수 있다.

하나, 주식 또는 펀드로 재테크 수입을 얻는다. 둘, 본인 소유의 부동산을 임대해 임대 수입을 얻거나 임차한 부동산의 일부를 에어비앤비 숙소로 제공하는 등 전대 수입을 얻는다. 셋, 문학·음악·미술 작품, 소프트웨어 제품 등의 지식재산권에서 수입을 얻는다. 넷, 지속 경영을 통해 수입을 얻는다. 어떠한 형태의 장사나 사업이라도 규모에 상관없이 지속적으로 경영하고 이윤을 낼 수만 있다면 꽤 괜찮은 수동적 수입 원천이 된다.

경제적 자유를 얻기 위해 의식적으로 수동적 수입 원천을 발굴하고, 끊임없이 수동적 수입 규모를 키우고, 수입 루트를 확대해 지속적으로 전체 수동적 수입을 늘려야 한다. 모든 수동적 수입에서 가장 쉽고 직접적으로 얻을 수 있는 것이 '재테크 수입'이다. 따라서 먼저 재테크 수입에 관심을 기울여야 한다. 이는 투자한 자금의 규모와 재테크 투자 전략에 따라 크게 달라진다. 재테크 수입을 늘리려면 더 많은 능동적 수입을 재테크 자본으로 바꾸는 한편, 열심히 재테크 지식을 쌓아 합리적인 맞춤형 재테크 전략을 짜야 한다. 재테크 자본이 늘고 재테크 능력이 향상될수록 재테크를 통해 얻는 수동적 수입도 늘어날 것이다.

재테크 수입 외에 또 하나 관심을 가져야할 수동적 수입은 바로 '지식재산권'이다. 사실 지식재산권은 '멀티족'이 본인의 장점을 활용해 지식과 기술을 수입으로 바꾸는 가장 바람직한 방식이다. 인터넷과 과학기술 수준은 이미 지식과 기술을 중복 판매가 가능한 문자 언어, 오디오, 비디오, 소프트웨어 제품으로 바꿀 수 있는 수준까지 발달했고, 지식과 기술형 제품에 대한 시장의 수요도 날로 늘어나고 있다. 이제 자신의 전문지식과 기술을 상품화할 수만 있다면 누구라도 수동적 수입을 얻을 수 있게 되었다.

마지막으로 고정자산 투자 및 지속적으로 경영 가능한 '사업'에도 관심을 기울여야 한다. 이 또한 상당히 괜찮은 수동적 수입 원천이다.

　정리해보자면 경제적 자유를 이루는 과정은 능동적 수입, 지식, 기술을 자본화해서 지속적이고 안정적이고 끊임없이 늘어나는 수동적 수입을 얻는 과정이다. 다만, 이 과정에서 경제적 자유의 궁극적 목표는 영혼의 자유라는 점을 꼭 기억해야 한다. 돈을 위해 일하지 않고 욕망에 시달리지 않으면서 진정으로 원하는 삶을 사는 것이야말로 경제적 자유의 진정한 의미다.

좋아하는 일이
생업이 되는 삶

예전에 10년 경력의 베테랑 언론인이 창업에 관해 쓴 글을 읽은 적이 있다. 그 글에서 그는 기업 가치 평가액이 10억 달러가 넘는 비상장 스타트업에 대해 탐구했다. 그는 이 문제에 대해 직접적인 가부를 논하는 대신, 세 번에 걸친 자신의 창업 경험을 통해 시장의 수요와 자본의 흐름에 대해 에둘러 말하면서 최근에 창업할 때 천만 위안 단위의 1차 융자를 받는 데 성공했다고 밝혔다.

글발이 뛰어난 사람은 확실히 이점이 있다. 그는 창업 과정에서 느낀 꿈에 대한 집착, 막막한 현실 앞에서의 무력감, 지식인 나름의 '뭔가 다른' 심경을 솔직담백한 문체로 여과 없이 표현했다. 아마 그의 글을 읽은 독자들 대부분이 이런 심경과 집착에 감동받았을 것이다. 하지만 나는 그렇지 않았다.

창업자가 창업 과정에서 겪은 곤경과 그런 상황에서도 굴하지 않은 강인한 정신에 스포트라이트가 쏠리면 어김없이 박수갈채가 쏟아진다. 마치 무슨 일이든 '꿈'이라는 단어만 붙이면 지고지상의 가치가 생기는 것 같다. 심지어 이 꿈이 대체 무엇이었는지 알 필요도 없고, 과연 그것이 진정으로 추구할 만한 가치가 있었는지에 대해서도 고민할 필요도 없다. 어찌 보면 히틀러도 '위대한 꿈'을 가진 사람이었다. 그는 '독일이 지배하는 게르만 제국 건설'을 위해 평생을 바쳤다. 그렇다면 그의 꿈도 박수갈채를 받을 만한가?

나는 우리 사회가 '창업'에 대한 열정과 '창업자'에 대한 숭배가 다소 맹목적이라고 생각한다. 덮어놓고 창업을 반기는 분위기는 오늘날 사회 전반을 뒤덮은 근시안적 성과주의, 단기간에 성공하려는 조급함을 반영하고 있다. 핫머니가 끊임없이 쏟아져 들어오면서 모바일인터넷은 돈과 명예의 각축장이 되었고 창업은 돈과 명예, 이 두 마리 토끼를 한 번에 잡을 수 있는 지름길이 되었다.

그러다 보니 상아탑 안의 대학생이나 사무실 안의 직장인이나 창업의 푸른 꿈을 꾸기 시작했다. 융자를 받으려는 창업자들은 구체적인 사업 아이템이 무엇인지 깊이 고민하지 않고 오로지 증권거래소 '상장'이라는 '위대한 꿈'을 꿨다. 나는 몇몇 창업자들이 자신의 사업이 뉴욕증권거래소에 상장되는 것이 꿈이라고 말하는 것을 직접 듣기도 했다. 이 말은 그들이 진실로 갈망하는 것의 실체를 적나라하게 보여줬다. 바로 '돈과 명예'다.

진실한 꿈이 있는 사람은 자신의 운명을 자본시장에 맡기지 않는다. 자본은 탐욕적이고 그것의 본질은 이윤 추구라서 단기간에 이윤을 거둬야 한다. 그러나 기업은 장기적인 그림을 그려야지, 단기 이익을 위해 경솔하게 움직여서는 안 된다. 이 때문에 자본과 기업의 지향점은 서로 충돌할 수밖에 없다. 화웨이 창업자 런정페이任正非는 절대로 회사를 상장시키지 않겠다고 공언했다. 자본의 '탐욕'이 회사의 장기적인 발전에 해롭다고 보았기 때문이다.

그렇다고 내가 창업의 가치를 부정하는 것은 아니다. 창업은 꼭 필요하다. 기업이 교체돼야 사회가 진화한다. 시대의 흐름을 따라가지 못하는 기업이 파산한 뒤에 사회로 내놓은 자원은 미래의 발전에 더 적합한 기업을 세우는 데 쓰인다. 창업은 자원을 재조합해 새로운 수요를 만족시키는 과정이다. 내가 반대하는 것은 시장의 부름에 응해서가 아니라 단지 자본으로 일궈낸 맹목적인 창업이다. 자본을 쏟아부어 그럭저럭 시장을 만들더라도 이 시장은 대개 허상에 불과하다. 일단 자본이 빠져나가면 시장은 곧바로 위축될 것이다.

창업의 중요한 전제는 시장 논리와 가치 창조에 부합하는 규칙이다. 다시 말해 시장이 정말로 필요로 하는 제품을 만들고 이익 창출을 통해 건강하고 지속적인 발전을 이뤄야 한다.

사실 창업은 생각보다 어렵지 않다. 시장이 필요로 하는 제품이나 서비스만 있으면 고객을 끌어들일 수 있고 입소문만 잘 나면 지속적으로 성장할 수 있다. 창업자가 괴로운 까닭은 그들이 자연스러운 발전의 규칙을 거슬러 단기간에 성과를 내려 하고, 아직 이익을 창출하지 못한 상황에서 성급히 상장을 꾀하기 때문이다. 한마디로 일확천금을 노린다는 말이다. 세상이 노름판도 아닌데 한몫 잡으려고 하니 될 일도 안 되는 것이다.

'빚으로 창업'은 실패하는 길

융자는 한번 빠지면 헤어 나오기 힘든 거대한 수렁이다. 투자자는 결코 헛돈을 쓰지 않는다. 그들이 바라는 것은 이 창업 기업들이 향후에 이윤을 창출하면 받게 될 배당금 수익이 아니라, 그 기업을 다른 기업에 팔아서 얻게 될 매매 차익이다. 융자의 전제 조건은 이 기업들이 엄청난 성장 잠재력을 수치로 보여줄 수 있는지, 즉 비약적으로 증가한 사용자 수가 필요하다.

따라서 일단 창업자가 융자로 버티는 길, 돈을 '먼저 쓰고 나서 돈 벌 궁리를 하는' 길로 들어서면 지난날의 모든 꿈은 일장춘몽이었음을 깨닫게 된다. 회사의 목표는 오직 하나, 바로 투자자가 원하는 목표치 달성이다. 이 때문에 많은 창업 기업이 어떻게 하면 가치를 창조할 수 있는지 고민할 시간에 수단과 방법을 가리지 않고 새 고객을 끌어들일 방법을 고민하고 있다. 아마 그들도 자신의 처지에 통탄을 금치 못할 것이다.

새 고객을 끌어들이는 일은 결코 만만치 않다. 사실 갈수록 어려워지고 있기 때문에 융자로 유지되는 창업 기업은 거의 다 이 문제로 골치를 썩이고 있다. 우리가 살아가는 이 시대의 중요한 특징 중 하나가 0에서 1로 도약하는 것은 갈수록 쉬워지고 있지만 1에서 100으로 가는 것은 갈수록 어려워지고 있다는 것이다. 그 원인은 간단하다. 정보의 전달은 미디어를 통해 이루어지는데, 이 미디어가 현재 '분산화'라는 엄청난 변혁을 겪고 있기 때문이다.

앱과 1인 미디어가 끝도 없이 쏟아져 나와 모바일인터넷의 방문 루트는 갈수록 분산되고, 정보의 전달도 갈수록 통제가 어려워지며, 주도권과 선택권도 완전히 사용자에게 넘어가 사용자가 무엇을 볼지 자유롭게 결정할 수 있게 되었다. 그 결과 인위적으로 '유행'을 통제할 수 없게 되었고 시장에서 환영받는 상품만이 유행하게 되었다.

한편 소비자도 점점 더 성숙하고 이성적으로 행동하고 있다. 소비자는 공짜나 추첨을 통해 소비를 부추기는 방식 따위에 면역력이 생겼다. 정말로 가치 있는 상품이나 서비스에 비용을 지불할 마음의 준비가 되어 있다. 그래서 그런 저속한 마케팅 수단이나 보조금이 관심을 불러일으키더라도 일시적일 뿐, 결국 고객의 마음을 움직이는 것은 눈을 속이는 허위 과장 광고가 아니라 진실한 알맹이다.

　지난날, 나도 대다수 사람들처럼 융자에 성공한 창업자들을 부러워하며 투지를 일깨우는 그들의 성공 신화에 감동받고 그들처럼 반짝반짝 빛날 날이 오기를 꿈꿨다. 그러나 창업에 깊이 몸담고 이 모든 것을 이성적으로 보고 나니, 그것이 다 명예와 이익을 좇는 각축장에 불과함을 알게 되었다. 그 후, 다시는 자본으로 움직이는 창업에 홀리지 않았다. 그들이 말하는 '꿈'이라는 것은 '명예와 이익'에 대한 갈망일 뿐이고 그들이 겪은 곤경은 시장 논리를 거스르고 현실에 안 맞는 목표를 이루려고 한 탓에 생겨난, 지극히 당연한 것이었기 때문이다.

　나는 2016년부터 작은 사업을 시작했지만 스스로 '창업자'라고 정의한 적이 거의 없다. 이 단어는 고객은 몇이나 되냐, 융자는 받았냐, 직원은 몇이나 있느냐, 이윤은 얼마냐 되냐는 등 쓸데없는 질문을 줄줄이 불러오기 때문이다. 이는 창업자의 성공 여부를 판단하는 단순 기준이 되기도 한다.

　이런 질문들의 이면에는 중요한 가설이 존재한다. 바로 창업은 최대한 규모를 키워야만 자본이 최대의 수익을 올릴 수 있다는 것이다. 이런 가설의 합리성을 부인하지는 않겠다. 어차피 자본이 이끄는 사회에서 모든 투자는 수지타산이 맞아야 하고, 수익과 수익률을 키우려면 규모를 키우는 게 정답이기 때문이다.

　그러나 모든 창업자가 이런 길을 원하는 것은 아니다.

/ 다른 창업, 다른 성공 /

베이징 구로우동 거리에 가면 아늑하고 분위기 좋은 작은 카페가 있다. 글을 쓰다가 영감이 필요할 때면 늘 그곳에 찾아가 커피를 마신다. 카페 사장은 디저트에 푹 빠진 젊은 아가씨다. 매일 아침 손님이 오기 전, 그녀는 카페 구석에 조용히 앉아 막 배달된 생화를 다듬어 작은 꽃병에 한 송이씩 꽂은 다음, 테이블 위에 정성스레 내려놓는다. 그 장면을 볼 때마다 괜스레 마음이 뭉클해진다. 작은 가게를 운영하고 꾸미는 데도 많은 시간과 공을 들이는 그녀는 일이 즐겁고 만족스러워 보였다. 자신이 죽고 못 사는 일이기 때문이다.

세상에는 오로지 이 숨 막히는 틀에서 벗어나 지난날의 꿈을 되찾고 다시금 생명의 열정을 불태우기 위해 창업을 선택한 사람들도 있다. 이들이 바라는 것은 명예와 이익도 아니고 사업 확장도 아니다. 그저 창업으로 자신에게 어울리는 삶의 방식을 찾아 자신이 원하는 대로 살아가는 것이다. 이런 사람은 건강하고 힘이 넘치며 시종일관 긍정 에너지를 뿜어낸다. 그들은 자신이 누구인지, 어떤 삶을 살고 싶은지 알고 있다. 그래서 마음 편히 자신이 좋아하는 일을 하면서 하루하루 지금 이 순간에 충실한 삶을 살아간다.

나는 이런 사람을 '독립 창업자'라고 부른다. 독립은 우선 자금으로부터의 독립에서 확인할 수 있다. 다시 말해 타인이 제공한 자금에 의존하지 않는다(소규모 사업은 초기 자금이 그다지 많이 들지 않는다). 그래서 이익과 목표가 충돌할 일도 없고 타인에게 휘둘릴 일도 없다. 또한 사상적 독립도 의미한다. 타인이나 사회의 가치관에 속박당하지 않고, 욕망의 노예가 되지도 않으며, 내면의 목소리에 귀를 기울여 자신이 정말로 바라고 좋아하는 일을 한다.

독립 창업자는 프리랜서와는 다르다. 독립 창업자는 일정한 사업 모델이 있으며, 그 사업 형식으로 고객에게 제품과 서비스를 제공함으로써 지속적이고 안정적인 수입을 창출한다. 이에 비해 프리랜서는 일정한 사업 모델 없이 개체의 노동을 제공해 비정기적인 수입을 얻는다. 사실 독립 창업자가 되기란 융자를 받아 창업하기보다 더 어렵다. 융자는 아이디어가 시장 잠재력이 있는지만 증명하면 되지만 독립 창업자는 강한 자성 능력이 필요하기 때문이다.

나도 창업의 길로 들어서면서 종종 이런저런 유혹을 받았다. 감언이설에 마음이 흔들리고 귀가 솔깃해질 때면, 나는 생각을 멈추고 가장 중요한 것이 무엇인지 자문했다.

'다른 무엇이 지금의 삶보다 나를 더 기쁘게 할 수 있을까?'

그렇게 자성하고 나면 머릿속이 더 맑아지고 마음이 단단해졌다. 내 시간과 삶을 오롯이 통제할 수 있고, 내 나름의 리듬대로 모든 일정을 조율할 수 있고, 내가 좋아하는 사람과 일에만 시간을 쏟을 수 있고, 나 자신의 겉과 속을 체계적으로 완전하게 만들어갈 수 있는데 말이다. 나는 과거의 속박 속에 살지 않고, 미래에 대한 기대 속에 살지도 않으며, 남을 기쁘게 하기 위해 나를 굽히지도 않는다. 나는 모든 열정을 지금 이 순간에 쏟아부어 평범함을 위대함으로 바꾸고 보통을 독특함으로 바꾼다.

인생 최대의 행복은 안팎이 일치하는 삶을 사는 것일 텐데 내가 바로 이런 삶을 살고 있다. 내 창업의 방향은 나의 인생 철학, 내면의 신념, 삶의 이념과 완벽하게 일치한다. 더 중요한 것은 속도와 규모의 압박이 없어 제품 하나를 만드는 데도 충분한 시간을 들일 수 있고, 독자와 수강생과의 관계를 돈독히 다져갈 수 있으며, 평생에 걸쳐 서로의 곁에서 함께 성장해갈 수 있다는 점이다.

자본 시장에서 '작지만 훌륭한' 창업은 환영받지 못한다. 그러나 나는 이것이야말로 세상에서 가장 아름답고 행복한 일이라고 생각한다. '작지만 훌륭한 것'이어야 우리에게 진정한 기쁨과 자유를 줄 수 있기 때문이다. 이러한 자유는 영혼의 자유와 경제적 자유까지 포괄한다. 공리심을 버리고 자신이 진정으로 푹 빠진 일을 할 때, 비로소 몸과 마음을 바쳐 몰입해 잠재력과 재능을 한껏 발휘할 수 있다.

나는 정성껏 만들어낸 제품이나 서비스는 시장이 먼저 알아봐서 소비자의 인정과 지지는 물론이고 짭짤한 수익까지 거둘 수 있다고 확신한다. 심지어 나는 살 만한 세상이라면 마땅히 심혈을 기울인 '작지만 훌륭한' 창업 기업이 넘쳐나야 한다고 생각한다. 그들 덕분에 시장에 개성 넘치는 양질의 제품과 서비스가 제공될 것이기 때문이다.

'자신이 좋아하는 일을 하고 이를 생업으로 삼는' 삶이야말로 추구할 가치가 있는 인생이다. 그런 삶에서 우리는 본성을 되찾고 자신만의 삶을 해석하는 방식을 찾을 수 있으며, 결국에는 원래 우리의 모습인 '귀족'이 될 수 있다.

문득 다큐멘터리 영화 〈스시 장인: 지로의 꿈〉의 주인공 오노 지로小野二郎가 떠오른다. 그는 평생 작은 가게를 운영하면서 자신이 가장 좋아하는 '스시'에 몸과 마음을 다 바친 끝에 결국 세상에 이름을 떨치게 되었다. 그러나 그는 결국 '세상에 이름을 떨치는 데' 성공한 게 아니라 자신의 마음을 지키면서 시종일관 더 나은 자신이 되기 위해 평생 노력하는 데 성공했다고 생각한다.

자기 자신에게 충실하기란 결코 쉬운 일이 아니다. 일단 자신이 원하는 삶이 어떤 것인지 제대로 알아야 하는데, 이를 위해서는 충분한 시간과 경험이 필요하다. 이 밖에도 사회가 강요하는 가치관과 인간의 본성에 잠재된 탐욕과 허영에 맞설 수 있는 용기와 강인한 멘탈이 있어야 한다.

수시로 자성할 줄 아는 사람만이 외부에 의존하지 않고 자신을 둘러싼 온갖 속박과 한계에서 벗어날 수 있다. 그들은 타인의 삶의 희망이 되지도, 타인을 위해 살지도 않는다. 자성은 긴박하고 허영심에 짓눌린 삶에서 우리를 해방시키고 평범한 생활에서 보람과 안락을 찾게 해준다.

내가 볼 때 이 세상에는 단 하나의 성공만이 존재한다. 자신이 좋아하는 방식으로 인생을 사는 것, 이런 삶을 살았다면 성공했다고 할 수 있다.

Part 2

사고와
능력의
경계 허물기

> 다른 사람이 내가 원하는 삶을
> 살게 하리라 기대하지 않는다.
> 내 손으로 직접 내가 원하는 삶을
> 창조하면 그만이다.

무엇이
열등감을 일으키는가

'멀티족'이라는 개념은 어떤 사람에게는 새로운 관점과 깨달음을 주기도 하지만 어떤 사람에게는 열등감과 초조함을 느끼게 한다. 그런 생활을 할 만큼 뛰어난 점이 없어 자신과는 먼 이야기인 것 같아서다. 그것이 어떤 마음인지 충분히 이해한다.

나도 한때는 몹시 부정적이고 수동적인 사람이었다. 아무리 좋은 성적을 받아도 바닥을 기는 자신감을 어쩔 수 없었다. 그러나 6년 전 혼자 힘으로 자격지심과 열등감을 극복한 뒤, 한발 한발 앞으로 나아가 지금의 내가 되었다. 그래서 더 많은 사람에게 희망을 주기 위해 나의 성장 스토리를 들려주고자 한다. 이것은 즐거웠던 시간을 뒤로하고 길을 잃고 헤맸다가 다시 즐거움을 되찾은 이야기다.

나는 매우 평범한 가정에서 태어났다. 부모님은 모두 교사였고, 엄한 것과는 거리가 멀었으며, 지나친 요구와 기대는 하지 않으셨다. 두 분의 교육관은 확실했다. '아이는 즐겁고 자유롭게 자라야 한다. 초등학교 성적은 그다지 중요하지 않으며 미래에 큰 영향을 미치지도 않는다.'

그래서 성적이 형편없지만 않으면 부모님은 내가 무엇을 하든지 간섭하지 않으셨다. 이런 환경에서 나는 더할 나위 없이 행복한 어린 시절을 보냈다. 놀고 싶은 만큼 놀고 내가 좋아하는 일들만 했다. 그림도 그중 하나였다. 그 시절, 그림 그리기는 내 삶에서 매우 중요한 자리를 차지하고 있었다. 그림을 그리면 이루 말할 수 없을 정도로 즐거웠다.

그러다 중학교에 입학하면서 모든 것이 변했다. 타고난 언어 감각 덕분에 영어에 특출한 재능을 보이자 선생님은 내게 큰 관심을 보이셨고, 이런 관심은 곧이어 기대로 변했다. 갑자기 나는 별 볼일 없는 평범한 학생에서 선생님의 사랑을 한 몸에 받는 우등생이 되었다는 사실을 깨달았다. 처음 느껴보는 그 낯선 감정은 퍽 기꺼웠다. 그리하여 내 안의 조그마한 허영심이 싹을 틔우고 나오더니 거침없이 가지를 뻗기 시작했다. 나는 허영심을 채우기 위해 어쩔 수 없이 책상 앞에 앉아 열심히 공부하기 시작했다. 그 덕분에 성적이 크게 오르면서 상위권에 이름을 올렸다.

고등학교 진학은 악몽의 시작이었다. 해도 해도 끝이 없는 공부는 물론이고 피 튀기는 경쟁과 진학 스트레스까지 감당해야 했다. 나는 높은 성적을 유지하기 위해 예술에 대한 관심을 딱 끊고 공부에만 몰두했다. 솔직히 말해서 이과 쪽으로는 예술 분야에서 보인 것만큼의 재능이나 실력이 없었다. 코피가 터지도록 공부해도 내가 바라는 성적은 거두지 못했다.

패배감과 좌절감에 휩싸인 나는 나약하고 예민해졌다. 긍정적이고 명랑해서 햇살처럼 빛나던 어린 소녀는 점차 부정적이고 음침한 기운에 짓눌린 우울한 청소년으로 자랐다. 대학입학 시험을 치르기까지 몇 달 동안, 나는 언제 멘탈이 무너질지 모르는 아슬아슬한 생활을 지속했다. 그렇게 긴 시간 죽을힘을 다해 노력하고 이를 악물고 버틴 결과는 쓰라린 실패였다. 그야말로 하늘이 무너지는 기분이었다. 참담한 실패에 내 자신감은 나락으로 떨어졌다.

대학 생활은 파릇파릇한 청춘 특유의 즐거움으로 가득해야 했지만 무슨 이유에서인지 마음 깊은 곳에서 비롯된 열등감과 부정적 감정이 그림자처럼 따라다녔다. 나는 자신감을 되찾고 다시금 즐거운 삶을 누리길 간절히 바랐다. 그러나 아무리 노력해도 그 깊은 나락에서 헤어날 수 없었다.

훗날 나는 우수한 성적으로 전액 장학금을 받고 미국 MBA 유학을 떠났다. 2년 뒤에는 우수 졸업생으로 선정되었고, 국제 재무분석사 레벨1 시험을 통과했으며, 미국 주정부에서 일할 기회까지 얻었다. 그러나 나는 여전히 지난날의 낙천적이고 긍정적인 모습으로 돌아가지 못했다. 항상 내 기대에 미치지 못하는 성과를 얻을까 봐 두려웠고 실패할까 봐 겁이 났다. 그래서 기회를 잡기 위해 자발적으로 움직이지 않았고 기회가 제 발로 나를 찾아오기만을 수동적으로 기다렸다.

아마 이런 이야기가 별로 낯설지 않을 것이다. 우리는 모두 '원래 자신만의 세계에서 즐겁게 지내던 어린 천사였고 내가 뛰어나고 독특한 존재라고 생각했지만 어느 날부터인가 다른 사람의 판단 기준으로 자기 자신을 보기 시작한' 이야기 속 주인공이 아닐까?

학교에서는 성적이 전부다. 성적이 나쁘면 '남보다 못한 사람'이라는 꼬리표가 붙는다. 회사에서는 실적이 우수 여부를 결정짓는다. 사회에서는 수입과 직위가 자신의 가치와 지위를 가늠하는 잣대가 된다. 우리는 한 차례 경쟁을 끝내면 곧 다음 경쟁을 시작한다. 그러나 모든 경쟁에 똑같이 적용되는 법칙이 있다. 승자는 항상 소수라는 것.

끊임없는 실패를 거듭하면서 우리는 자신의 능력과 가치를 의심하기 시작한다. 그러다 서서히 '나는 안 돼', '나는 형편없어'라는 신념을 받아들인다. 그렇게 영원히 뛰어난 사람이 될 수 없다고, 훌륭한 성과를 거둘 수 없으며 꿈을 가질 자격도 없다고 생각하게 된다. 그래서 물에 물 탄 듯 술에 술 탄 듯 수동적으로 주어진 삶을 살아간다.

내 이야기는 여기서 끝이 아니다. 생각지도 않게 내 삶을 180도 바꾸는 기회가 찾아왔다.

MBA를 졸업한 뒤, 나는 오리건 주정부에서 재무분석사로 일했다. 이 일 자체는 내게 큰 의미가 없었지만 편하고 한가로운 일이었던 까닭에 충분한 자유 시간이 주어졌다. 이제 성적 때문에 죽을 둥 살 둥 노력할 필요가 없어졌고 삶을 온전히 누려도 된다는 사실을 깨닫고 나니, 문득 이전과는 다르게 살고 싶다는 충동이 들었다. 이러한 충동은 예술에 대한 갈망을 일깨워 마치 컴컴한 어둠 속에 내린 한 줄기 빛처럼 내 마음속의 먹구름을 몰아냈다. 그 덕분에 나는 잠시나마 부정적인 감정과 자격지심을 이겨내고 용기 내 다시 그림을 배우기 시작했다.

지금도 나는 수업을 듣기 전에 느꼈던 극도의 긴장감과 두려움을 또렷이 기억한다. 그러나 붓을 손에 든 순간, 그런 감정은 스리슬쩍 사라졌다. 손에서 붓을 놓은 지 10년이나 됐지만 그때 닦은 기초가 남아 있었다. 붓을 놀리면서 나는 그림에 푹 빠져 살던 행복했던 어린 시절을 떠올렸고 오랜만에 즐거움을 맛봤다. 그렇게 나는 매주 그림을 그리기 시작했고 점점 자신감을 되찾아갔다.

회화 수업 시간에 선생님은 《아티스트 웨이》라는 책을 추천했다. 이 책은 '예술 심리 치료서' 정도로 보면 되는데, 총 12부로 나뉘어 있다. 각 부분은 한 가지 주제에 관해 논하며 그에 상응하는 과제를 제시한다. 독자는 12주 안에 책에서 지시하는 대로 모든 과제를 완성하면 된다. 책의 저자인 줄리아 카메론 Julia Cameron은 이런 방식으로 독자가 조금씩 자신의 창조성을 되찾고 다시금 예술의 길로 들어서도록 돕고자 했다.

세계적인 베스트셀러인 이 책에 대해서는 오래전부터 들어서 알고 있었다. 또 세계 각지에서 자발적으로 스터디 모임을 만들어 멤버들이 책에서 제시한 방법을 함께 실천하고 있다는 사실도 알고 있었다. 나는 이 스터디 모임에 끼고 싶어 안달했지만 내가 사는 도시에는 이런 모임이 없다는 사실을 알고 몹시 실망했다. 너무 애타게 바랐기 때문인지 그 순간 머릿속에 이런 생각이 떠올랐다. '없으면 내가 만들면 되지 않나?' 도대체 어디서 그런 자신감과 용기가 나왔는지 모르겠지만 아무튼 갑작스러운 사고 전환으로 나는 그전까지의 나와 깨끗하게 갈라섰다.

이것은 내 인생에서 가장 중요한 전환점이었다. 그런 생각이 들자마자 나는 곧바로 행동에 옮겨 최종적으로 8명을 스터디 모임에 끌어들이는 데 성공했다. 우리는 매주 정기적으로 만나서 함께 공부했다. 이 일로 나는 상당한 자신감을 얻었다. 그 후, 다시는 수동적으로 기회를 기다리지 않고 능동적으로 내가 원하는 삶을 창조하기로 다짐했다. 곧바로 나는 많은 참신한 아이디어를 실행에 옮겼다.

'생각하는 사람의 모임'을 만들어 매달 한 차례씩 게스트를 초청해 정해진 주제에 관해 참가자들과 토론을 벌이는 포럼을 개최했다. 또 '토스트마스터스 인터내셔널' 클럽에 가입해 네 달

동안 열 차례의 대중 연설을 성공적으로 해냈다. 미국을 떠나기 전에는 개인 전시회를 직접 기획하고 개최하는 것으로 미국 생활에 종지부를 찍었다.

미국을 떠나기 전, 나는 종이 위에 'You have a choice년 선택의 자유가 있어.'라는 문장을 적었다. 살면서 어떤 일에 부딪히더라도 나에게는 부정적이고 수동적인 태도와 긍정적이고 능동적인 태도 사이에서 스스로 선택할 권리가 있다는 사실을 일깨워주기 위해서였다. 이 말은 내 인생에서 가장 중요한 말이 되었다. 나 자신의 힘을 믿게 해주기 때문이다. '나는 다른 사람이 내가 원하는 삶을 살게 하리라 기대하지 않는다. 내 손으로 직접 내가 원하는 삶을 창조하면 그만이다.' 이런 신념 덕분에 나는 점점 더 삶의 영역을 넓히면서 끊임없이 다채롭고 흥미로운 일을 해나가 지금의 나를 이룰 수 있었다.

지난 시간 내가 걸어온 길을 떠올릴 때마다 감개무량함을 느낀다. 만약 그때 내가 삶의 태도를 바꾸지 않았다면 내 인생은 완전히 다른 모습이었을 것이다. 하지만 내가 과거에 왜 부정적인 생각에서 헤어 나오지 못했는지, 또 어쩌다가 그렇게 짧은 시간 안에 완전히 다른 모습으로 변했는지 오랜 시간 동안 이해할 수 없었다. 그런데 심리학을 공부하다가 '학습된 무기력'에 대해 알게 되었다.

1967년, 미국 심리학자 마틴 셀리그만Martin Seligman은 개를 대상으로 유명한 실험을 실시했다. 그는 개 한 마리를 우리에 가

두고 버저가 울리기만 하면 참기 힘들 정도의 전기 자극을 주었다. 개는 우리를 벗어날 수 없었기 때문에 우리 안에서 몸부림치면서 두려움에 짖어댔다. 그러나 몇 차례 실험을 반복하자 버저가 울려도 몸부림치지 않고 바닥에 납작 엎드려 속절없이 짖기만 했다. 실험 마지막 단계에서는 전기 자극을 주기 전에 우리 문을 열어뒀는데도 개는 바닥에 엎드려 부들부들 떨기만 할 뿐, 우리를 박차고 도망치지 않았다.

이 실험을 통해 마틴 셀리그만은 '학습된 무기력'이라는 유명한 심리학 개념을 도출했다. 학습된 무기력은 자신이 아무리 노력해도 예상한 효과를 거둘 수 없었던 경험을 통해 '어떤 시도를 해도 결과를 바꿀 수 없다'는 사실을 체득하면서 부정적이고 수동적으로 변해 극복하려는 시도조차 하지 않는 현상을 이르는 말이다.

실험 대상이었던 개는 후천적 경험 때문에 학습된 무기력 상태에 빠졌다. 셀 수 없이 많은 전기 자극과 반복된 실패를 겪으며 개는 아무리 노력해도 결과를 바꿀 수 없다고 판단해 무의미한 노력을 그만두기로 했다. 그래서 나중에는 상황을 피할 수 있게 되었는데도 절망에 빠져 머잖아 다가올 고통을 속수무책으로 기다리고만 있었다.

학습된 무기력은 과거의 나를 포함한 많은 사람의 심리 상태와 행동 양식에 대해 깔끔하게 설명하고 있다. 우리가 스스로를 인식하는 방식은 상당 부분 외부 세계가 우리에게 준 피드백에 의해 결정된다. 그런데 어려서부터 우리가 받은 피드백은 부정적이고 소극적인 것이 대부분이었다.

어린아이가 잘못을 저지르면 부모는 대개 "넌 왜 이렇게 말썽을 부리니!" 하고 호되게 꾸짖는다. 성적이 나쁘면 선생님은 "넌 왜 이렇게 멍청하니?"라고 말하며 한심해한다. 어른이 되어 사회생활을 시작해도 끊임없이 남과 비교당한다. 한마디로 우리에게 주어진 모든 정보가 '넌 수준 이하'라고 말한다. 그런 채로 세월이 흐를수록 '난 수준 이하'라는 믿음이 굳어져 새로운 것을 시도하려고 할 때마다 발목을 잡고 늘어진다.

이런 심리는 악순환을 불러온다. 수동적이고 부정적일수록 성과를 거둘 가능성이 낮아지며 '난 형편없어'라는 신념을 더욱 굳어지게 만든다. 이와 관련한 심리학 연구에서 부정적인 심리가 잠재력을 억누르고 기회와 가능성을 보지 못하게 만들어 수동적인 상태를 넘어 무력한 상태로 이끈다는 사실이 증명됐다.

이와 반대로 긍정적이고 유쾌한 정서는 더 나은 성과를 이끌어낼 수 있다. 긍정 심리학자 숀 아처Shawn Achor는 저서 《행복의 특권》에서 긍정적인 심리 상태를 가진 사람의 대뇌는 이른바 행복의 특권을 경험한다고 말했다. 즉, 부정적이거나 중성적인 상태에 있을 때보다 31퍼센트나 높은 성과를 보인다. 이는 긍정적인 정서가 사람의 지적 능력과 창조력을 높이는 데 확실히 영향을 미치기 때문이다.

사실 부정적이고 수동적인 심리 상태는 일상생활에서 흔히 나타난다. 나는 수많은 독자와 수강생을 만나면서 사람들의 사고방식에 공통점이 있다는 사실을 발견했다. 바로 문제나 역경에 부딪치면 일단 외부의 도움을 구하고 다른 사람에게 기대며 누군가가 답을 알려주기를 바라지, 스스로 해결 방법을 강구하는 경우가 드물다는 것이다.

사람들은 모두 남다른 인생을 꿈꾸면서도 영원히 남을 부러워하기만 하거나 여기저기 기웃거리며 남들이 자신의 인생을 바꿀 비책을 알려주길 바란다. 그들에게서 지난날의 내 모습이 보였다. 이것은 진정한 의미의 '학습된 무기력'이라고 할 수는 없지만 전형적인 약자 심리에 해당한다. 약자는 문제를 제기하고는 다른 사람이 답을 주기를 기다리지만 강자는 문제를 제기하고 스스로 답을 찾는다.

이런 문제에 맞닥뜨릴 때마다 마음과 달리 내가 할 수 있는 일이 없다는 생각이 든다. 그들이 지금의 단계를 뛰어넘고 성장하는 것은 반드시 내면에서 비롯된 능동적인 힘에 의해 이루어진다는 것을 잘 알기 때문이다. 외재적 역량이 내면의 능동적 역량을 불러일으켜 긍정적인 신념을 일깨우는 경우가 아니라면 외재적 역량은 어떠한 작용도 할 수 없다. 위대한 시인 라이너 마리아 릴케Rainer Maria Rilke가 말하지 않았던가! "이른바 운명이라는 것은 우리 안에서 나오는 것이지 밖에서 들어오는 것이 아니다."

인간의 잠재력은 무궁무진하다. 우리의 대뇌는 강력한 사고력, 분석력, 창조력을 부여받았기 때문이다. 그러나 이러한 능력은 믿음이 바탕에 깔려야만 그 힘을 발휘할 수 있다. 지금의 나를 뛰어넘어 내가 바라는 인생을 살고 싶다면 우리를 옭아매는 장본인, 바로 부정적이고 수동적인 심리 상태를 극복해야 한다. 이런 심리는 족쇄처럼 우리의 모든 역량과 잠재력을 꼼짝 못하게 옭아맨다. 따라서 우리는 열심히 노력해 약자에서 강자로 변모해야 한다. 그래야 이 족쇄를 부수고 내면의 원동력을 밖으로 끌어낼 수 있다. 일단 이 힘을 끌어내면 모든 잠재력과 창조력이 깨어나 끊임없이 앞으로 나아갈 힘이 돼 우리를 자기 인생의 창조자로 만들어준다.

여기까지 읽고 난 당신은 아마 어떻게 해야 그렇게 변모할 수 있는지 궁금할 것이다. 하지만 앞에서 말했다시피 강자는 문제를 제기하고 스스로 답을 찾는다.

무너진 자존감부터
끌어올리기

　우리는 타인의 평가를 한 귀로 듣고 한 귀로 흘리지 못한다. 시도 때도 없이 들려오는 데다가 우리의 기분에 직접적으로 영향을 미치기 때문이다. 긍정적인 평가를 들으면 괜스레 기분이 좋아져 기운이 불끈 솟지만, 부정적인 평가를 들으면 부끄럽고 기운이 빠진다. 몹시 나쁜 평가를 들으면 열등감에 빠지기도 한다. 그런 탓에 우리는 자신에 대한 남들의 평가에 예민해진다. 도대체 어떻게 해야 타인의 평가에 흔들리지 않을 수 있을까?

　사회적 영향력을 지닌 사람은 모두 이 같은 문제에 부딪힌다. 대중의 관심은 곧 불특정 다수의 입방아에 오르내리는 위험 상황을 야기한다. 그런데 대중은 일반적으로 이성적이지 못하고 감정적이기 때문에 관점이 다르다는 이유로 악의적인 공격을 퍼붓기도 한다.

처음으로 이런 상황을 겪게 되었을 때, 나는 주체할 수 없는 분노가 끓어오르는 한편 이루 말할 수 없을 정도로 억울하고 괴로웠다. 심지어 그 순간만큼은 회의에 빠져 내가 정말로 타인의 평가만큼 형편없는 인간인가 의심하기도 했다. 그러나 나는 곧이어 이런 의심의 싹을 잘라버렸다. 나심 니콜라스 탈레브Nassim Nicholas Taleb가 《안티프래질》에서 내린 '안티프래질'의 정의를 떠올렸다. '임의의 사건에서 얻은 유리한 결과는 불리한 결과보다 크다.' 그래서 나는 안티프래질한 방식으로 이 일을 대하기로 마음먹고 어떻게 하면 이 충격적인 사건에서 유리한 결과를 얻어낼 수 있을지 생각하기 시작했다.

사람의 마음속에 자리한 가장 큰 두려움은 자신이 '변변찮은 존재'가 되는 것이다. 사람이라면 누구나 자존감이 있기 때문이다. 미국 토크쇼의 여왕 오프라 윈프리Oprah Winfrey는 2013년 하버드대학교 졸업 연설에서 이런 말을 했다.

"지난 25년간 사람들을 인터뷰하며 인류에게 한 가지 공통점이 있다는 사실을 깨달았습니다. 그건 바로 우리 모두 인정받기를 원한다는 거예요. 녹화를 마치고 나면 부시 대통령, 오바마 대통령은 물론이고 심지어 비욘세까지, 모든 게스트가 같은 질문을 던졌어요. '괜찮았나요?'라고요." 이로써 대통령이나 슈퍼스타도 보통 사람과 마찬가지로 자신이 변변찮아 보일까 봐 두려워하고 인정받기를 원한다는 사실을 분명히 알 수 있다.

자존감은 사회심리학의 범주에 속하는 개념으로 자기 가치와 관련돼 있다. 즉, 자기 가치에 대한 주관적인 평가다. 자존감이 높은 사람은 상대적으로 자신감이 있고 유쾌하며 인격적 완성도가 높다. 반대로 자존감이 낮은 사람은 두 가지 극단적인 성향을 보인다. 하나, 허영심이 강하다. 일부러 자신을 과시하고 사실을 과대포장해서 주위의 인정과 숭배를 받으려고 한다. 둘, 자기 안으로 침잠하고 열등감이 강하며 심한 경우 자포자기한다.

자존감은 매우 중요하다. 이는 우리의 행복감과 맞닿아 있기 때문이다. 심리학자는 자존감이 사회적 비교, 즉 타인과의 비교, 타인의 평가에 의해 형성된다고 생각한다. 다시 말해 타인의 평가가 나의 가치에 직접적으로 영향을 미치며, 자신에 대한 좋고 나쁨을 평가할 때 타인의 평가를 크게 반영한다는 뜻이다.

칭찬과 인정을 받으면 괜히 기분이 좋아지고 긍정 에너지와 자신감이 샘솟는다. 그러나 단점과 미흡함을 지적하는 평가를 받으면 수치심과 자기 회의가 든다. 또 악의적인 공격을 받게 되면 그것이 이유나 근거 따위라고는 없는 허무맹랑한 비난일지라도 자기 가치를 부정하게 만들고 자존감에 상처를 입혀 '아, 나는 변변찮은 사람이구나' 하는 느낌이 들게 한다.

그러나 듣기 좋은 말만 의미와 가치가 있는 것은 아니다. 사실 악의적인 공격을 빼면 어떤 형태의 평가라도 나름의 가치가 있다. 사람은 누구나 자신을 과신하는 경향이 있다. 이는 종종 우리의 시야를 흐려 자신의 문제를 볼 수 없게 만든다. 그러나 타인의 평가는 우리에게 피드백을 주며, 이를 합리적으로 이용할 수만 있다면 성장할 수 있다. 하지만 대부분의 경우 우리는 이런 피드백을 잘 이용하지 못한다. 오히려 자신의 단점과 잘못을 지적받으면 조건반사적으로 자신을 비판한 사람을 적대시하거나 그들에게 반격을 가한다.

우리는 '변변찮은' 사람이 될까 봐 두렵기 때문에 자존감을 보호하기 위해 본능적으로 모든 부정적인 평가를 배척한다. 그러나 진정으로 우리의 자존감을 해치는 것은 그런 부정적인 평가가 아니다. 자존감은 동적이고 발전하는 자아 이미지에서 비롯되는 게 아니라 정적이고 경직된 자아 이미지에서 비롯된다는 견고한 사고방식이다. 그래서 부정적 평가가 자존감에 영향을 미치지 않도록 하는 가장 좋은 방법은 비판을 거부하는 것이 아니라 경직된 사고를 성장하는 사고로 바꾸는 것이다.

이 두 가지 사고방식은 스탠퍼드대학교 심리학 교수인 캐롤 드웩Carol Dweck 박사가 제기했다. 드웩은 인격심리학, 사회심리학, 발달심리학 분야의 뛰어난 연구자이자 인간의 동기와 지적 능력 분야에서 많은 연구를 진행한 학자다. 2007년, 드웩은 《성공의 심리학》이라는 책으로 주목받았다.

책에서 드웩은 사람이 성공하는 과정에서 서로 다른 역할을 맡는 '고정된 사고'와 '성장하는 사고'에 대해 소개했다. '고정된 사고'를 하는 사람은 지능과 재능은 타고나는 것이고 결코 변하지 않는다고 생각한다. 그래서 항상 자신을 '발전'시키기보다는 '증명'하려고 한다. 이런 사람은 타인의 평가를 지나치게 신경 쓰고 자신의 단점을 드러내길 꺼리며 실패할까 두려워 아예 도전하지 않는 방식으로 자신감을 유지한다. 또 항상 자신이 남보다 낫다는 점을 증명하려 하고 타인의 인정을 받으면 우월감에 빠져 기고만장하지만 자신이 남보다 못하게 느껴지면 회의와 자기부정에 빠진다.

'성장하는 사고'를 하는 사람은 이와 정반대로 배울수록 실력이 향상된다고 생각한다. 그래서 자신을 '증명'하는 데 애꿎은 에너지를 낭비하는 대신 자신을 '발전'시키는 데 힘을 쏟는다. 이들은 실패하거나 부정적인 평가를 받았다고 회의와 자기부정에 빠지지 않고 오히려 자신을 향상시킬 수 있는 기회로 본다. 지금 당장의 미흡함이 곧 자기 가치라고 비약하지도 않는다. 성장하는 사고를 하는 사람은 자신감이 흘러넘칠 필요가 없다. 자신이 뛰어나다고 증명할 필요도 없다. 이들은 사람의 능력은 나아질 수 있기 때문에 끊임없이 향상되기만 한다면 문제될 게 없다고 믿는다.

오랜 세월에 걸친 연구 결과, 고정된 사고를 하는 사람은 그런 사고방식 때문에 충분한 성장과 성공을 하지 못한다는 사실이 밝혀졌다. 타고난 자질과 재능에 목매는 사람은 칭찬과 인정을 받기 위해 자신의 결점을 숨기려 애쓴다. 또 약점을 드러내지 않기 위해 도전적인 일은 시도조차 하지 않는다. 그러나 배움과 성장은 끊임없이 실수하고 그 실수를 바로잡는 과정이다. 만약 긴 세월 안전지대에만 머무르면 도전할 거리가 없기 때문에 더는 성장할 수 없다.

주변을 살펴보면 고정된 사고를 하는 사람이 성장하는 사고를 하는 사람보다 훨씬 많다는 사실을 깨닫게 된다. 이는 인간의 본능과 관련돼 있을 테지만 과정은 제쳐둔 채 결과만을 따지는 오늘날의 교육 체계와 문화가 이런 본능을 더 심화시켰다고 장담한다. 성장하는 사고방식은 날 때부터 타고나는 것이 아니며 후천적인 노력으로 습득할 수 있다.

이런 사고의 전환을 이루려면 우선 자신의 부족함을 인정하고 직시해야 한다. 그러고 나서 어떻게 해야 결점을 고쳐서 더 발전하고 성장할지 고민해야 한다. 용기를 내서 자신의 무지와 부족함, 불완전함을 산뜻하게 인정하고, 증명이 아니라 자기 발전에 초점을 맞추면 어떤 평가에도 흔들리지 않고 자신에게 이로운 점을 찾아낼 수 있다.

제대로 된 평가라면 기쁜 마음으로 받아들이고 한층 더 성장하면 될 터이고, 터무니없는 지적이라면 깨끗이 신경 끄면 될 터. 더는 악의적인 공격과 의미 없는 부정적인 평가에 상처 입지 않을 것이다. 그렇게 하면 우리는 '안티프래질'해져서 타인의 부정적인 평가에 자존심이 상하기는커녕 이를 전화위복의 계기로 삼아 더 나은 자신으로 성장할 수 있다.

사람은 누구나 무지하고 유치할 때가 있으며 죽을 때까지 결점을 안고 산다. 이는 결코 부끄러워할 일이 아니다. 결점 하나 없는 완벽한 사람은 있을 수 없다. 설령 '완벽'이라는 것이 존재하더라도 나는 그런 사람이 되고 싶지 않다. 완벽은 곧 성장할 필요가 없다는 뜻인데, 성장이야말로 이 세상에서 가장 즐거운 일이기 때문이다.

성장하는 사고방식을 선택하고 성장에 주목한 이후로 나는 타인의 평가에 절절매지 않게 됐다. 오히려 남들이 나의 단점을 알려줄 때마다 기꺼워했다. 내가 더 나은 사람으로 성장할 여지가 충분하다는 뜻이었기 때문이다. 그 후로도 악의적으로 헐뜯고 비난하는 사람들은 있었지만 나는 분노하고 반박하고 대항하는 데 헛심을 쓰지 않고 시원하게 인정했다. '그래, 난 아직 모자란 점이 많아. 하지만 나는 더 나아지고 있어.'

그렇다. 우리는 점점 더 나아지고 있다. 자신이 변변찮을까 봐 두려워하는 사람이라면 지금 당장 외쳐보라. "나는 나아지고 있다!"

이제 전문성과 경력은
필수가 아니다

얼마 전, 친구들이 만든 긱 모임에 참석했다가 아주 흥미로운 점을 발견했다. 거의 모든 사람이 인공지능에 대해 토론하고 있었는데 이야기 도중, 사람들은 마치 '오늘 날씨 참 좋네' 같은 일상적인 이야기를 하듯이 인류 역사, 경제, 신경과학, 인지심리학, 양자 이론 등으로까지 화제를 넓혀갔다.

그들의 대화 내용은 긱에 대한 내 고정관념을 완전히 바꿔놓았다. 나는 긱이 컴퓨터와 인터넷밖에 모르는 괴짜들이라고 생각했는데, 뜻밖에도 이들은 다양한 분야에 해박한 지식을 가지고 있었다. 이는 어떤 의미에서는 '미래에 인정받는 뛰어난 인재는 전면적인 지식 구조를 가진 전문가'일 거라는 내 생각이 옳다는 사실을 증명해줬다.

그러나 주변에서 이렇게 전면적인 발달을 이룬 사람을 흔히 볼 수 있는데도 '한 사람이 할 수 있는 일에는 한계가 있기 때문에 괜히 여기저기 기웃거리지 말고 한 우물만 열심히 파는 게 낫다'고 미련하게 고집부리는 사람들이 있다. 도대체 누가 이런 관점을 내놓았는지 모르겠지만 이는 영 터무니없을 뿐만 아니라 우리의 발전과 진보를 가로막기도 한다. 이런 신념을 가진 사람은 이를 구실로 더 많은 지식과 기술을 익히려 하지 않을 것이며 주변 사람들에게까지 악영향을 미칠 수 있다.

'전면적인 발달은 곧 두루 평범함'을 뜻한다고 생각하는 사람들은 아마 '1만 시간의 법칙'을 근거로 내세우며 어떤 뛰어난 기술을 익히려면 오랜 시간 많은 노력을 기울여야 하는데, 사람에게 주어진 시간과 에너지는 유한하므로 한 가지만 선택해 열심히 익혀야 한다고 주장할 것이다. 한꺼번에 너무 많은 것을 배우면 한 가지도 제대로 배울 수 없기 때문에 각각의 기술은 다 평범한 수준에 그칠 수밖에 없다고도 생각할 것이다. 얼핏 들으면 그럴싸하게 들리지만 좀 더 깊이 파고들면 심각한 논리적 오류를 발견할 수 있다.

그 유명한 '1만 시간의 법칙'을 논리적으로 따져보자. 이 법칙은 말콤 글래드웰Malcolm Gladwell이라는 작가가 저서 《아웃라이어》에서 제기한 개념이다. "천재들이 탁월하고 비범해 보이는 까닭은 그들이 남보다 뛰어난 자질을 타고났기 때문이 아니라 끊임없이 노력했기 때문이다. 1만 시간만 열심히 노력하면 누구라도 평범함을 벗고 비범해질 수 있다." 말콤 글래드웰은 이를 '1만 시간의 법칙'이라고 했다.

사실 글래드웰은 어떤 연구 결과에서 이 개념을 도출해냈다. 1973년, 노벨화학상 수상자이자 인공지능 연구의 개척자인 허버트 사이먼Herbert Simon과 윌리엄 체이스William Chase는 체스 그랜드마스터들을 연구하면서 10년 정도 실력을 갈고닦지 않고 그랜드마스터에 오른 사람은 한 명도 없다는 사실을 발견했다. 그래서 사이먼은 전문적인 기술을 습득하는 데 10년이 걸린다는 '10년 법칙'을 처음으로 제기했다.

그러나 '1만 시간의 법칙'이든 '10년 법칙'이든 적용되는 특정한 전제 조건이 있다. 이는 모든 기술, 모든 사람에게 적용되지 않는다는 것이다.

먼저 최근 연구에 따르면 '1만 시간의 법칙'은 원래 존재하지도 않는다는 사실이 밝혀졌다. 이는 베스트셀러 작가가 어떤 심리학 연구 결과에 대해 경솔하게 떠들어댄 것일 뿐이다. 각기 다른 전문 분야의 기술을 습득하는 데 걸리는 시간과 연습하는 시간은 수백 시간에서 수천 시간까지 이를 수 있지만 1만 시간이라는 최저치는 존재하지 않는다. 예를 들어 만약 아무것도 모르는 상태에서 테니스를 배운다면 200시간만 배우고 연습해도 숙련된 수준에 이를 수 있다. 어떤 세부적인 분야의 전문가가 되기 위해 박사 학위를 얻는 데도 수천 시간이면 충분하다.

또 '1만 시간의 법칙'과 '10년 법칙'이 연구한 대상은 피아노, 체스, 무용 등 '인지 복잡성'이 비교적 낮은 활동이었다. 예술이나 스포츠 같은 분야에서 남다른 성과를 거두려면 엄청난 시간을 들여 연습해야 하는 것이 맞다. 그러나 절대적인 연습 시간이 창의적인 마케팅, 기업 관리, 제품 설계 등 '인지 복잡성'이 비교적 높은 활동에 미치는 영향은 매우 제한적이다. 이런 것들은 한 가지 능력이 아니라 종합적인 능력을 요구하기 때문이다.

사실 '1만 시간의 법칙'은 예술, 스포츠 등에서 뛰어난 성취를 거두고자 하는 사람에게만 유용하다. 대다수 사람들의 업무, 예를 들어 제품 개발, 고객 운영, 시장 마케팅 등에 필요한 것은 종합적인 능력이다. 이런 능력을 얻는 것은 훈련 기간과 직접적인 관계가 없다. 오히려 더 전면적인 지식 구조와 다양한 기술을 갖춰야 얻을 수 있다.

인격적 발전에서 보든 직업적 발전에서 보든 한 우물만 파는 것보다 다재다능하고 박학다식한 편이 훨씬 낫다. 1980년대, 서양 학술계는 '전인교육' 이념을 제기했다. 전인교육은 학생이 다양한 영역에서 충분히, 지속적으로, 완전한 조화를 이루도록 자질을 성장, 발달시켜 원만한 인격체로 기르는 것을 목적으로 한다. 간단히 말해서 전인교육은 학생을 도덕적이고, 지식을 갖췄으며, 조화롭게 발전한 '전인全人'으로 길러내는 것이다.

학자들은 학제 간 활동과 지식의 융합을 적극 권장했다. 우리가 사는 세상은 변화무쌍하고 번잡하면서도 유기적으로 연관된 시스템이다. 그런데 오늘날의 학교 교육은 지식을 인위적으로 갈라 각각의 학과를 고립시키고 세상을 무수한 조각으로 찢어놓은 바람에 사람이 어느 한쪽으로만 치우쳐 발전하고 사고방식이 고립되는 상황에 놓이게 되었다. 학제 간 활동과 상호 영향, 침투를 통해 학과 사이의 장벽을 뛰어넘어야만 새로운 지식을 배우고 문제를 연구하는 시야를 넓혀 세상을 하나의 통합체로 환원시킬 수 있다.

교육계는 갈수록 전면적인 발달에 더 많은 관심을 기울이고 있다. 더불어 기업들도 종합적인 능력과 광범위한 지식 구조, 기술을 갖춘 사람을 비즈니스맨의 기준으로 삼기 시작했다. 나는 전면성이 바닥에 깔린 전문화가 앞으로 교육계와 기업들이 인재를 육성하고 선택할 때의 기준이 될 것이며 미래 사회가 우리에게 바라는 요구사항이 될 것이라고 확신한다.

/ 효율은 구시대의 유물 /

'효율'은 과거 공업자본주의 시대를 관통하는 핵심어였다. 그 시대는 비즈니스 환경이 꽤 안정적이었고, 기업 운영과 관리 규칙도 상당히 오랜 시간 동안 변하지 않았으며, 기업 내부 운영은 공정화와 표준화에 따라 이루어졌다. '전문성'과 '경험'은 인재를 판단하는 기준이었다.

노동자의 전문성이 높고 경험이 많을수록 단위 시간 내 산출량이 늘어나고 기업의 가치도 올라갔다. 이런 환경에서는 기본적인 전문 지식만 보유한 채 그 분야의 경험만 계속 쌓으면 될 뿐, 전면적인 발달을 추구할 필요가 없었다. 그러나 새로운 시대에 들어서면서 이른바 '안정'은 역사의 수레바퀴 속으로 사라졌다.

새로운 시대의 두드러진 특징 중 하나가 모든 것이 너무 빠르게 변한다는 것이다. 레노버 창업자 류촨즈柳傳志 회장이 했던 말처럼. "모바일인터넷 시대는 우리 사회에 엄청난 변화를 불러왔다. 새롭게 생겨난 것들은 우리의 경험으로는 알 수 없는 것들이라, 봐도 이해할 수가 없다." 이러한 변화로 인해 비즈니스 규칙도 새로 쓰였다. 과거의 관리, 운영, 마케팅 규칙은 더는 쓰이지 않고 경험의 가치는 점점 낮아졌다. 기업 효율이 아무리 높아도 그것이 성패를 가를 수는 없게 되었다. 이제 효율은 우리가 추구하는 목표가 아니다.

오늘날 거의 모든 기업은 규모를 떠나서 혁신, 전환, 변화를 이야기한다. 〈중국기업가〉 창간 30주년 연례회의에서 리옌훙李彦宏은 이런 말을 했다. "누구나 창업하고 모두가 혁신하며 빠르게 변화하는 환경에서 혁신하지 않는 기업은 머잖아 곧 죽고 만다. 그래서 혁신이 중요하다."

이런 비즈니스 환경에서 살아남으려면 기업은 대대적인 내부 혁신과 신속하게 시행착오를 거듭한 끝에 새로운 성장점을 찾아야 한다. 그래서 기업은 갈수록 직원들에게 더 높은 종합 능력을 요구하는 것이다. 이제 직원은 단순히 임무를 수행하는 '나사못'이 아니라 능동적으로 행동하고 창조해야 하는 존재로 여겨지기 때문이다.

앞서 언급했듯이 많은 과학기술 혁신 기업들이 이미 수평화, 분산화, 프로젝트 중심 조직 방식을 도입하기 시작했고, 직원에게 충분한 혁신 공간을 제공하고 있다. 누구라도 쓸 만한 아이디어와 상대방을 설득할 수 있는 능력만 있으면 회사에서 자원을 얻어 자신의 프로젝트 팀을 꾸릴 수 있다. 직원의 업무 동기는 순전히 프로젝트에 대한 인정과 프로젝트의 성공에 대한 갈망에서 비롯된다. 그래야만 직원의 적극성과 창의력을 끌어내 혁신을 이룰 수 있기 때문이다. 따라서 미래의 기업에서 개인의 발전 속도와 공간은 전공과 경력이 아니라 혁신 능력, 소통 능력, 리더십, 실행 능력 등 전면적인 종합 능력에 달려 있다.

/ 현명한 의사결정의 조건 /

속도와 방향 중 어느 것이 중요한가? 당연히 방향이다. 속도가 아무리 빨라도 방향이 틀리면 결국 바라던 목표에서 멀어질 뿐이다.

앞으로의 방향을 딱 부러지게 가리킬 수 없다고 해서 우리가 아무렇게나 선택해도 된다는 뜻은 아니다. 사실 눈코 뜰 새

없이 바쁘게 돌아가는 비즈니스 환경에서 의사결정, 특히 전략적 의사결정은 매우 중요해졌다. 그릇된 의사결정은 기업에 경제적 손실을 가져올 뿐만 아니라 발전의 기회를 놓치게 만든다. 급변하는 시대에 한 번 기회를 놓치면 영원히 기회에서 멀어질 수도 있다.

의사결정 능력이 중요한 또 다른 이유는 참고할 만한 선례가 없어졌기 때문이다. 오늘날의 기업은 이미 과거의 경험을 따를 수 없게 됐고 타인의 성공을 따라 할 수도 없게 됐다. 모든 기업은 반드시 자신의 실제 상황에 따라 옳은 결정을 내려야 한다. 그렇다면 현명한 의사결정이란 무엇인가?

간단히 말해 최적의 방식으로 목표를 실현하는 것이다. 이것은 말처럼 쉬운 일이 아니다. 이는 세상에 대해 객관적이고 적확한 인식을 가지고 있는가에 달려 있기 때문이다. 그러나 사람들은 대부분 이런 능력이 없다. 전문화 이념은 원래 온전하게 합쳐져 있던 세상을 독립적인 파편으로 나누었고, 이로써 사람들이 기계화되고 파편화된 세계관을 갖게 됐다. 더는 통일적이고 통합적인 측면에서 이 세상을 이해하고 생각할 수 없게 됐다는 뜻이다.

사실 지식은 모두 상통하는데 분야에 따라 각기 다른 규칙을 기술하는 것뿐이다. 자연과학은 객관적인 세계의 법칙을 기술하고, 사회과학은 인류 사회의 규칙을 연구한다. 원자 영역의 규칙은 물리학이라 부르고, 원자가 분자를 이룬 경우 분자 영역의 규칙을 화학이라고 부른다. 화학에서 좀 더 위로 올라가 무기 물질이 복잡한 화학 반응을 거치면 다시 원시 생명으로 변한다. 그래서 생물 영역의 규칙이 생기는데, 이것이 생물학이다. 거기에서 한 발 더 나아간 것이 인류학과 사회학이다.

전면적인 지식 구조는 객관 세계의 법칙과 인류 사회의 법칙에 대한 어느 정도의 인지와 이해를 뜻한다. 사실 사회과학과 상업 사이에도 긴밀한 연결 고리가 존재한다.

상업의 기초는 인간이다. 기업 관리, 제품 설계는 말할 것도 없고 시장 마케팅도 개인 또는 군중의 심리와 행위에 대한 예측에서 이루어지기 때문이다. 이러한 지식은 앞으로의 추세에 대한 판단 및 사업적 의사결정에 지대한 의미가 있다. 비즈니스 환경이 변하더라도 인간에 관한 규칙은 변하지 않기 때문에 인간의 기본적인 본질만 파악하고 있으면 어떤 변화에도 흔들리지 않을 수 있다.

그러나 사람들은 대부분 이런 중요한 지식에 대해서는 아무것도 모른 채 상식이나 직감에 따라서 결정과 판단을 내린다. 이는 서양 정재계의 걸출한 인사 중 상당수가 인문학도이거나 사회과학 계열 출신이라는 흥미로운 현상을 잘 설명해줄 것이다. 그들은 남들보다 인간에 대해 관심이 많고 더 본질적으로 인식하기 때문이다.

따라서 더 전면적인 지식 체계를 가지고 있을수록 세상에 대한 인지도 더 완전해져서 진실한 상태에 더 가까이 다가갈 수 있으며 더 정확하게 법칙을 파악할 수 있다. 이런 인재는 시대의 선봉에 서고 복잡다단한 비즈니스 환경에서 성공할 확률이 더 높다.

/ 인간은 더 복잡해져야 한다 /

인류의 다음 시대가 인공지능 시대가 될 것이라는 것은 모두가 인정하는 사실이다. 구글, 텐센트, 알리바바 등 세계적인 과학기술 회사들은 모두 인공지능 분야에 막대한 자원을 쏟아붓고 있다. 전문가들은 너 나 할 것 없이 전통적인 직업 중 상당수가 없어질 것이며, 그 대신 새로운 직업들이 나타날 것이라고 예언했다. 우리는 인공지능의 보급이 인류에게 어떤 영향을 미칠지 예측할 수 없다. 지금 이 순간, 우리가 할 수 있는 유일한 일은 미래의 비즈니스 환경에 적응할 수 있는 능력을 높이기 위해 스스로 더 복잡하게 변하는 것이다.

내게 인문학을 가르쳤던 선생님은 유전자와 진화에 대해 수업하면서 이런 말을 했다. "진화 과정에서 살아남는 데 성공한 유전자는 모두 환경을 적확하게 반영할 수 있는 유전자였다."

옳은 말이다. 변화를 예측할 수 없는 자연환경에서 유전자의 생존 전략은 바로 자신을 더 복잡하게 변화시키는 것, 다시 말해 더 많은 정보를 저장해 환경에 적응하는 것이었다. 이처럼 유전자가 끊임없이 복잡해진 덕분에 그 진화의 결과물로서 세상에 포유동물과 인류처럼 복잡한 생물이 나타난 것이고, 대뇌피질도 같은 이치에서 진화했다. 대뇌피질 덕분에 인간은 더 복잡한 사고활동을 할 수 있어 환경에 대해 더 적확하게 반응할 수 있게 되었다.

복잡성을 높여 변화무쌍한 환경에 적응하는 것은 자연계의 생물 진화 법칙에도 적용되지만 사회 안에서 살아가는 개인의 발전에도 적용된다. 사실 오늘날의 대학교가 생겨난 중요한 원인 중 하나가 공업자본주의를 발전시키기 위해 더 복잡한 능력을 가진 인재가 다수 필요했기 때문이다. 이처럼 점점 복잡하게 변화한 것을 직접적으로 보여주는 것이 바로 더 전면적이고 심층적으로 변한 지식이다.

그러나 지금의 대학교는 더 복잡한 인간이 되고자 하는 우리의 요구를 들어줄 능력이 없고, 학교에서 배우는 지식도 우리가 오늘날의 비즈니스 환경에 적용하기에는 한참 부족하다. 그런 탓에 지식 서비스라는 개념이 유행하게 되었고, '스스로 교육'이 대학 교육보다 개인의 발전에 더 중요하고 효과적인 수단이 되었다.

주위를 둘러보면 여가 시간을 이용해 죽기 살기로 공부에 매진하는 청년들을 쉽게 볼 수 있다. 이들이 배우는 지식은 대개 자신의 전공 분야와 무관하며, 갈수록 많은 청년이 사회과학 지식에 관심을 갖기 시작했다. 이러한 학습 붐은 더 나은 자신을 추구하는 사람들의 열망을 보여주지만 일종의 위기감을 반영한 것이기도 하다.

한 분야의 전문가에서 종합적인 인재로 거듭나려고 노력하는 것이야말로 매우 현명하고 시대의 흐름에 발맞춘 자기 발전 전략이다. 다른 사람들은 모두 열심히 배워서 더 복잡한 사람으로 거듭날 때, 당신만 시대의 흐름을 거슬러 '전면적인 발달은 두루 평범함'이라는 생각을 고집한다면 맞이할 수 있는 결과는 단 하나, 자연도태뿐이다.

한 우물만 파다가는 물이 마른다

몇 년 전, 나는 '꿈을 위한 움직임'이라는 프로젝트를 시작했다. 이 프로젝트의 목적은 6주간의 교류와 실천을 통해 사람들이 꿈을 이루기 위한 행동에 나서도록 하는 것이다. 프로젝트 참여자는 총 30명이었다. 우리는 매주 한 가지 주제를 정해 함께 공부하고 토론하고 실천했다.

한번은 내가 사람들에게 여태껏 꿈을 위해 했던 일에 대해 소개한 적이 있다.

"나는 MBA를 졸업한 이후, 시간이 날 때마다 새로운 시도를 했어요. 예를 들어 미국에서 정치·경제 문제를 토론하는 모임을 만들었고 베이징에 돌아와서는 친구들과 함께 여성 커뮤니티를 만들었어요. 그리고 나서는 1인 미디어를 만들었고 최근

들어서는 바로 이 '꿈을 위한 움직임' 프로젝트를 생각해냈죠."

여기까지 말하자 참가자 중 한 사람이 물었다.

"한동안 해보고 나서 잘 안 된다고 포기하거나 한 가지를 꾸준히 하지 않는다면 영원히 성공할 수 없지 않나요?"

솔직히 그 말을 듣고 나니 그런 것도 같았다. 그 순간에는 내가 왜 꾸준히 하지 않았나 싶어 살짝 부끄럽기도 했다. 하지만 나는 자신을 부정하는 대신 이런 의문을 떠올렸다.

'꼭 꾸준히 해야 할까?'

우리는 자라면서 무슨 일이든 꾸준히 하라는 말을 귀에 딱지가 앉도록 듣다 보니 꾸준히 하지 않으면 왠지 모를 부끄러움을 느끼게 되었다. 하지만 이것은 잘못된 생각이다. 사람들이 이런 관념을 가지게 된 까닭은 꾸준히만 하면 원하는 결과를 얻을 수 있다고 생각하기 때문이다. 이런 결론은 명백히 틀린 것이고 거짓임을 쉽게 증명할 수 있다. 한번 생각해보라.

올림픽을 위해 오랜 세월 구슬땀을 흘린 선수들 중 꾸준히 노력하지 않은 사람이 있을까? 그런데도 메달을 목에 거는 사람은 항상 몇 사람밖에 없지 않은가! 그렇다고 해서 꾸준히 노력할 필요가 없다는 뜻이 아니다. 다만 '꾸준히'도 이성적인 것과 맹목적인 것으로 나눌 수 있는데, 맹목적으로 꾸준히 하는 것은 아무 의미가 없고 이성적으로 꾸준히 노력하는 것만이 따를 가치가 있다. 당신이 지금 꾸준히 무언가를 하고 있는데 그 행동이 인정받을 만한 것인지는 당신이 추구하는 목표가 무엇이냐에 달려 있다.

일반적으로 목표는 단순한 목표와 복잡한 목표로 나뉜다. 단순한 목표는 그 행위와 결과 사이에 명확한 선형관계가 존재한다. 예를 들어 지방 감량, 근육 증량, 영어 어휘량 늘리기, 영어 듣기 수준 높이기, 코딩하는 법 배우기 등이 여기에 해당한다.

복잡한 목표는 결과가 여러 요인에 의해 결정되고 각 요소들 사이에도 복잡한 관계가 존재해 행위와 결과 사이에 직접적이고 명확한 선형관계가 존재하지 않는 목표다. 예를 들어 고객 20퍼센트 늘리기, 매출액 천만 위안 달성하기, 타인의 성장 돕기, 행복해지기 등은 복잡한 목표라고 할 수 있다.

단순한 목표라면 확실히 꾸준히 할 필요가 있다. 어떤 종류의 능력이든 시간을 들여 연습해야만 향상되기 때문이다. 하지만 그것을 감안하더라도 꾸준히 하는 것은 단순히 필요조건일 뿐 충분조건이 아니다. 다시 말해 꾸준히만 해서는 부족하고 정확하고 효과적인 방법이 필요하다는 뜻이다. 방법이 틀렸거나 효과가 적다면 꾸준히 노력해봐야 괜한 헛수고일 뿐이다. 그것만으로는 원하는 결과를 얻을 수 없기 때문이다. 예를 들어보자.

어떤 사람이 헬스를 해서 근육량을 늘리겠다는 목표를 세웠다. 그런데 훈련할 때마다 자신의 한계치에 못 미치는 중량을 선택한다면 아무리 꾸준히 연습해도 원하는 목표에 이를 수 없다. 근육을 늘리려면 일단 근섬유가 찢어질 정도로 운동한 다음 단백질 섭취를 통해 근육을 회복해야 한다. 그런데 가벼운 중량

또는 낮은 강도로 운동한다면 근육이 찢어지는 일 자체가 없다.

오랜 세월 꾸준히 영어를 배웠는데도 외국인과 영어 한마디 나누지 못하는 사람들이 많다. 이것은 다 방법이 틀렸기 때문이다. 영어를 잘하려면 문법을 공부하고 단어를 외우고 수시로 읽기도 해야 하지만, 그밖에도 오랜 시간에 걸친 각고의 연습이 필요하다. 말하는 연습도 해야 하지만 말하면서 의식적으로 틀린 부분을 고치려고 노력해야 한다. 연습이야말로 기술을 익히는 데 가장 중요하다. 이에 대해서는 3부에서 자세히 다루겠다.

사실 꾸준히 하는 것은 단순한 목표에서만 의미가 있다. 복잡한 목표를 실현하려 할 때, 꾸준한 노력은 원하는 결과를 얻는 데 도움이 안 될 뿐만 아니라 경우에 따라서는 많은 기회를 놓치게 만들 수도 있다. 복잡한 목표가 복잡한 까닭은 목표 달성 여부가 여러 가지 요소와 관련되어 있고, 각각의 선택이 불러올 결과를 예측할 수 없기 때문이다. 이런 상황에서 꾸준한 노력은 곧 기회비용을 의미한다. 어떤 한 가지 선택을 꾸준히 견지하는 것은 곧 다른 선택의 기회를 잃는다는 뜻이다.

예를 들어 모든 회사가 실적을 높이기 위해 고심한다. 매출 증가는 전형적인 복잡한 목표에 해당한다. 제품 전략, 마케팅 전략, 소비자 기호, 경쟁사 제품 등 여러 가지 요소가 복합적으로 작용해 좌우되기 때문이다. 기업이 매출을 늘리기 위해 신제품을 개발했는데 시장에 출시하고 매출이 영 신통치 않다고 하자. 이럴 경우, 이성적이고 현명한 결정은 계속해서 판매하는 것이 아니라 과감히 포기하고 다른 가능성 있는 기회에 자원을 투입하는 것이다.

'시행착오'라는 말이 있다. 이미 많은 과학기술 혁신 기업이 자신들의 발전 전략으로 시행착오를 꼽고 있는데, 이 이념은 매우 단순하다. '일이 옳은지 그른지는 해봐야 알 수 있다. 옳다면 계속 진행하고 그르다면 재조정하면 된다.' 사실 기업이든 회사든 가장 바람직한 발전 전략은 꾸준히 하는 것이 아니라 시행착오를 거치는 것이다. 특히 오늘날처럼 지극히 복잡하고 빠르게 변하는 비즈니스 환경에서라면 더욱 그렇다.

우리는 법칙에 대한 자신의 이해와 가설을 바탕으로 의사결정을 내린다. 그러나 법칙에 대한 이해가 꼭 정확한 것은 아니고 결과도 예상했던 것과 크게 다를 수 있다. 사실이 가설 또는 예상에 어긋날 경우, 반드시 사실에 따라 다른 선택을 해야지 자신의 가설을 고집해서는 안 된다. 사실만이 진리를 검증하는 기준이므로 기존의 전략을 맹목적으로 고집하지 말고 사실이 주는 피드백에 따라 적절하게 조정해야 한다. 끊임없는 시행착오를 거쳐 사실에 따라 자신의 인지와 선택을 조정해야만 정확한 길을 갈 수 있다. 만약 사실을 외면하고 맹목적으로 잘못된 길을 고수한다면 발전의 기회를 잃게 된다.

지난 몇 년간의 경험을 돌이켜보면 내가 '포기'했던 것들은 시행착오 과정에서 내린 선택일 뿐이었다. 그때 토론 모임을 만든 것은 그저 MBA를 졸업하고 나서 가볍게 몸 풀기를 한 것이다. 이때 나는 내가 정치와 경제에 그다지 흥미가 없고 개인의 성장과 관련된 일을 더 좋아한다는 사실을 깨달았다. 그래서 토론 모임을 관두고 오프라인에 기반을 둔 여성 커뮤니티를 만들었다.

처음에 여성 커뮤니티를 만들었을 때는 오프라인 커뮤니티가 막 유행하기 시작할 때라 성공적이었다. 그러나 내가 그것을 단순한 여가 선용 모임에서 정식 창업 프로젝트로 전환하려고 할 때, 이를 사업화하는 데 큰 '걸림돌'이 존재한다는 사실을 알게 됐다.

그런데 이때 마침 위챗이 공식 계정을 출시하면서 우리는 새로운 기회를 발견했다. 토론 끝에 우리는 오프라인 여성 커뮤니티를 온라인 여성 1인 미디어로 전환하기로 결정했다. 이는 시대의 흐름에 맞춘 변화였지만 우리가 미디어를 운영해본 경험이 없다는 문제가 있었다. 그리하여 이 시도는 결국 실패하고 말았다. 그러나 이를 계기로 나는 1인 미디어를 운영하기 시작했고 그때부터 콘텐츠 창업 분야에 뛰어들었다.

누군가에게는 내가 지나온 길이 실패로 점철된 과정으로 보일지 모르지만 나는 그렇게 생각하지 않는다. 처음부터 끝까지 내 목표는 단 하나, 바로 '더 많은 사람의 성장을 돕는 것'이기 때문이다. 내 지난 실패들은 현실의 피드백이었을 뿐이다. 이는 내가 처음에 내린 판단이 틀렸거나 아니면 옳았다는 것을 설명해준다. 어떤 상황에서든 포기는 가장 바람직한 결정이었던 것이다. 포기해야만 새로운 선택을 할 기회가 생기고 더 나아질 수 있다.

우리의 사회 문화는 꾸준함의 중요성만 지나치게 강조한다. 꾸준함은 사실 비용이 들고, 포기할 줄 아는 것이 곧 지혜다. 그러나 이를 모르는 많은 사람이 단순히 꾸준히 하기 위해 꾸준히 하다가 결국 목표를 이루지도 못하고 많은 기회를 잃게 된다. 우리가 강조하고 높이 사야 하는 가치는 '변화'다. 세상의 본질이 곧 변화고, 환경은 끊임없이 변하며, 속도는 갈수록 빨라지기 때문에 끊임없이 시행착오를 거치고 변화를 시도해야만 시대에 뒤처지지 않을 수 있다.

그러므로 '꾸준함'에 발목 잡히지 말고 '무슨 일이든 꾸준히 해야 한다'는 낡은 관념을 버려야 한다. 꾸준함도 비용이라는 점을 잊지 마라. 그러면서 행위와 결과의 관계를 더 이성적으로 살펴보고, 사실에 따라 시기적절하게 행위를 조정해 끊임없는 시행착오를 거쳐 자신의 목표를 향해 나아가야 한다.

'이기심'도 미덕이다

　회사에 몸담고 있을 때 일이다. 내가 업무 외 시간에 하는 일들에 대해 이야기하면 동료들이 늘 이렇게 물었다. "사장님도 알아요?" 목적어가 빠진 말이었지만 말하는 사람도 듣는 사람도 무슨 뜻인지 다 이해했다.

　사장은 대개 직원들이 회사의 이익과 직접적 상관이 없는, 직원 본인의 발전에만 도움이 되는 일을 하는 것을 싫어한다. 아무리 업무 외 시간에 하는 일이라도 말이다. 그 이유는 무엇일까? 간단하다. 업무 외 시간에 자기계발을 통해 한층 더 발전한 당신에게 새로운 기회가 찾아들어 회사를 떠날까 봐 두렵기 때문이다. 이는 사실 회사와 직원 사이에 일어나는 전형적인 이해 충돌이다. 회사는 직원이 자신의 회사에만 몸 바쳐 일하길 바라지, 회사 밖에서 개인적인 발전을 꾀하길 바라지 않는다.

그러나 회사에서는 직원이 바라는 성장과 진보를 이룰 수 없는 경우도 있다. 이런 상황에서 직원들은 업무 외 시간에 개인적인 발전을 갈망한다. 그러면서도 많은 사람이 이런 갈망에 죄책감을 느낀다. 이른바 직업윤리 때문에 우리는 회사의 이익을 개인의 이익보다 우선시하도록 강요받고, 그러지 않으면 '이기주의자'라는 오명을 뒤집어써야 한다.

이기주의는 대부분의 문화권에서 부정적 의미로 쓰인다. 첸리췬錢理群 교수는 이런 말을 했다. "베이징대학교를 포함한 일부 대학에서는 현재 '세련된 이기주의자'를 길러내고 있다. 그들은 두뇌가 비상하고, 세속적이고, 노련하고, 퍼포먼스에 능하고, 손발을 맞출 줄 알고, 체제를 이용해 자신의 목적을 달성하는 데 능숙하다."

우리 문화는 자기중심주의에 반대한다. 개인의 이익을 가장 중요하게 생각하는 것은 부도덕한 행위고, 타인이나 단체의 이익을 자신의 이익보다 중요시해야 기품 있다고 여긴다.

그러나 이는 우리 사회 전체가 이기주의에 대해 크게 오해하고 있음을 보여준다. 이런 오해는 심지어 문화적 족쇄가 되어 우리 내면의 수많은 진실하고 합리적인 갈망을 억누르고, 행복을 찾아가는 우리의 앞을 가로막고 더 나아가지 못하게 한다. 따라서 이기주의의 본질을 이해할 필요가 있다. 그래야만 전통적인 편견이 만들어낸 고민과 속박에서 벗어나 더 행복하고 자유롭게 살 수 있다.

/ 이타심의 본질이 곧 이기심 /

1970년대 당시 옥스퍼드대학교의 강사였던 리처드 도킨스 Richard Dawkins가 쓴 《이기적 유전자》라는 책이 생물학계에 혁명을 불러왔다. 유사 이래 만물의 영장이라고 뻐기던 인류에게 이 책은 찰스 다윈Charles Darwin의 진화론에 이어 또 한 차례 충격을 주었고 우리 자신에 대한 인식을 완전히 뒤엎었다.

도킨스가 책을 통해 인류에게 가장 크게 이바지한 점은 '인류는 그저 유전자 자기 복제의 도구일 뿐'이라는 사실을 확실히 깨닫게 해주었다는 것이다. 새뮤얼 버틀러Samuel Butler가 "암탉은 달걀이 또 다른 달걀을 만드는 수단일 뿐"이라고 말했듯이 말이다. 이는 제 잘난 맛에 살던 인간들이 인정하기에는 너무 고통스러운 주장이지만 반론을 제기할 수 없는 사실임이 분명했다.

그 전까지만 하더라도 우리는 생물체의 번식을 위해서 유전자가 필요하므로 유전자는 우리를 위해 존재할 뿐이라고 생각했다. 그러나 진실은 이와 정반대였다. 우리는 유전자가 그들 자신을 위해 만들어낸 존재에 불과했다. 주인공은 그들이었고 우리는 조연이었다는 말이다. 사실상 죽음은 유전자 자기 진화의 중요한 기제로 생물 개체의 죽음을 통해 유전자는 끊임없이 진화할 수 있다. 그런 탓에 천추에 길이 빛나는 것은 우리가 아니라 바로 유전자다.

여기에서 도킨스는 '사람은 날 때부터 이기적'이라는 중요한 결론을 도출했다. 어차피 이기적인 천성을 타고난 탓에 유전자의 모든 관심은 자기 복제에만 쏠린다. 그렇다면 유전자 운반체로서 인류(다른 생물도 모두 포함해서)의 사명은 유전자가 자기 복제라는 목표를 실현할 수 있도록 돕는 것이다. 그래서 인류가 진화하면서 얻은 모든 본능은 유전자의 생존율 또는 유전자 복제 성공률을 높이기 위한 것이었다. 이는 이기주의와 이타주의의 본질을 이해하는 관건이므로 매우 중요하다.

한때 이타주의는 진화생물학자들을 괴롭힌 난제였다. 다윈의 자연선택에 의한 진화 이론과 도킨스의 이기적 유전자 이론에 따르면, 생물체는 모두 이기적이고 진화는 생물 간의 경쟁을 통해 환경에 적응한 것만 생존하고 번식하는 방식으로 이루어지기 때문이다. 그러나 이상하게도 자연계에는 경쟁 외에 이타주의도 존재했다.

예를 들어 일벌과 일개미는 그 짧디 짧은 일생 동안 쉴 새 없이 일해 벌집과 개미집을 만들고 여왕벌과 여왕개미의 후대를 돌본다. 호주의 붉은등거미 수컷은 교배를 마친 뒤, 암컷에게 더 많은 영양분을 주기 위해 기꺼이 먹이가 돼준다. 프레리도그는 포식자가 나타나면 자신이 잡힐 위험이 높아지더라도 무리 중 다른 개체들이 도망갈 수 있도록 소리를 지른다. 이와 비슷한 이타 행동은 자연계 곳곳에서 관찰된다.

그러나 진화생물학자는 이타와 이기 간의 모순을 해결했을 뿐만 아니라 이타가 사실 이기의 또 다른 형식임을 증명했다. 진화생물학자는 생물의 이타적 행동을 혈연 선택과 호혜성 이타주의로 나눠 설명한다. 전자는 혈연과 관련한 이타적 행동을 가리키고 후자는 혈연관계가 없는 개체 간에 발생한 이타적 행동을 말한다.

혈연 선택 이론은 1964년에 윌리엄 해밀턴William Hamilton이 제기했다. 이 이론에 따르면 생물 개체가 자신에게는 해롭지만 혈연으로 연결된 다른 개체에게 이로운 행동을 하는 것은 진화의 결과다. 이러한 행동의 전제 조건은 그들 자신 유전자의 복제 확률을 높여 후대에 더 잘 전달될 수 있도록 하는 것이다. 이런 면에서 일벌과 일개미의 행동은 이타적인 것이 아니라 매우 이기적인 행동이다. 자기 자신이 번식하려고 노력하는 것보다 혈연관계에 있는 개체의 번식을 돕는 것이 후대 친족에게 자신의 복제품을 더 많이 남길 수 있기 때문이다.

호혜성 이타주의 이론은 1971년에 로버트 트리버즈Robert Trivers가 제기한 것이다. 그는 호혜성 이타주의의 진화 과정을 상세히 밝히며 호혜성 이타주의가 발현하려면 반드시 일련의 조건이 만족돼야 한다고 지적했다. 그중 하나가 '시혜자가 자신의 도움에 대한 보답을 받을 기회가 많다는 사실을 알고 있을 것'이다. 만약 이런 기회가 없다면 도움을 주기 어렵다. 그래서 미래에 보답을 받을 수 있는 것이 진화의 바탕인 호혜성 이타주의는 본질적으로 이기주의라고 할 수 있다.

그래서 이타주의는 우리가 생각하는 것만큼 위대한 것이 아니라 그저 진화의 산물일 뿐이다. 이타주의가 나타난 까닭은 그것이 유전자의 자기 복제 확률을 높이는 데 도움을 줄 수 있어서다. 이는 사실 또 다른 면에서 '이기적 유전자'의 관점을 강화하는 역할을 했다. "우리는 유전자 복제의 도구에 불과하고, 생물 개체의 생존과 이익은 부차적이며, 유전자가 복제되는 것이야말로 가장 중요하다."

/ 미덕은 거짓 문화의 산물 /

만약 이타주의와 이기주의가 본질적으로 다를 바 없으며 유전자가 자기 복제 확률을 높이기 위해 우리에게 부여한 본능이라고 한다면, 어째서 이타주의는 미덕이 되고 이기주의는 부도덕한 행위로 여겨지게 되었을까?

우리는 도덕이 자연계에 존재하는 객관적 사실이 아니라 문화의 일부분으로, 인류의 머릿속에 담긴 거짓 신념이라는 사실을 알아야 한다. 문화는 인류의 발전에 매우 중요한 역할을 했다. 그 덕분에 우리가 생물학적 한계를 뛰어넘어 최종적으로 다른 생물체와 구별되는 존재가 될 수 있었다. 그러나 문화는 난데

없이 생겨난 것도, 고정불변의 것도 아니다. 문화는 나름의 진화 법칙이 있고 인류 사회의 발전과 서로 영향을 미쳤다.

문화의 일부인 도덕은 사실상 가치관 체계로, 옳고 그른 것이 무엇인지, 해도 되는 것과 하면 안 되는 것이 무엇인지를 알려주며 이를 바탕으로 올바른 행동 방향과 규범을 가르쳐준다. 그런데 행위의 옳고 그름은 이런 행위가 사회의 발전에 이로운지 여부로 구분된다. 만약 이런 행위가 사회 발전에 이롭다면 그것은 문화의 진화 과정에서 미덕이라는 이름을 부여받고 더 강화되지만, 반대의 경우라면 문화는 도덕적 비난을 가하며 행위를 억제한다.

이타주의가 모든 문화권에서 미덕으로 여겨지는 까닭은 인류 사회의 발전 과정에서 매우 중요한 역할을 했기 때문이다. 사회의 발전과 규모의 확대는 낯선 사람들 사이의 대규모 분업과 협력에 의해 이루어지고, 그러려면 낯선 사람들이 서로를 신뢰해야 하는데 이는 인간의 본성에 위배된다. 그렇다면 인류 사회가 발전할 수 있는 유일한 길은 서로에게 신뢰를 높일 수 있는 문화를 만들어내는 것이다.

그러므로 모든 종교와 문화가 하나같이 이기주의에 반대하고 이타주의를 찬미하는 이유를 이해할 수 있다. 이타주의는 서로에 대한 신뢰를 높이지만 이기주의는 이러한 신뢰를 깨뜨리기 때문이다.

/ 이기주의는 새로운 시대의 미덕 /

길고 긴 역사 속에서 이기주의는 항상 부도덕한 행위로 비난받았다. 그러나 18세기 영국에서 등장한 이 사람은 이기주의야말로 경제 발전의 원동력이라며 대놓고 이기주의를 찬양했다. 바로 경제학의 아버지라 불리는 애덤 스미스다.

애덤 스미스는 경제를 발전시키는 것은 동정심이나 이타주의가 아니라 이기주의라고 했다. '이기심'은 인류의 본능이자 천성으로, 개인이 자신의 이익을 최대화할 수 있는 길을 선택하면 '보이지 않는 손'이 나타나 경제 발전을 이끌고 사회의 번영과 진보를 촉진하기 때문이다.

모든 사람이 자신의 이익에만 관심을 갖더라도 이 과정에서 의도하거나 계획하지 않아도 사회 구성원 모두에게 이로운 결과가 생겨난다. 이는 도축업자나 양조업자, 제빵사가 우리에게 음식과 음료를 제공하는 것이 그들의 사적인 이익을 위한 행동이지만 이 과정에서 우리 모두 자신이 원하는 것을 얻어 서로 이익을 얻는 것과 같은 이치다.

애덤 스미스가 인류를 위해 한 가장 의미 있는 공헌은 인간을 돈 버는 행위와 이기주의에 대한 죄책감에서 해방시킨 것이다. 그 덕분에 사람들은 자신이 원하는 대로 열심히 일하고 다른 사람들이 필요로 하는 것을 제공하면서 전 세계 경제도 비약적으로 발전했다. 우리가 날마다 누리는 모든 물질문명은 다 인류의 이기주의 덕분이라고 해도 과언이 아니다.

사실 이기주의는 경제 발전의 원동력일 뿐만 아니라 기업과 개인 발전의 원동력이기도 하다. 이기심은 인간의 천성이자 자연이 부여한 것이다. 인간은 개인의 이익을 추구할 때 비로소 강력한 원동력이 생기고, 잠재력을 충분히 발휘할 수 있으며, 모든 자원을 가장 효과적으로 이용할 수 있다.

우리가 다른 사람을 위해 일할 때는 나 자신을 위해 일할 때만큼 강한 원동력이 생기지 않는다. 다른 사람의 꿈은 나 자신의 꿈만큼 강한 흥분과 감동을 일으킬 수 없다. 이는 결코 바꿀 수 없는 자연의 법칙이다. 더 큰 발전을 꿈꾼다면 회사는 반드시 이 법칙을 인정하고 받아들여야 한다. 회사가 직원이 자신의 이익을 추구하지 못하도록 막는다면 직원들은 일할 맛을 잃을 테고 잠재력을 발휘하지도 못할 것이다. 현명한 사장이라면 회사의 이익과 직원의 이익을 같은 선상에 놓을 줄 알아야 한다. 그래야만 직원은 자신의 이익을 위해 죽기 살기로 노력할 테고 덩달아 회사의 이익도 최대한 커질 테니 말이다.

이기심을 느낀다고 부끄러워할 필요 없고 이기주의도 부도덕한 행위가 아니다. 우리는 자신을 위해 노력할 때 비로소 자신의 가치를 극대화하고 진정한 행복과 만족감을 느낄 수 있다.

이기심과 이타심은 상충하지 않는다. 이 둘은 인성의 양면이며 인류의 생존을 위해 존재한다. 이타주의가 미덕인 이유는 사람과 사람 사이의 소통과 신뢰의 기본이기 때문이지만 이기주의도 경제 발전의 원동력이기 때문에 마찬가지로 미덕이다. 이기주의는 모든 사람이 자신을 위해 노력하도록 만들며 이 세상을 더 번영시키고 진보시킨다.

그릇된 '성공학'이
조급함을 부추긴다

    성공학은 20세기 초에 생겨나 구미권, 동남아, 중국, 대만, 홍콩을 휩쓸었다. 성공학에 따르면 성공은 그대로 따라 하기만 하면 되는 일정한 방법이 있다. 그래서 자신감을 갖고 성공학이 일러주는 방법대로 열심히 따라 하면 틀림없이 성공할 수 있다고 한다.

    아마 다들 한 번쯤 '하룻밤 사이에 광고천재 되는 법', '21일 만에 드로잉 고수 되기', '하루 만에 책 20권 독파하기', '3천 위안 월급쟁이에서 3만 위안 월급쟁이로 점프하기', '평범한 사람이 자투리 시간을 활용해 5개 국어 구사하기' 따위의 표제를 들어봤을 것이다. 이런 글은 일상에서 수시로 만날 수 있다. 비록 직접적으로 꼬드기지 않고 성공한 유명인사의 이름을 내걸지도 않았지만 본질적으로 성공학과 똑같이 공리적인 목표를 향해 속도와 지름길을 강조하고 있다.

성공학의 핵심적인 특징은 눈앞의 성과만 중시해 모방하는 것으로, 과정은 전혀 개의치 않고 최대한 빨리 목표를 달성하고자 한다. 이런 목표는 얼핏 보아서는 단순히 이윤 추구와는 그다지 관계가 없어 보이지만 실상은 전혀 다르다. 간접적으로 돈과 관계되어 있거나, '나는 남다르고 비범하다'는 느낌이 들게 해 허영심을 최대한 만족시켜주거나, 심한 경우에는 대중이 우상처럼 떠받드는 존재가 되게 해준다. 이는 사업상의 성공이 가져다주는 심리적 만족감과 비슷하지만 그것보다 훨씬 쉽게 도달할 수 있다.

사실 '연봉 100만 위안 달성하기' 같은 고전적인 성공학이나 요즘에 선풍적인 인기를 끌고 있는 '1년 안에 책 100권 읽기' 같은 새로운 성공학이나 정신 건강에 해로운 것은 매한가지다. 혹자는 이를 두고 현대 사회의 3대 독약 중 하나라고 맹비난을 퍼붓기도 했다.

나는 성공학이 해로운 이유를 크게 두 가지로 본다. 하나, 성공학에는 심각한 논리적 오류가 존재한다. 설령 성공학에서 가르쳐준 방법을 그대로 따라 한다고 해도 바라는 결과를 얻을 수 없다. 둘, 성공학은 가치관의 왜곡을 불러온다. 결과지상주의를 부르짖기 때문에 과정과 그 이면에 존재하는 목적을 간과하게 한다.

성공학에는 두 가지 중요한 가설이 있다. 하나, 성공은 복제할 수 있다. 둘, 노력만 하면 성공할 수 있다. 성공학의 논리적 추리는 이러하다. 'A라는 사람이 성공했다. 그럼 나도 A가 정리한 성공 방법을 따라 하면 틀림없이 성공할 수 있다.'

과연 그럴까? 이 문제를 깊이 고민하기 전에 먼저 다음 이야기를 살펴보자. 2010년부터 2011년 사이, 전국에서 1,000명이 '시장에 낯선 사람들 사이의 만남을 주선하는 SNS가 아직 출시되지 않았다'는 사실을 발견했다. 경험과 직감에 의해서든 상세한 시장조사 결과에 따라서든 그들은 모두 이것이 엄청난 기회가 될 것이라는 결론을 도출했다. 그러나 그중 100명만이 생각을 행동으로 옮겨 제품 방안을 구상하고 투자자를 찾아다녔으며, 그중에서도 단 20명만이 실제로 엔젤펀드의 투자를 이끌어냈다.

그러나 그중 10개 팀은 개발 단계에서 끝이 나버렸고 겨우 10개 팀만 제품을 개발해냈다. 이런 제품은 기능과 디자인만 보면 매우 비슷했지만 그중 단 1개 팀만이 시장을 선점해 제품이 날개 돋친 듯 팔려나갔고, 그 덕분에 미디어의 주목을 받아 더 많은 자금을 끌어모았다. 이리하여 그들은 중국 최초의 개방형 SNS 앱을 만들어내는 데 성공했다. 미디어와의 인터뷰에서 성공의 비결을 묻는 질문에 그들은 일말의 망설임도 없이 끈기와 노력이라고 답했다. 그들의 대답에 관중들의 가슴은 세차게 두 방망이질 치기 시작했다. '그렇구나! 끈기 있게 노력하면 틀림없이 성공할 수 있구나!'

물론 이것은 지어낸 이야기지만 이 세상의 진실을 반영하고 있다. 우리가 평소에 보는 세상과 진실한 세상 사이에는 상당히 큰 간극이 존재한다. 그 중요한 원인 중 하나가 '생존자 편향'이다. '생존자 편향'은 흔히 볼 수 있는 논리적 오류다.

일상생활에서 성공 케이스는 쉽게 접할 수 있지만 실패 케이스는 드물기 때문에 성공 가능성을 지나치게 높게 점치게 되는 것을 가리킨다. 우리 앞에 드러난 데이터는 모두 선별과 여과를 거친 것이기 때문에 진실한 세계를 반영하지 않는다.

앞선 이야기를 예로 들자면 우리 앞에 등장한 것은 잔혹한 선택에서 살아남은 최후의 승리자일 뿐, 셀 수 없이 많은 비슷한 팀이 이 과정을 함께했지만 그들은 역사의 무대에서 내려갔다는 사실을 우리는 모른다. 이런 정보의 편차 때문에 우리는 성공 가능성을 높게 보는 경향이 있지만 실제 성공 가능성은 매우 낮다. 엔젤펀드의 유명 투자가인 쉐만즈薛蠻子의 말처럼 "창업 실패는 필연이고 성공이야말로 우연"이다.

성공이 외재적 요소와 내재적 요소, 둘 다의 영향을 받지만 가장 중요한 역할을 하는 것은 외재적인 우연한 요소들인 경우가 많다. 이것이 바로 엔젤펀드의 존재 이유다. 내재적 요소로 최종적인 성패를 판단하기란 거의 불가능하기 때문에 엔젤펀드는 사실 확률에 투자하는 셈이다. 기업의 성공이 그러하고 개인의 성공은 더더욱 그러하다. 따라서 성공은 결코 복제할 수 없고, 확률이 극히 낮으며, 노력 여부와 필연적인 관계가 없다. 이 세상에는 성공을 원하는 사람들이 길바닥에 굴러다니는 돌멩이보다 많고, 죽기 아니면 까무러치기로 노력하는 사람도 널렸지만 정말로 성공하는 사람은 소수에 불과하다.

그러나 그 '운 좋게' 성공한 사람들은 자신의 성공이 그저 확률로 일어난 현상임을 깨닫지 못한다. 설령 알게 되더라도 자신이 운이 좋아 성공했다고는 생각하지 않는다. 그들은 자신의 성공과 관련해 많은 경험과 방법을 들려준다. 그러나 사실 이것들은 성공의 필연적인 조건이 아니며 모든 사람에게 적합하지도 않다. 티끌만큼의 착오도 없이 그들이 알려준 방법대로 열심히 노력하더라도 우리가 바라는 결과를 얻을 가능성은 매우 낮다. 그래서 나는 성공한 사람들의 이야기는 되도록 듣지 않는 편이 이롭다고 생각한다. 참고할 만한 가치도 별로 없으면서 괜히 사람을 조급하게 만들기 때문이다.

/ 성공학의 해로움 /

성공학의 가장 큰 해로움은 사람을 조급하게 만든다는 것이다. 성공에 대한 갈망은 우리의 허영심을 한없이 자극한다. 성공은 곧 부를 안겨주고, 높은 사회적 지위를 보장하며, 대중의 박수갈채를 불러오기 때문이다. 그러나 일단 허영심에 사로잡히기 시작하면 심리 상태도 변하게 된다.

지나치게 결과를 중시하게 되고, 내면이 아니라 성패와 수치로 한 사람의 가치를 판단하게 된다. 만약 사람들이 대부분 이렇게 생각한다면 온 사회의 가치관이 왜곡될 것이고, 그렇게 되면 청년들은 세상에 그 밖에도 추구할 만한 아름다운 것이 있다는 사실을 간과하게 된다. 명예와 이익을 가장 중요한 인생의 목표로 삼고 온종일 자신의 욕망에 시달리게 될 것이다.

눈앞의 성공에만 급급하는 인생은 결코 행복할 수 없다. 이런 사람은 지금 이 순간이 아니라 영원히 먼 훗날을 살기 때문이다. 속도와 지름길을 좇다 보면 과정을 무시하게 되고 결과를 곧 목적으로 생각하게 된다. 그러나 정말로 우리를 행복하게 하는 것은 목표에 도달한 그 순간이 아니라 목표에 다가가는 과정에서 느끼는 즐거움과 의미다.

미국 하버드대학교 긍정 심리학 교수 탈 벤 샤하르Tal Ben Shahar는《해피어》라는 책에서 이 점에 대해 자세히 설명했다. 그는 목표를 가지는 것이 가장 중요하고 실현 가능 여부는 그다음이라고 했다. 목표는 방향 감각을 갖게 해 인생길에서 헤매지 않도록 해주고 현재에 집중하지 않게 하므로 목표는 '끝'이 아니라 '의미'다.

심리학자 데이비드 왓슨David Watson도 긍정적인 감정에 대한 연구에서 목표에 도달하는 것이 아니라 목표를 추구하는 과정이 행복과 긍정적인 감정을 불러온다고 강조했다.

그러나 모든 목표가 똑같은 행복감을 가져다주는 것은 아니기 때문에 어떤 목표를 선정하는가가 매우 중요하다.

심리학 연구 결과에 따르면 돈, 외모, 명성과 같은 외재적 목표는 행복감을 주기 어렵다. 이런 목표는 대부분 타인의 시선을 고려한 것으로 외부의 인정과 찬사를 얻기 위한 것이기 때문이다. 이와 반대로 자기 성장을 위한 내재적 목표는 더 많은 행복감과 의미를 가져다준다.

만약 당신의 목표가 겨우 '연봉 100만 위안 달성하기'이거나 '매년 책 100권씩 읽고 매일 1,000자씩 써서 책 한 권 내기'라면 그 목표는 행복감이 아니라 갈수록 커지는 초조함과 꺼지지 않는 욕망의 불꽃을 안겨줄 것이다.

그러나 당신이 이러한 외재적 목표를 내재적 목표로 바꾼다면, 예를 들어 '내 능력을 연봉 100만 위안 수준으로 끌어올리기'라든지, '책을 읽어서 지식과 지혜를 키우기', '글을 쓰고 책을 내서 내 사상과 가치관을 사람들과 공유하기'를 목표로 세운다면 당신은 목표를 추구하는 과정에서 자신이 성장하고 있다는 즐거움을 맛볼 수 있을 것이다.

인생에서 훌륭함을 추구하라

모든 노력과 외재적 목표를 하나로 엮어 당신을 자극하고, 노력만 한다면 어떠한 외재적 결과를 얻을 수 있다고 떠들어대는 것은 다 성공학이라고 생각한다. 행복하고 싶다면 이런 성공학을 멀리하고 바른 마음가짐을 가져야 한다. 구체적으로 말해 훌륭해지기 위해 열심히 노력하되 성공 여부에 목매지 말아야 한다.

'훌륭함'에 관해서는 유명한 철학자이자 작가인 저우궈핑周國平이 제대로 설명해주었다. "하늘이 우리에게 준 온갖 정신과 능력이 아주 잘 생장하고 지智, 정情, 덕德이 고루 발달하고 자유로운 머리와 넉넉한 마음, 고귀한 영혼을 가지면 당신은 인성의 의미에서 훌륭한 사람이 되며 인생의 주요한, 수준 높은 행복을 누릴 능력이 생긴다."

저우궈핑은 강연에서 이런 말도 했다. "청년은 인생의 목표를 세울 때, '훌륭함'을 첫 번째 목표로 삼고 성공은 아무리 높게 쳐도 두 번째 목표로 삼아야 한다. 훌륭함은 우리 스스로 손에 쥘 수 있으므로 노력하면 이룰 수 있지만 성공은 수많은 외부 요소에 달려 있다." 긍정 심리학자도 행복에 관한 수많은 연구 끝에 '훌륭함'을 매우 중요한 요소로 삼았다. 성품이 훌륭해야 오랫동안 행복할 수 있다는 것이다.

현명하고 이성적이라면 자신이 통제할 수 있는 일과 정말로 행복을 가져올 수 있는 목표에 집중해야 한다. 훌륭함이 사회적 의미에서의 성공을 보장할 수는 없지만 훌륭한 사람은 충분한 자기 발전을 이룰 수 있고 더 보람차고 의미 있는 삶을 살 수 있다. 어떤 의미에서는 이 또한 성공한 것으로 볼 수 있다. 다만, 이러한 성공에는 타인이나 사회의 인정이 불필요할 뿐이다.

삶에도
여백이 필요하다

　중동에 오랫동안 체류한 적이 있는 친구에게 일을 부탁한 적이 있다. 나는 그녀가 두바이에 대해 잘 아는 점을 고려해 '도심 산책로'를 디자인해달라고 했다. 일주일 뒤, 친구에게 진전 상황을 물었더니 친구가 난색을 띠며 말했다.

　"요즘 너무 바빠. 이사 같은 잡다한 일도 처리해야 하고 다음 업무를 위해 여러 가지 준비도 해야 하거든. 그래서 이 일을 생각할 마음의 여유가 없어. 그런데 또 대충대충 하기는 싫어서 아직 손도 못 댔어."

　그녀의 말에서 적잖은 자책을 느낄 수 있었지만 나는 그녀의 상황을 십분 이해했고 그녀의 선택을 적극 지지했다. 이렇게 영감과 창의력이 필요한 일은 머릿속이 복잡하고 시간에 쫓기는 상황에서는 해낼 수 없다는 사실을 잘 알기 때문이다. 그래서 나는 서두르지 말고 시간이 날 때 생각해보라고 말했다.

매사추세츠공과대학교MIT 인문학 교수 휴스턴 스미스Huston Smith는 《세계의 종교들》이라는 책의 첫머리에서 힌두교에 대해 이야기했다. 나는 힌두교가 가장 지혜로운 종교이자 동양 철학의 핵심이며 기원이라고 생각한다. 하지만 왜 이런 위대한 지혜가 하필이면 인도라는 땅에서 생겨났는지는 도무지 이해가 안 됐다. 그런데 인도의 카스트제도에 대해 읽고 나니 힌두교의 대지혜와 인도 문화에 깊이 뿌리 내린 카스트제도가 매우 직접적인 관계가 있다는 확신이 들었다.

인도의 카스트제도는 사람을 사회 기능에 따라 네 계급으로 나눈다. 가장 높은 계급은 사제인 브라만이다. 두 번째 계급은 크샤트리아로 군인, 귀족, 통치 계급이 이에 해당한다. 세 번째 계급은 바이샤, 네 번째 계급은 수드라라고 부르며 이들은 농업, 목축업, 어업, 수렵 등의 직업에 종사한다. 브라만은 가장 높은 계급으로 인도 사회에서 정신적 지도자 역할을 한다. 다른 사회에서 브라만에 해당하는 사람을 꼽으라면 종교 지도자, 사상가, 철학자, 과학자 등을 거론할 수 있지만 이들과 브라만은 매우 다르다.

브라만은 일상적인 사무에 거의 참여할 필요가 없으며 온 사회가 나서서 이들을 보호하고 받들어 모신다. 이들의 정신을 어수선하게 하고 흐릿하게 가리는 일상의 번잡스러운 일로부터 자신을 성찰할 수 있는 충분한 시간을 갖게 하기 위해서다. 나는 인도에만 있는 카스트제도가 브라만에게 어떤 간섭도 받지 않는 청정한 환경을 마련해주었기에 그들이 자기 성찰과 사고에만 집중해 인도 문화에 마르지 않는 지혜를 제공한 것이라고 생각한다.

비록 힌두교의 브라만은 매우 극단적인 예지만 중요한 진실을 알려준다. 바로 '사람은 충분한 여유가 있어야 생각하고 창조할 수 있다'는 것이다.

심리학자들은 창의력이 생기려면 대뇌의 뉴런이 자유롭게 이어질 수 있는 충분한 시간이 필요하다고 생각한다. 이는 대뇌의 작동 원리에 의해 결정된다. 대뇌 측면에서 창의력에 대해 설명하자면 다양한 정보를 저장한 뉴런이 서로 이어지는 것으로, 이런 연결은 매우 우연하고 임의적이다. 대뇌는 주의를 집중할 필요가 없을 때는 매우 느긋하고 한가로이 노닥거리는 상태에 놓이며 많은 아이디어가 무의식중에 불쑥 튀어나오는데, 이는 사실 수많은 뉴런이 자유롭게 이어지고 소통한 결과다.

아인슈타인은 창조를 '조합 게임'이라고 불렀다. 평소에는 서로 이어지지 않은 뉴런이 우연히 연결되면 생각지도 못한 기묘한 효과를 만들어낼 수 있다는 것이다. 이와 반대로 불안하고 초조하고 부담감에 시달리는 상황에서 대뇌는 억압을 당해 창의력을 발휘할 수 없게 된다.

과학 연구 결과에 따르면 통제와 부담은 창의력의 가장 큰 적이다. 테레사 에머빌Teresa Amabile은 2002년 10월 〈하버드 비즈니스 리뷰〉에 발표한 '총구 밑의 창의력'이라는 제목의 글에서 이렇게 말했다.

"총구 밑의 창의력은 대개 총살 당할 운명에 처한다. 비록 시간의 압박이 더 많은 것을 해내게 하고 더 창의적이라는 느낌이 들게도 하지만 사실 부담감 속에서 발현된 창의력은 수준이 모두 낮은 편이다."

그러므로 항상 압박감에 시달리고 정신없이 바쁜 시간을 보내는 사람은 사색가나 창조자가 되기 어렵다. 사색과 창조는 한가로운 시간을 필요로 하기 때문이다.

어떤 의미에서는 삶에 여백을 두는 것이 두뇌가 간섭받지 않고 부담을 느끼지 않고 자유롭게 상상하고 사고할 수 있는 한가한 시간을 만들어주는 것이나 다름없다. 이때 몸은 쉬고 있지만 두뇌는 결코 쉬지 않는다. 사실 이것은 잠을 자는 것과 비슷하다. 잠을 자면 우리 몸은 충분한 휴식을 취하지만 두뇌는 몸이 자든 말든 낮에 얻은 정보를 처리하느라 바쁘게 움직인다. 이 과정에서 두뇌는 최근에 형성된 기억을 정리하고 정보를 튼튼히 다지고 복제하고 통합해서 더 유용한 것으로 변모시킨다. 또한 기억이 다른 정보의 간섭을 받지 않고 더 효과적으로 회상할 수 있도록 한다.

그래서 여백을 둘 때는 아무것도 하지 않는 것처럼 보이지만 사실 뇌 속의 뉴런은 부지런히 통합하고 연결하면서 새로운 아이디어를 떠올리고 새로운 방향으로 사고하기 위해 필요한 조건을 마련한다.

나는 '삶에 여백을 둘 것'을 인생의 중요한 준칙으로 삼고 지나치게 바쁜 생활을 경계해왔다. 친구들은 내가 웬만해서는 초대에 응하지 않는다는 이유로 무척 바쁘게 사는 줄 알지만 사실은 어떻게 해서든 시간을 쥐어짜 나 자신을 위한 시간을 마련한 것뿐이다. 다른 사람에 비해 나의 장점을 꼽으라면 상상력이 풍부하고 사고력과 창의력이 뛰어난 점을 들 수 있다.

나는 이런 장점을 더 발전시키기 위해서는 바쁘게 살면 안 된다는 사실을 잘 알고 있다. 일상적인 일에서 힘을 많이 소모할수록 창의력이 약해질 것이 분명하기 때문이다. 그래서 나는 되도록 단순하게 생활한다. 너무 많은 물건을 소유하지 않고, 깔끔하고 질서정연한 생활공간을 유지하고, 일상의 자질구레하고 번거로운 일에 빠지지 않고, 사고하고 창조하는 데 두뇌를 풀가동한다.

지난 몇 년을 되돌아보니 내 인생을 송두리째 바꿔놓은 두 번의 시기가 모두 내가 여유롭게 지냈던 시기였음을 알 수 있었다. 첫 번째는 미국에서 MBA를 졸업하고 주정부에서 일하던 시기였고, 두 번째는 2013년에 회사를 그만두고 5개월간 쉬던 시기였다. 정부에서 일하는 것은 생각보다 편하고 여유 시간이 많았기에 나는 자유롭게 새로운 것을 탐색하고 나 자신을 알아갈 기회를 얻었다. 그 덕에 이런저런 모임을 만들 수 있었다. 또 퇴직하고 쉬던 5개월은 독서하고 생각하기에 충분한 시간이었다. 이 시간이 쌓인 덕분에 나는 글 쓰는 일을 시작할 수 있었다.

TED에 '휴식의 힘'이라는 강연이 있는데 연사로 나선 이는 스테판 사그마이스터Stefan Sagmeister라는 유명한 디자이너였다. 그는 강연에서 7년마다 뉴욕 작업실 문을 걸어 닫고 1년 동안 세계 각지에서 휴가를 보내며 영감을 회복한다고 했다. 그는 자신의 성공이 이러한 작업 방식과 큰 관계가 있다고 했다. 그 덕분에 지속적인 창의력을 유지한다는 것이다

기업의 창의력을 유지하기 위해 삼성은 3년 이상 근무한 직원들에게 어학연수나 해외여행을 갈 수 있도록 최대 1년간의 무급 휴가를 주는 '자기계발 휴가' 제도를 도입했다. 이것이 아마 갭 이어Gap Year의 논리이자 그것이 유행한 원인일 것이라고 생각한다. 한동안 느긋하게 쉬고 나면 생각지도 못한 영감이 찾아들어 훗날 성장하는 데 디딤돌이 될 수 있기 때문이다.

그러나 대다수 사람들은 여백의 중요성을 알지 못한다. 우리가 몸담고 있는 문화는 노력과 근면을 미덕으로 보고 바빠야지만 가치를 창조할 수 있다고 생각하기 때문이다. 그래서 성취욕이 강한 사람은 숨 돌릴 틈 없이 바쁜 삶을 원하는 편이고 회사도 직원들이 눈코 뜰 새 없이 바쁘게 일하는 모습을 보고 싶어 한다.

그러나 지금과 같은 업무 상태나 생활 상태에서는 독립적인 사고력과 창의력을 지닌 사람이 되기 어렵다는 점이 문제다. 우리는 모두 하루 8시간 근무 제도의 틀 안에 갇혀 있고 회사는 직원들이 그 시간 동안 일에만 몰두해야 월급이 아깝지 않다고 생각한다.

그러다 보니 아주 재밌는 현상이 생겼다. 사람들은 하나같이 간단한 일을 복잡하게 만드는 데 도가 텄고, 이렇게 '일부러' 만들어낸 문제를 처리하기 위해 또 시간을 투자한다. 오직 바빠 보이기 위해서 말이다. 일하지 않을 때도 우리는 온갖 잡다한 정보를 머릿속에 쑤셔 넣는다. 어떤 정보라도 일단 주워 먹으면 새로운 것을 배운 셈이고, 이유 불문하고 바쁘기만 하면 시간을 효율적으로 쓰는 셈이라고 생각한다.

그러나 실상은 이와 전혀 다르다. 맥아더 펠로십, 일명 '천재상' 수상자이자 하버드대학교 종신 교수인 센딜 멀레이너선 Sendhil Mullainathan은 자원이 부족한 상황에서 사람이 사유하는 방식에 대한 연구를 통해 다음과 같은 결론을 얻었다.

"가난한 사람과 지나치게 바쁜 사람은 공통적인 사유 특징을 보인다. 즉, 희박한 자원에 지나치게 주의력을 쏟다 보니 인지와 판단력이 모두 떨어진다. 바쁜 사람은 여러 가지 일과 정보에 주의력을 빼앗겨 주변에서 일어나는 더 중요하고 가치 있는 요소를 간과하게 된다. 또 더 장기적인 발전 방법을 고민하고 계획할 여력이 없어서 불안감에 시달리고 자원을 제대로 관리하지 못하게 된다."

앞으로의 세상에서는 효율이 아니라 창의력과 문제해결 능력을 다투게 될 텐데 이는 정신없이 바쁜 머리로는 가질 수 없는 능력이다.

똑똑한 사람은 '올바른 일을 하는 것'과 '일을 올바르게 하는 것'의 차이를 이해하고, 성패를 가르는 것이 전자임을 확실히 알고 있다. 그래서 올바른 일이 무엇인지 충분히 고민한 다음에 그 올바른 일을 효과적으로 올바르게 처리한다. 미래에는 머리를 합리적이고 효과적으로 쓰는 사람이 성공한다. 이들은 머리가 자유롭게 사고하고 통합하고 창조할 수 있도록 느긋하고 고요한 환경을 창조할 줄 알며, 생각한 결과와 창의적인 아이디어를 실현시킬 수 있는 탁월한 추진력을 지니고 있다.

그래서 더 창의적이고 가치 있는 사람이 되려면 온종일 정신없이 바쁜 삶에서 벗어나야 한다. 날마다 물밀듯이 덮쳐오는 쪼가리 정보에서 멀리 떨어져 삶에 여백을 두고 머리가 자유롭게 발산할 수 있는 공간을 더 많이 만들어주어야 한다. 한동안 책이나 예술, 자연에 푹 빠져야 더 멀리, 더 넓게 갈 수 있다.

내 안의 나를
이기는 힘

　'내성외왕內聖外王'은《장자·천하편》에 나온 말로, 안으로 성인聖人의 덕을 갖추고 밖으로 덕을 베푸는 것을 뜻한다. 이 말은 도덕과 정치의 통일을 가리킨다. 다시 말해 '내성'은 '외왕'의 전제이자 바탕으로 '내성'이 이루어지면 자연스럽고 필연적으로 '외왕'이 이루어진다. 즉, 자기 자신의 몸과 마음을 닦으면 자연히 남을 다스릴 수 있고, 남을 다스리려면 반드시 먼저 자신의 몸과 마음을 닦아야 한다.

　'내성외왕'은 중국 전통 인격 이론의 정수라고 할 수 있으며, 선조들의 이상적인 인격관이자 처세 철학이다. 이런 사상과 지혜는《대학》에 고스란히 담겨 있다.

　"사물의 이치를 분명히 알아야 앎이 지극해지고, 앎이 지극해진 후에야 뜻이 정성스러워지고, 뜻이 정성스러워진 뒤 마음이 바르게 되고, 마음이 바르게 된 뒤 몸이 닦이며, 몸이 닦인 뒤 집안이 바로서고, 집안이 바로선 뒤 나라가 다스려지며, 나라가 다스려진 뒤 천하가 태평해진다."

나는 유가의 신봉자도 아니고 유가의 경전을 깊이 파고들어본 적도 없지만 유가의 '내성외왕' 사상에 적극 동의하며 줄곧 '극기克己, 자신의 감정과 욕망을 이기는 것'와 '수신修身, 몸과 마음을 닦아 수양함'을 가장 중요한 목표로 삼아왔다. 이처럼 자신에게 엄격했기에 나는 체계적으로 잘 짜인 생활을 했고, 여가 시간의 대부분을 독서하고 공부하고 운동해서 건강한 몸을 만들고 예술적 소양을 쌓는 데 투자했다.

'내성외왕'은 내 인생과 사업을 이끌어가는 가장 중요한 사상이라고 할 수 있다. 나는 줄곧 내재적인 사상, 가치관, 품성과 학식은 외재적인 생활에 그대로 드러나며 심지가 굳고 박학다식하고 다재다능하고 내면이 잔잔한 호수처럼 안정된 사람은 일상생활과 사업에서도 탈이 날 리 없다고 생각했다. 설령 큰 부와 지위를 누리지 못하더라도 내면만은 꽉 찬 삶을 살 테니 말이다.

이것이 바로 이 책에서 말하고자 하는 핵심 사상이다. 서문부터 마지막 장의 마침표에 이르기까지 나는 계속해서 내적인 자기수양과 진정한 학식을 강조한다. 먼저 내 몸과 마음을 수양하고 진짜 실력을 갖춰야만 오래도록 행복할 수 있고, 정신적으로 풍요롭고, 내면이 충실한 자유로운 삶을 살 수 있기 때문이다.

어떤 의미에서 보자면 '내성외왕'은 일종의 발전 법칙이라고 할 수 있다. 즉, 내적인 면에 따라 외적인 면이 달라진다. 이러한 관점은 비즈니스와 자기 발전을 꾀하는 데 매우 유용한 지침이 된다. 모든 것이 넘쳐나는 오늘날, 사람들은 갈수록 정말로 훌륭하고 속이 꽉 차고 가치 있는 것을 갈망한다.

요행이 통하던 시대는 끝났고 내면의 가치가 외적인 성공을 불러오는 시대가 도래했다. 비즈니스 무대에서는 훌륭한 상품, 서비스, 콘텐츠를 내놓아야 성공의 문턱을 넘을 수 있게 되었고, 개인적으로는 내가 어떤 사람인지가 내가 소유할 수 있는 것의 한계를 규정한다. 주식 투자자 중에 쌀 때 사서 비쌀 때 팔아야 한다는 기본적인 상식을 모르는 사람은 없지만 이상하게도 많은 사람이 비쌀 때 사서 쌀 때 판다. 뛰어난 사람으로 거듭나면 더 즐거운 삶을 살 수 있고, 뜻이 맞는 친구들을 끌어모을 수 있으며, 사업을 발전시킬 수 있는 더 좋은 기회를 맞이할 수 있다.

예전에 창업 성공의 열쇠가 무엇이냐는 질문을 받은 적이 있다. 나는 창업자를 비롯한 창업 그룹의 정신과 인격적 매력이 가장 중요한 요소라고 확신한다. 대기업이든 스타트업이든 어떤 상업적 목표를 달성하기 위해 일단의 무리들이 모여 분업과 협력을 통해 단계적인 목표를 함께 이루어간다는 데서 본질적으로 같다.

뛰어난 기업이 뛰어날 수밖에 없는 이유는 공감대를 형성하고, 서로 신뢰할 수 있는 환경을 만들고, 모든 구성원이 잠재력과 재능을 발휘할 수 있도록 북돋아주기 때문이다. 그래서 창업자의 가장 중요한 역할은 전략 설정이나 관리가 아니라 기업 문화를 대표할 수 있는 사람이 되는 것이다.

기업 문화는 인위적으로 만들어내는 것이 아니라 창업자의 가치관과 신념, 인품이 곧 그 기업의 문화가 된다. 재능과 인품이 훌륭한 사람은 언제나 시선을 사로잡는다. 이런 사람만이 훌륭하고 비슷한 가치관을 지닌 인재를 자신의 곁으로 끌어모을 수 있다. 이런 사람들이 한데 모여 자기들의 정신 수준에 맞는 문화를 만들어내야만 신뢰할 수 있는 업무 환경을 조성하고 모든 구성원의 가치를 실현할 수 있다.

/ **훌륭한 상품** /

직장을 관두고 홀로서기를 꿈꾸는 사람은 모두 '상품'을 고민한다. 여기에서 말하는 상품은 실제 제품일 수도 있고, 서비스일 수도 있으며, 콘텐츠나 지식일 수도 있다. 기업 운영에서 관리의 가치가 갈수록 낮아지듯이 시장 마케팅과 이른바 고객 운영도 상품 판매에서의 역할이 갈수록 작아지고 있다. 가장 좋은 마케팅은 상품과 서비스 자체이기 때문이다.

상품이 훌륭하다면 그것을 좋아하는 고객이 자발적으로 다른 사람에게 소개하고 추천해 기업 차원의 마케팅과 운영은 그저 지원사격만 할 것이다. 반면 품질이 나쁘거나 고객의 니즈에 맞지 않는 상품이라면 아무리 공격적으로 홍보하고 운영해도 사장될 운명을 피할 수 없다.

그러나 어떤 상품이라도 거기에는 만든 사람의 지혜와 재능이 녹아 있다. 당신의 학식, 통찰력, 심미관, 가치관에 따라 상품이 어떤 형태로 고객에게 제공될지가 정해질 것이고 관심을 가질 고객 부류, 고객과의 교감 방식이 결정될 것이다. 그러므로 마케팅이나 운영 수단에 희망을 거는 무모한 짓은 하지 마라.

스스로 성숙한 신념과 완벽한 가치관을 지니고 시장 법칙과 수요를 꿰뚫어보고 품질과 가치를 가장 중요하게 생각할 때만이 모든 난관을 극복할 수 있는 제품을 만들 수 있다. 좋은 제품은 자연스럽게 입소문이 나기 마련이므로 굳이 수고하지 않아도 돈이 저절로 굴러 들어올 것이다.

/ **사회생활과 인맥의 재정의** /

한때 이런 말이 유행했다. "당신이 누구인지는 중요하지 않다. 당신이 누구를 알고 있는지가 중요하다." 유행하던 그 시절에는 이 말이 통했을지도 모른다. 그 당시는 확실히 인맥이 희소 자원이었고 인맥을 얻으려면 굉장히 많은 비용을 지불해야 했기 때문이다. 그러나 요즘처럼 수많은 사람과 관계를 맺는 시대에 이 말은 '당신이 누구를 알고 있는지는 중요하지 않다. 당신이 누구인지가 중요하다'로 바뀌어야 할 것이다.

나는 한때 사회생활을 무척 잘했다. 미국에서 베이징으로 막 돌아왔을 때는 아는 사람이 거의 없었지만 1년도 안 되는 시간 동안 토론 모임 활동을 통해 순식간에 많은 인맥을 쌓았다. 나는 이 인맥을 나 자신의 가장 중요한 성취이자 자본으로 여기고 굉장히 자랑스러워했다. 몇 년 후, 위챗의 등장으로 모든 사람이 복잡하고 거대한 SNS 안에서 관계를 맺을 수 있게 되면서 사람을 사귀는 일은 숨 쉬는 것보다 쉬운 일이 되었다.

누구나 가볍게 한두 명쯤 유명인사를 알게 되면서 인맥은 특수한 자원이 아니라 그 본질을 되찾아 등가 교환할 수 있는 것이 되었다. 당신에게 다른 사람이 필요로 하는 가치가 없다면 아무리 비위를 맞추고 환심을 사도 쓸모가 없다. 반대로 당신이 진짜 실력을 갖추면 기회는 저절로 찾아온다. 그러므로 사회생활을 열심히 하고 인맥을 넓혀 기회를 얻느니 자기 수양을 열심히 해서 누구라도 사귀고 싶어 하는 사람이 되는 것이 낫다.

/ 관계가 나를 규정한다 /

극기와 수신으로 얻은 최고의 수익은 화기애애한 가족 관계다. 내가 적극적으로 권하고 영향을 준 덕분에 부모님도 점점 수신이 주는 기쁨을 알게 돼 예술로 자기 수양을 하기로 결정했다. 아버지는 서예와 중국화, 전각을 배우기 시작했고 어머니는 피아노와 성악을 배우면서 음악의 세계에 빠져들었다. 온 가족이 자기 수양에 매진하면서 사소한 문제로 싸우는 일이 줄어든 대신 서로 용기를 북돋고 칭찬하는 일이 많아졌다. 부모님과 함께 대화할 주제가 갈수록 많아졌고 부모님도 점점 나를 지지하고 이해하게 되었다.

나 자신이 바라는 사람이 되기 위해 열과 성을 다해 노력하니, 이 세상도 내 노력에 기쁘고 긍정적인 반응을 보냈다. 내 삶의 중요한 관계들이 긍정적인 방향으로 개선되었고, 나를 높이 사고 이해하고 지지하는 친구들이 생겼으며, 갈수록 많은 기회가 찾아왔다.

우리는 삶이 원하는 방향으로 흘러가지 않으면 주변 사람과 사물을 바꿔 자신이 처한 상황을 바꾸려고 하지만 정말로 문제를 해결하고 싶다면 그래서는 안 된다. 다른 사람을 바꾸는 가장 좋은 방법은 자신을 바꾸는 것이고, 더 나은 삶을 만드는 가장 좋은 방법은 스스로 더 나은 사람이 되는 것이다. 간디가 말하지 않았던가! "세상을 바꾸고 싶다면 당신부터 변해라."

Part 3

좋아하는 일을 돈이 되게 하는 기술

"

좋아하는 일을 생업으로 삼는 삶이야말로
추구할 가치가 있는 인생이다.
그런 삶에서 우리는 본성을 되찾고
자신만의 삶을 해석하는 방식을 찾을 수 있다.

"

천부적 재능을
개발하라

우리는 '자아실현', '잠재력 깨우기', '내가 될 수 있는 최고의 내가 되자'와 같은 말을 자주 듣게 된다. 이런 말은 자신을 채찍질하는 데 종종 쓰이지만 단순히 분발시키기만 할 뿐, 길을 알려주지는 못한다. 어휘의 함의가 분명하지 않기 때문이다.

무엇을 일러 자아라고 하는가? 잠재력은 무엇인가? 자아는 도대체 어떻게 실현해야 하는가? 이런 의문을 해소해주어야만 모호한 말들이 단순히 힘을 북돋는 명언이 아니라 진정한 의미를 가질 수 있다.

이에 앞서 먼저 중요한 문제를 짚고 넘어갈 필요가 있다. 바로 '사람의 발전을 결정하는 것은 선천적인 유전자인가 후천적인 환경인가' 하는 문제다.

사람들은 유전자결정론과 환경결정론을 두고 100년 가까이 논쟁을 벌여왔다. 프랜시스 골턴Francis Galton을 필두로 한 유전자결정론자들은 유전인자가 아이의 자질에 결정적인 영향을 미치므로 일단 선천적인 특징이 확정되면 아이의 생활환경은 그 아이의 발전에 별다른 영향을 미치지 못한다고 생각했다.

　　그러나 존 왓슨John Watson을 비롯한 환경결정론자들은 알맞은 조건만 갖춰지면 아이는 어떠한 성인으로도 키워질 수 있다고 확신했다. 인류의 행동은 모두 후천적으로 습득하는 것이고 환경이 한 사람의 행동양식을 결정한다고 보는 것이다.

　　사실 오늘날의 많은 과학 연구 결과, 특히 유전자의 중요성이 확인되었다. 예를 들어 낙천성, 비만 정도, 지능, 언어 능력은 모두 유전자와 관련이 있다. 다시 말해 사람과 사람 사이에는 선천적인 차이가 분명히 존재한다는 뜻이다. 그러나 후천적인 환경이 선천적인 유전자가 발현될 수 있는지, 어떠한 방식으로 발현될지를 결정한다는 사실도 증명되었다. 그러므로 사람의 성장 과정에서 환경도 매우 중요한 요소임이 분명하다.

　　저명한 과학 저술가이자 옥스퍼드대학교에서 동물학 박사 학위를 받은 매트 리들리Matt Ridley는 《본성과 양육》이라는 책에서 100년에 걸친 이 논쟁에 대해 상세히 논술하고 최종적으로 다음과 같은 결론을 내렸다.

　　"인류 개체의 발육은 선천적인 유전자에 의해서만 결정되는 것도 아니고 후천적인 환경이나 경험에 의해서만 결정되는 것도 아니라 선천적인 것과 후천적인 것, 둘 다에 의해 결정된다. 왜냐하면 유전자는 마치 '만약 무엇 하다면 무엇 하다'라는 논리가 내재된 것처럼 조건으로 이끌기 때문이다. 그래서 만약 어떤 특정한 환경을 마련해주면 어떤 특정한 방식으로 발전한다. 다시 말해 유전자는 주어진 환경에 따라 다른 발전 양상을 보인다는 뜻이다."

만약 '나쁜' 유전자를 타고났다면 그 유전자는 적절한 '나쁜' 환경에서만 발현된다. 마찬가지로 어떤 재능을 타고났다면 그 재능을 발전시킬 수 있는 환경에 처해야만 재능을 꽃피울 수 있다. 모차르트가 위대한 음악가가 될 수 있었던 까닭은 무엇일까? 일단 그는 아버지가 유명한 음악가인 음악가 집안에서 태어났다. 또 그는 네 살 때부터 손가락이 부르트도록 피아노 건반을 두드리기 시작했다. 만약 후천적으로 열심히 노력하지 않았다면 모차르트는 결코 그처럼 대단한 성취를 거두지 못했을 것이다.

선천성과 후천성의 관계를 알면 자아와 잠재력, 천부적인 자질에 대해 제대로 이해할 수 있고, 잠재력을 발굴하고 자아를 실현하는 것에 대해 과학적으로 해석할 수 있다.

사람의 유전자는 날 때부터 정해져 있다. 사람의 발전은 이 유전자를 바탕으로 이루어진다. 유전자 때문에 당신이 어떤 특정한 분야에서 남보다 탁월할 수도 있고 남보다 못할 수도 있다. 원래의 '나'라는 것은 우리가 가진 이 유전자를 가리키고, 천부적 자질과 잠재력은 유전자 측면에서 우리가 지닌 '장점'을 말한다. 그러나 장점이 되는 유전자를 타고났다고 해서 이 장점이 반드시 발현된다는 뜻은 아니며, 이를 위해서는 장점을 발전시킬 수 있는 '외재적 조건'이 마련되어야 한다. 따라서 잠재력을 발굴한다는 말은 곧 자신이 타고난 장점을 발견한다는 뜻이고 자아실현은 이런 타고난 장점을 발현시킨다는 뜻이다.

그렇다면 어떻게 해야 자신이 유전적으로 타고난 장점을 알 수 있을까? 사실 사람이 타고난 유전자는 앞으로 어떤 환경에 놓일지를 미리 정해둔다. 유전자는 당신이 타고난 장점을 드러내기에 유리한 환경에 대한 갈망을 느끼게 만들기 때문이다.

과거 많은 학자가 아이의 개성 형성에 부모가 큰 역할을 한다고 생각했지만 실제로는 그와 반대로 아이가 부모에게 영향을 미친다는 증거들이 속속 발견되고 있다. 부모는 아이가 보이는 특정한 경향에 따라 그에 알맞은 환경을 마련해주기 때문이다. 예를 들어 어떤 아이가 확실히 뛰어난 지능을 타고났는데 이런 장점은 강한 지적 욕구로 발현된다. 이런 아이는 유달리 독서를 좋아하기 때문에 부모는 그런 자녀를 위해 더 많은 책을 사주게 된다.

사실 유전자가 영향을 주는 것은 능력이 아니라 욕망일 뿐이다. 이런 욕망은 당신이 어떤 일에 시간을 들이고 싶게 하는데, 많은 시간을 들일수록 더 뛰어난 능력을 갖게 된다. 매트 리들리가 책에서 말했듯이 "연습하는 데 많은 시간을 들이고 싶어

하는 사람은 그 분야에 천부적인 자질이 있어 연습하고자 하는 사람이다."

그래서 자신이 타고난 유전적 장점을 확인하는 가장 중요한 방법은 내면의 진실한 바람에 귀를 기울이는 것이다. 이는 아마 유전자가 자신을 알리고자 하는 충동이 빚어낸 갈망일 것이다. 타고난 장점은 어떤 분야에서 다른 사람보다 돋보이게 해준다. 그러면 그 일이 더 좋아져서 그 일에 더 많은 시간을 쏟고 싶어진다. 그 결과, 이런 타고난 장점은 곧 그 사람만의 재능이 된다.

천부적인 자질은 대개 두 가지 방식으로 발견할 수 있다. 하나, 특출한 재능이나 갈망을 보인다. 이 경우, 대개 아주 어렸을 때 확인할 수 있다. 둘, 어떤 일을 하다가 자신이 남보다 그 일을 매우 잘한다는 사실을 알게 된다.

내 경우를 예로 들자면 나는 어려서부터 창작에 천부적인 재능을 보였다. 네 살 때, 나는 연필을 쥐고 그림을 끄적이는 것을 좋아했고, 시간 가는 줄 모르고 혼자 가만히 앉아 그림책이나 동화책을 들여다보았다. 그래서 부모님은 내게 더 많은 그림책을 사주셨고 미술 학원에도 보내주셨다. 초등학생 때부터 미술 대회에서 입상하기 시작했고 직접 동화책 몇 권을 만들기도 했다. 내가 영어에 재능을 타고났다는 것은 처음 영어를 배울 때 마치 모국어를 하듯이 자연스럽게 그대로 따라 하는 나 자신을 보고 깨달았다. 그래서 나는 미친 듯이 영어에 매달리고 누가 시키지 않아도 날마다 많은 시간을 들여 영어 문장을 따라 읽었다. 그리하여 영어 회화도 내 장기가 되었다.

오늘날 교육의 가장 큰 문제이자 폐단은 사람과 사람 사이의 선천적인 차이를 무시한 채 모든 사람을 똑같은 환경에 놓고 오직 '지능'만으로 평가한다는 것이다.

사람마다 지능에 차이가 있다는 사실을 부인할 수 없지만 지능이 뛰어나지 않은 사람은 십중팔구 다른 잠재력과 천부적인 자질이 있을 텐데도 환경이 마련되지 않아 타고난 장점을 발휘할 수 없게 된다. 더 큰 문제는 그들이 다른 사람보다 성적이 낮다는 이유로 열등감을 느낄 수 있다는 것이다. 마찬가지로 부와 명예를 지고지상의 목표로 여기는 현대사회의 단일한 가치관과 '사람은 한 가지 일만 잘할 수 있다'는 잘못된 관념 탓에 많은 사람이 자신의 천부적인 자질과 장기를 깨닫지 못한다.

천부적인 자질과 잠재력이 빛을 발하지 못하고 사장되는 것은 인생에서 가장 안타까운 일이라고 생각한다. 유전자는 우리에게 많은 잠재력과 가능성을 주었지만 우리가 어떤 사람이 될지를 결정하는 것은 환경이다. 유전자는 선택할 수 없지만 외재적인 환경은 스스로 선택할 수 있다.

매트 리들리의 《본성과 양육》이 내게 준 가장 큰 깨달음은 사람 사이에는 날 때부터 차이가 존재하기 때문에 다른 사람과 자신을 비교할 필요가 없고 외부의 기준에 따라 자기 발전을 꾀

할 필요도 없다는 것이다. 따라서 우리는 내면의 진실한 갈망을 존중하고 그것에게 자신을 표현할 기회를 줘야 한다. 또는 특기를 자발적으로 탐색하고 시도하면서 자신의 개성과 신분의 일부분으로 만들어야 한다.

천부적인 자질과 잠재력에 대해 알면 타인의 인생과 자신의 인생을 더 현명하게 구분할 수 있다. 가장 아름다운 인생은 결코 타인의 기준대로 만들어낸 인생이 아니다. 설령 그렇게 해서 흔히 말하는 '성공'을 거뒀더라도 말이다. 자신의 독특함을 기꺼이 받아들이고 발전시킬 줄 알며 하늘이 내린 온갖 능력을 잘 키워나가 사회나 타인이 원하는 사람이 아닌 원래 되었어야 할 사람이 되는 것, 그것이야말로 가장 아름다운 인생이다.

자신에 대한 투자,
지금도 늦지 않았다

많은 친구가 직장을 그만뒀을 때 내 심리 상태를 몹시 궁금해했다. 그리고 앞날을 예측할 수 없는 불안감과 당혹감을 내가 어떻게 견뎌냈는지 알고 싶어 했다. 내가 아무런 계획도 세우지 않고 충동적으로 퇴사를 결정했기 때문이다. 하지만 사실 나는 안갯속을 거니는 것 같은 시기를 겪지는 않았다. 그런 불안감에 시달리기도 전에 기회가 찾아왔기 때문이다.

원래 나는 책 읽고 글 쓰는 데 모든 시간을 쏟을 생각이었다. 그런데 마침 베이징 신둥팡 학원에서 오랜 시간 일한 친구가 직장을 그만두고 창업을 준비 중이라며 온라인 영어회화 커리큘럼을 함께 운영해보지 않겠냐고 물어왔다. 친구의 제안에 나는 그동안 잊고 있었던 내 장점이자 특기인 '영어'를 떠올리게 되었다.

'만약 내 영어 능력에 여태껏 쌓아온 모바일인터넷 분야의 경험과 생각을 접목시키면 규모의 효과를 일으켜 더 큰 상업적 가치를 창출할 수 있을 거야. 그러면 사람들이 사는 지역에 구애받지 않고 저렴한 가격으로 우수한 교육 자원을 이용하게 할 수 있어.'

이런 생각으로 나는 친구와 손잡고 온라인 영어회화 커리큘럼을 만들어 단시일에 200명 가까운 회원을 모집했으며, 처음으로 내 사업을 통해 수입을 얻었다.

내가 가진 특기 중 초등학생 때부터 가장 남달랐던 것은 '영어'였다. 중고등학교 6년 동안 한 해도 빠짐없이 성쌀직속 중점중고교에서 영어 과목 대표를 맡았고, 학교에서 개최하는 모든 영어대회에서 1등을 놓친 적이 없었다. 고등학교 1학년 때는 내가 각색·연출·연기를 도맡은 영어 뮤지컬이 그해 신정 축하 공연에서 최고상을 수상했다. 그 덕분에 나는 학교에서 모르는 사람이 없는 스타가 되었다.

대학 시절 친구들은 과외로 용돈을 벌 때, 나는 무역 상담회에서 통역을 했다. 졸업 후에 내가 처음으로 한 일은 기업 영어 강사였다. 다른 친구들보다 2배나 많은 소득, 수업하러 오가는 나를 위해 문 앞에서 대기 중인 기사 딸린 차, 다양한 분야의 뛰어난 인재는 물론이고 국영기업이나 상장 기업의 고위직과도 안면을 익힐 수 있는 기회까지 그야말로 더할 나위 없이 좋은 직업이었다. 1년 뒤, 나는 토플 633점, GMAT 720점의 성적으로 전액 장학금을 받고 미국 유학길에 올랐다.

내가 행운아였다는 점은 인정한다. 오직 영어 하나로 또래들은 가지지 못한 수많은 기회를 내 것으로 만들었으니 말이다. 하지만 이런 '행운'은 순전히 내 노력으로 얻은 것이다.

나는 평범한 소도시에서 태어났다. 교육 여건이 그다지 좋지 못했기 때문에 영어를 배우는 동안 한 번도 원어민 교사에게서 수업을 받은 적이 없다. 대학에 입학하면서 베이징으로 오기는 했지만 전공이 컴퓨터였기 때문에 영어와 큰 상관이 없었다. 지금의 내 영어 실력은 순전히 나 자신의 부지런함과 노력 덕분이라고 단언할 수 있다.

나는 중학생 때부터 영어 문장을 읽는 습관을 들였다. 학기가 시작된 지 얼마 지나지 않아 책이 너덜너덜해질 정도로 많이 읽어서 거의 모든 문장을 술술 외울 정도였다. 그렇게 교과서를 다 읽고 나서는 리양李陽의 《크레이지 영어》시리즈를 사서 읽었다. 그 시절의 나는 말 그대로 영어에 '미쳐' 있었다. 시종일관 영어 문장을 중얼거리는 모습을 '미쳤다'는 말 말고는 표현할 길이 없었으니까 말이다.

대학에 들어가서도 아침 시간에 영어 문장을 낭독하고 영어 공부하는 습관을 이어갔다. 시간만 나면 기숙사 아래 공원으로 달려가 영어 문장을 소리 내 읽었고, 저녁에는 침대에 누워 미국 영화 테이프에서 흘러나오는 영어를 듣는 데 정신없이 빠져들었다. 대학교 3학년 때는 영어 실력을 높이기 위해 여름방학의 달콤함도 포기한 채 두 달 동안 통역집중훈련반에 참가해 매일 8시간 이상 강도 높은 회화 훈련을 받았다. 그 후로도 1년 동안 영어 듣기에 아무 문제가 없을 때까지 미국 방송 '미국의 소리Voice of America'를 들었다.

나는 영어 공부에만 거의 10년을 투자했다. 비록 그때는 투자를 한다는 생각 없이 순수하게 영어를 좋아해서 공부한 것이지만 지금 생각해보니 매우 현명한 '투자'였던 것 같다. 그 덕분에 나는 미국 유학비를 아꼈고 언제 어디서나 돈을 벌 수 있는 기술을 익혔다. 그러나 이보다 더 중요한 것은 내가 세상으로 나갈 창을 열어줘 지식을 쌓고 사람을 사귀는 밑거름이 되어주었다는 점이다.

여기서 투자와 소비의 차이점을 간단히 설명하고자 한다.

투자든 소비든 그냥 봤을 때는 모두 현금 자산을 잃는 것으로 보인다. 그러나 투자와 소비는 확실히 다르다. 투자의 목적은 미래에 수익을 거두고 자산을 늘리는 것이다. 그러나 소비는 어떤 실용적인 가치나 순간의 향락을 위해 돈을 쓰는 것이다. 예를 들어 똑같이 와인을 사더라도 어떤 사람은 와인을 마시기 위해 사지만 어떤 사람은 와인의 가치가 뛴 다음에 시장에 팔기 위해 사들인다. 전자는 소비에 해당하고 후자는 투자에 해당하는 행위다.

물론 우리가 일반적으로 말하는 투자와 소비는 모두 금전적인 것이지만 시간 이용에도 투자와 소비의 개념을 적용할 수 있다. 시간은 결코 사람을 기다리지 않는다. 이미 흘러간 1분, 1초는 되돌릴 수 없다. 그런데 이미 흘러간 시간이 투자일지 소비일지는 그 시간이 수익을 창출했는지로 판단해야 한다. 이런 수익은 대부분 인적 자본의 증가라는 형태로 드러나며 인적 자본은 최종적으로 현금으로 변환할 수 있다.

예를 들어보자. 만약 당신이 퇴근 후에 드라마를 봤다면 그것은 소비가 된다. 드라마를 봄으로써 당신이 어떠한 능력상의 수익도 거둘 수 없었을 경우에 말이다. 그러나 만약 그 시간 동안 영어나 다른 기술을 배웠다면 이것은 투자가 된다. 시간을 쓴 덕에 능력이 향상되었기 때문이다.

영어 공부가 내가 처음으로 성공한 투자라고 한다면 글쓰기는 내가 두 번째로 성공한 투자라고 할 수 있다. 내 생각에 나는 영어에 천부적인 자질을 타고났고, 그 자질이 흥미를 불러일으켰으며, 이 흥미가 영어에 대한 끊임없는 열정을 유지시켜주었던 것 같다. 하지만 글쓰기는 전혀 달랐다. 이과 출신인 내게 글쓰기는 너무나 먼 분야였고, 글쓰기에 흥미를 느껴본 적도 없는데 좋아하는지를 따지는 것은 무의미한 일이었다.

내가 글을 쓰기 시작한 동기는 매우 단순했다. 생각하는 것을 좋아하고 생각이 많아진 다음에는 그 생각을 밖으로 드러내고 싶은 욕구가 들끓어서 생각을 글로 옮기게 되었다. 글을 통해 내가 사고하면서 떠올린 생각들을 논리정연하고 체계적으로 다듬었다. 그래서 독서와 사고, 글쓰기가 서로 시너지 효과를 내면서 글쓰기는 내 일상생활에서 필수적인 활동이 되었다.

사실 나는 내가 용감하게 펜을 잡고 꾸준히 글을 써와서 참 다행이라고 생각한다. 글을 쓰면서 생각지도 못한 것을 많이 얻었기 때문이다. 그리고 이보다 더 중요한 것은 글쓰기 덕분에 회사의 굴레를 벗어날 자본을 얻게 되었다는 사실이다. 그러나 가장 중요한 수확은 위챗 계정의 팔로워 수가 아니라 나 자신의 기술, 지식 구조, 사유 체계가 크게 업그레이드된 것이다. 물론 후자가 있으므로 전자도 가능했다.

하지만 공중 계정이 더 힘을 북돋아주고 힘껏 밀어준 것은 사실이다. 계속해서 가치 있는 것을 창출하기 위해 나는 더 많은 양질의 지식을 받아들여야 했고, 끊임없이 파고드는 사고 덕분에 현대과학의 문 안으로 들어서 거시 역사, 사회과학, 심지어 현대물리학에 대해서도 강렬한 흥미를 느끼기 시작했다.

여기에서 탄력을 받은 나는 점점 나름의 지식 구조를 구축하고 사람, 사건, 물질의 발전 법칙에 대해 본질적으로 고민하기 시작했다. 글쓰기는 내가 이런 지식을 다시 내 것으로 만들고 최종적으로 나만의 사상 체계와 인생관, 가치관을 형성하게 했다. 이런 사고를 문자의 형식으로 선보이면서 같은 생각을 가진 사람들이 내 곁에 모여들었고, 그들의 인정과 지지는 내가 사업을 벌이는 데 중요한 기반이 되었다.

우리는 자기 투자와 관련해서 세 가지 중요한 인식이 필요하다. 하나, 투자에 즉각적인 효과를 기대하지 마라. 투자를 했다면 일정 기간 지켜봐야 한다. 둘, 타고난 자질보다 부지런함이 더 중요하다. 셋, 투자의 핵심은 '시작'한 시간이 아니라 '지속'한 기간이다.

경박한 사회 환경은 많은 청년에게서 기다림의 미덕을 앗아갔다. 무엇을 배우든 최대한 빨리 배우게 하려는 '속성주의'가 판친다. 그러나 대다수 사람들은 빨리 배운 것이나 돈으로 산 것은 핵심 경쟁력이 될 수 없다는 사실을 깨닫지 못하고 있다. 충분한 시간을 들여 얻은 것만이 당신의 핵심 경쟁력이 될 수 있다. 그래서 시간을 들이지 않고도 배울 수 있는 '기술'은 추구할 가치가 없다.

사실 대부분의 능력은 '장기 투자'에 속한다. 상당히 오랜 투자 기간을 거쳐야만 수익, 다시 말해 시장가치를 확보할 수 있다. 예를 들어 당신이 지금 하는 일을 관두고 일러스트레이터가 되고 싶다면 2, 3년 동안 아무런 수익을 거두지 못하는 투자 기간을 거쳐야만 좋은 작품을 만들어낼 수 있다. 또 작품의 품질과 미래의 수익은 투자한 시간과 노력에 비례한다. 그러므로 자기 투자를 할 때는 반드시 투자 기간을 염두에 두어야 하며 조급하고 경박한 심리를 버려야 한다.

타고난 자질이 배우는 데 큰 영향을 미치기는 하지만 자질을 타고나지 않았다고 해서 성과를 거둘 수 없는 것은 아니다.

자질을 타고나면 다른 사람보다 더 빨리 배워 성취감을 느낄 수 있고, 성취감을 느끼면 더 많은 시간을 들여 공부하고 싶은 마음이 들고, 투자한 시간이 많을수록 비교우위가 명확히 드러나므로 선순환을 이룰 수 있다.

그러나 자질을 타고나지 못했다면 배움의 초기 단계에서 나타나는 좌절감과 실패감을 굳은 의지로 이겨내야 한다. 설령 천부적인 자질이 있더라도 성과를 거두고 싶으면 부지런한 노력이 뒤따라야 한다. 물론 모차르트가 남다른 자질을 타고난 것은 사실이지만 그가 역사에 길이 남을 위대한 성취를 거둔 데는 어려서부터 혹독하게 훈련시킨 아버지의 공이 크다. 그러므로 천부적인 자질을 지닌 사람에 비해서는 배움의 속도가 느리게 느껴지겠지만 굳은 의지로 충분히 시간을 들이면 평범한 사람도 틀림없이 성과를 거둘 수 있다.

어떤 사람은 자기 투자에 관해 이런 의문을 제기할지도 모른다. "지금 투자하기에는 너무 늦은 것 아닐까요?" 솔직히 말해서 이것은 전혀 쓸데없는 물음이다. 답이 무엇이든 우리는 '투자를 할 것인가, 안 할 것인가' 사이에서 한 가지를 선택해야 하기 때문이다. 물론 일찍 투자하면 좋기야 하겠지만 흘러간 시간을 되돌릴 수는 없는 노릇이라 '현재'에서 생각해야 한다. 지금이라도 투자하면 머잖아 수익을 거둘 수 있을 것이고, 그로 인해 삶의 궤적이 달라질 수도 있을 것이다. 그러나 투자하지 않으면 영원히 지금 이 자리에서 제자리걸음을 할 수밖에 없다. 자기 투자는 언제 해도 늦지 않다. 중요한 것은 행동과 끊임없는 시간의 누적이다.

그림 하나로 미국을 매료시킨 모지스Moses 할머니도 일흔여섯 살에 처음으로 붓을 잡았다. 하물며 우리 나이에 늦음을 논하는 게 가당키나 한가? 내 주변의 프리랜서 디자이너, 사진작가, 시간 관리 전문가를 비롯해 개인 브랜드숍을 운영 중인 요리사, 제빵사, 플로리스트, 수공예 장인 등은 전부 다 다른 일을 하다가 지금의 일을 시작한 사람들이다. 그들은 몇 년 동안 지금 하는 일을 배우다가 인연이 닿아 자신이 좋아하는 일을 직업으로 바꿨을 뿐이다.

한번은 강연을 마친 내게 누군가가 이렇게 물었다.

"저도 언젠가 당신처럼 훌륭한 사람이 되었으면 좋겠어요!"

나는 그 말에 1초도 망설이지 않고 대답했다.

"당신은 지금의 저만 보고, 이 자리에 서기까지 제가 들인 노력은 보지 못하고 있다는 사실을 아세요? 지금부터 열심히 자기 투자를 한다면 몇 년 뒤에는 더 훌륭해진 당신을 만나게 될 겁니다."

부럽다고 툴툴대지 말고 행동하라. 지금도 늦지 않았다.

미루기병의
원인과 해독제

사람들은 '타성'이라고 하면 이를 간다. 타성은 자유자재로 우리 곁에 잠복해서 우리를 조종하고 꿈에 다가가려는 우리 앞을 가로막는다. 초심이 아무리 감동적이고 계획이 완벽했더라도 타성은 모든 것을 무너뜨릴 수 있는 빈틈을 요령 좋게 찾아낸다. 타성은 활력과 투지를 앗아가고 삶을 무미건조하게 만든다. 타성을 이기지 못하면 우리는 평생 타성의 지배 속에서 후회의 한숨만 내뱉게 된다. 꿈을 이루고 싶다면 먼저 타성을 이겨야 한다.

'지피지기백전불태知彼知己百戰不殆', 상대를 알고 나를 알면 백 번 싸워도 위태롭지 않다는 말이다. 상대를 이기려면 먼저 상대를 알아야 한다. 그렇다면 타성이란 무엇일까? 어떤 일을 해야 할 때 괜히 하기 싫은 마음이 들어 머뭇거리게 되는 것을 말한다. 그런데 참 이상하게도 여기서 말하는 해야 할 일은 대개 우리에게 유익하거나 목표를 이루는 데 도움이 되는 일인데, 왜 하기 싫은 마음이 들까? 이 점을 이해하려면 진화의 측면에서 우리의 뇌를 들여다봐야 한다.

인간의 뇌가 다른 포유동물의 뇌와 구조적으로 가장 다른 부분은 고도로 발달한 대뇌 신피질이다. 인간의 사고 활동 대부분이 여기에서 이루어지기 때문에 '사고 뇌'라고도 부른다. 신피질은 하늘이 인간에게 준 가장 큰 선물일 것이다. 이것 덕분에 인간은 언어 능력, 추상적 사유 능력, 자주적인 의식을 가지고 다른 동물과 확연한 차별성을 지니게 되었다.

그런데 흥미롭게도 대뇌는 새로운 대뇌가 기존의 대뇌를 대체하는 것이 아니라 원래의 대뇌에 새로운 기능이 겹쳐지는 식으로 진화했다. 그래서 인류의 대뇌가 이미 고도로 진화했음에도 파충류에서 진화해온 원시적인 뇌가 아직도 남아 있다. '감정 뇌'라고도 불리는 구舊피질과 '본능 뇌'라고도 불리는 고古피질이 바로 그것이다.

본능 뇌는 뇌간과 소뇌를 포함하고 있으며 최초로 나타난 뇌 부분이다. 본능 뇌는 신체의 근육 및 평형, 호흡, 맥박처럼 자율적인 기능을 통제하기 때문에 깊은 수면에 빠져도 멈추는 일 없이 계속해서 활동 상태를 유지한다. 감정 뇌는 본능 뇌와 사고 뇌 사이에 있으며 감정 및 직감, 양육, 격투, 도피, 성행위와 밀접한 관계가 있다. 이런 감정 계통은 생존 가능성을 높이는 데 매우 효과적이다. 열악한 환경에서 인류는 이처럼 간단한 '이익을 좇고 해악을 피하는' 원칙을 따른 덕분에 생존할 수 있었다.

인간의 뇌는 복잡한 사고 체계를 갖추면서 생존환경을 더 잘 이해하고 파악해 더 이성적인 선택을 할 수 있게 되었다. 사실 인간은 대부분의 시간 동안 감정 뇌와 본능 뇌의 통제를 받는다. 다시 말해 감정과 본능의 지배를 받는다. 그 원인은 간단하다. 인류가 신피질을 진화시킨 까닭은 생존과 번식 가능성을 높이기 위한 것일 뿐이다.

사고는 그 자체만으로 굉장히 많은 에너지를 소모하는데, 과도한 에너지 소모는 생존에 불리하다. 그래서 대뇌는 이익이 큰 쪽을 선택했다. 사고가 생존과 번식 확률을 높일 경우에만 복잡한 사고 체계를 가동시키고 나머지 시간에는 별도의 에너지를 소모하지 않는 감정과 직감 체계에만 의존할 수 있도록 한 것이다. 이것이 바로 인간이 머리를 많이 써야 하는 일을 본능적으로 피하는 근본 원인이다.

예를 들어보자. 당신은 지금 문서를 작성해야 한다. 그런데 대뇌는 문서를 작성하는 일이 상당히 머리를 굴려야 하는 일임을 알고 있기 때문에 본능적으로 이 일에 저항한다. 그리고 감정으로 당신을 조종해 졸음이 오게 하거나 위축감을 느끼게 하거나 드라마 시청처럼 힘 하나 안 드는 일을 하도록 유혹한다. 한마디로 대뇌는 되도록 힘을 안 쓰려고 한다. 어쩔 수 없는 경우가 아닌 이상, 힘을 안 쓸수록 좋다고 여긴다.

어떤 의미에서 타성은 본능적인 자기 보호 기제라고 할 수 있다. 타성은 우리가 불필요한 에너지를 쓰지 못하게 한다. 이른바 '미루기병'은 대뇌가 힘을 덜 쓰기 위해 만들어낸 본능적인 저항인 것이다. 그러나 진화 과정에서 우리에게 유익했던 일이 오늘날에도 여전히 유익하다고 단언할 수는 없다.

진화는 유전자의 진화고 유전자는 자기 복제밖에 관심이 없기 때문이다. 오늘날, 우리는 단순히 생존하고 번식하기 위해서만이 아니라 더 높은 인생의 목표와 꿈을 위해 살아간다. 유전자는 아무 관심도 없지만 우리에게는 매우 중요한 이 목표를 실현하기 위해서는 반드시 유전자에게서 통제권을 되찾아야 한다.

타성이 '저항하고자 하는 감정이자 힘'이라면 그에 대처하는 방법은 그와 맞설 수 있는 또 다른 힘을 만들어내는 것이다. 이런 힘에는 '욕망'과 '의지력'이 있다.

/ **강렬한 내재적 동기, 욕망** /

우리는 왜 하고 싶으면서도 실제로 행동에 옮기지 않는 걸까? 그 이유는 매우 간단하다. 그다지 간절하지 않거나 욕망이 별로 크지 않기 때문이다. 여기서 말하는 욕망은 어떤 강렬한 내재적 동기를 가리킨다. 우리가 자발적으로 어떤 일을 하고 싶거나 어떤 목표를 이루고 싶을 때는 나태한 마음이 들 리 없다. 타성이라는 본능이 발목을 잡지도 못할 만큼 욕망이 끓어넘치기 때문이다.

욕망은 종종 흥미의 탈을 쓰고 나타난다. 앞서 말했듯이 천부적인 자질은 유전자가 자신을 드러내고자 하는 갈망이다. 뛰어난 재능을 타고나면 다른 사람보다 그 분야에서 빠른 습득력을 보일 뿐만 아니라 그 일에 강한 흥미를 느끼게 된다.

예를 들어 날 때부터 숫자에 예민한 반응을 보이고 계산 능력이 뛰어난 사람은 수학에 흥미를 느끼고 남이 시키지 않아도 스스로 찾아서 공부하고 싶어 한다. 반대로 수학 쪽에 영 재능이 없는 사람에게 수학은 듣기만 해도 골이 지끈거리는 어둠의 영역이다. 그러면 그들은 본능적으로 수학에 다가서기를 꺼리고 미루게 되는데, 다른 사람에게는 그런 태도가 나태함으로 보인다.

그래서 타성을 이기는 가장 좋은 방법은 원동력을 찾아 내면의 욕망을 불러일으켜 스스로 그 일을 원하게 만드는 것이다. 그러나 말이 쉽지 실천하기란 여간 어려운 일이 아니다. 유전자를 비롯한 여러 가지 요인이 복잡하게 얽혀 있기 때문에 인위적으로 조종하기가 쉽지 않아서다. 또 다른 효과적인 방법은 후천적인 흥미를 길러내 타성에 저항하는 내재적인 원동력으로 만드는 것이다.

비록 흥미와 선천적 재능은 연관성이 깊지만 흥미도 후천적으로 길러낼 수 있다. 어떤 일이든 많은 시간을 쏟을수록 더 잘하게 되고, 더 잘할수록 더 많은 시간을 쏟고 싶어진다. 그러다 보면 어느 순간 그 일에 흥미가 생기게 된다. 그러나 진정으로 흥미가 생기기 전에는 또 다른 힘으로 흥미를 기를 수밖에 없다. 그 또 다른 힘이 바로 '의지력'이다.

/ 충동과 생각을 통제하는 의지력 /

타성은 흥미가 느껴지지 않는 일이나 강렬한 내재적 원동력이 없는 일을 할 때만 생겨난다. 이런 상황에서 타성에 대항할 수 있는 유일한 무기는 의지력뿐이다.

의지력은 충동과 생각을 통제하고 목표를 향해 끈질기게 노력하는 능력이라고 할 수 있다. 심리학자들은 많은 실험 끝에 의지력에 관한 몇 가지 중요한 결론을 얻었다.

하나, 의지력은 일종의 정신력으로 사용할 때마다 정신 에너지를 소모하게 된다. 의지력은 다른 정신활동과 마찬가지로 당을 소모하기 때문에 혈당의 높고 낮음이 의지력에 영향을 미칠 수 있다. 둘, 의지력은 유한한 생리적 자원이다. 매번 의지력을 쓸 때마다 손실이 일어나고 지나치게 많이 사용하면 피로해진다. 셋, 의지력은 훈련을 통해 강화할 수 있다. 근육과 마찬가지로 의지력도 단련하면 강해진다. 넷, 효과적으로 훈련만 한다면 의지력을 높일 수 있다. 의지력이 부족하다고 생각하는 사람에게 매우 힘이 될 정보다. 이렇게 의지력이 충분히 강해지면 타성은 자연히 약해진다.

의지력 훈련과 관련해서 몇 가지 조언을 들려주고자 한다. 먼저 의지력은 순차적으로 강화해야 한다. 처음부터 의지력의 한계에 도전해서는 안 된다. 어떤 사람이 감동적인 인생 스토리를 듣고 자신도 변해야겠다고 다짐한 뒤 독서, 운동, 아침에 일찍 일어나기 등 셀 수 없이 많은 계획을 짰지만 단 며칠도 실천하지 못하고 결국 원래 생활로 돌아갔다는 이야기를 심심치 않게 듣는다. 자기 자신의 의지력을 지나치게 높이 평가해 처음부터 실천할 수 없는 계획을 짠 탓이다. 의지력이 충분히 강하지 않은 상태에서 의지력이 많이 필요한 일을 계획하면 실패로 끝날 확률이 매우 높다.

의지력을 훈련할 때는 아침 일찍 일어나기, 조깅하기, 영어 문장 소리 내서 읽기와 같은 작은 일부터 시작하는 것이 좋다. 한동안 한 가지 일에만 몰두하다가 포기하고 싶을 때면 딱 하루만 더 버티자고 자신을 다독여보라. 이렇게 자신을 채찍질하는 과정이 바로 의지력을 단련하는 과정이다. 행위가 습관으로 변해 더는 의지력을 소모할 필요가 없을 때는 새로 도전할 거리를 선택한다. 끈기 있게 지속적으로 훈련한다면 더 행동력 있고 자제력 있는 사람으로 변할 수 있다.

그런데 꼭 기억해야 할 사실이 있다. 바로 의지력이 유한한 자원이라는 점이다. 유한하기 때문에 지나치게 많이 소모하면

안 되고, 무게중심을 잘 유지해야 한다. 따라서 시시때때로 자신을 풀어주거나 마음 내키는 대로 행동하는 것도 필요하다.

그리고 복잡하거나 난도가 높은 임무는 대뇌가 너무 많은 정신력을 소모하지 않고도 이해하고 실행할 수 있는 간단한 임무들로 쪼개야 한다. 그러지 않으면 의지력이 아무리 강해도 소용이 없다. 사실 우리가 어떤 목표를 바라는 대로 이루지 못하는 중요한 원인 중 하나는 임무의 난도가 너무 높거나 지나치게 복잡하기 때문이다. 예를 들어 영어 정복하기, 건강관리, 작문 실력 높이기, 지식 구조 갖추기 등이 그러한 목표에 해당한다.

우리의 대뇌는 복잡한 목표를 마주하면 어떻게 실행해야 할지 몰라서 본능적으로 배척하고 거부한다. 따라서 어떤 때는 나태해서가 아니라 어떻게 해야 할지 몰라서 못하는 경우도 있다. 이때는 목표를 실행 가능한 일련의 행동 계획으로 나누는 것이 바람직하다.

예를 들어보자. 만약 당신이 건강관리를 하고 싶다면 '아, 이제부터 건강관리를 해야겠구나!'라고 생각만 해서는 아무 소용이 없다. 이 목표를 날마다 실행 가능한 행동 계획으로 바꿔야 한다. 이때 반드시 대뇌가 정신력을 소모하지 않고도 이해하고 실행할 수 있는 간단한 임무여야 한다. 예를 들어 윗몸일으키기 50개, 스쿼트 50개, 줄넘기 2단 뛰기 100회 등으로 나눈다.

복잡한 목표를 실행 가능한 일별 행동 계획으로 나눴다면 그 뒤로는 의지력을 발휘해 임무를 실행하면 된다. 그러면 머지 않아 목표를 이룰 수 있다. 행동 계획은 목표 실현에 중대한 영향을 미친다. 합리적인 계획과 실행 체계는 타성을 극복하고 자제력을 높이는 데 큰 도움이 된다. 따라서 모든 사람이 자신만의 계획과 실행 체계를 가져야 한다고 본다. 다음 장에서 내가 지금 사용하고 있는 체계인 '아침일기'에 대해 상세히 설명할 것이다.

나를 관리하는 처음 습관,
아침일기

자기 자신을 잘 다스리려면 강한 의지력 말고도 합리적인 자기 관리 체계가 필요하다. 나는 평소에 아침일기로 스스로를 관리한다. 나는 수많은 자기 관리 달인들의 체계를 참고해서 직접 실천해보고 단순화해서 차츰 내게 맞는 체계를 만들어냈다. 내가 사용하는 아침일기에 대해 간단히 소개하고자 한다.

■ 핵심 개념과 원칙

A	▶ 목표, 프로젝트, 임무
	• 목표 우리가 얻고자 하는 결과 또는 미래에 관한 구상이다.
	• 프로젝트 프로젝트는 일련의 복잡한 활동으로 각각 소요 시간을 정리해 여러 개의 단일 임무로 나눠야만 완성할 수 있다.

A • 임무 일반적으로 몇 단계만 거치면 완성할 수 있으며 대뇌가 직감에 따라 처리할 수 있는 간단한 일을 가리킨다.

예) 신용카드 대금 상환, 베이징 — 뉴욕 왕복 비행기표 예약 등

▶ 원리

목표와 프로젝트, 임무를 구분하는 것은 매우 중요하다. 우리 대뇌는 한 가지 임무를 완성하는 방법밖에 모르기 때문이다. 예를 들어 신용카드 대금을 상환하려고 한다면, 대뇌는 가장 먼저 상환액을 확인한 다음에 돈을 결제 통장에 이체해야 한다는 사실을 명확히 알고 있다.

그러나 책을 쓰는 것과 같은 복잡한 임무를 마주하면 대뇌는 어디서부터 손을 대야 할지 갈피를 못 잡는다. 어떻게 해야 할지 모를 때, 대뇌는 직관적으로 회피를 선택한다. 그래서 모든 프로젝트를 대뇌가 이해할 수 있는 간단한 임무들로 나눠야 한다.

▶ 원칙

1 목표가 '행복'이나 '성공'같이 불명확하고 비현실적이라면 의미가 없다.
2 목표 기한은 1년 이내로 정해야 하고 분기 단위로 세우는 것이 가장 바람직하다. 우리가 살아가는 이 시대의 주제는 '변화'라는 사실을 잊지 마라. 환경은 빠르게 변하고 생각은 그보다 더 빠르게 변한다.
3 목표는 반드시 프로젝트로 나눠야 하고 프로젝트는 다시 실행 가능한 임무들로 나눠야 한다. 그러지 않으면 목표는 영원히 목표로만 머무르고 만다.

B ### ▶ 활동 유형

• 생산형 활동 직간접적으로 수입을 창출할 수 있는 활동
예) 일, 공부, 비즈니스, 사교활동 등
• 유지형 활동 신체 기능 유지 및 개인 자산 유지를 위한 활동
예) 식사, 집안일, 쇼핑 등
• 여가형 활동 생산형 활동과 유지형 활동을 제외한 나머지
예) TV 시청, 운동, 여행 등

▶ 원리

자기 관리는 이성과 의식을 통해 참여하고 체계적인 방식으로 인생의 단계 별 목표를 실현하는 것이다. 그러나 우리의 인생 목표에는 사업 성공과 부자 되기만 있는 것이 아니라 생활도 포함돼 있다. 생활도 일과 마찬가지로 관리가 필요하다. 생활하는 데도 에너지가 소모되기 때문이다.

비록 하나같이 자질구레하고 번잡한 일이더라도 기록해두지 않으면 대뇌는 그것을 잊지 않기 위해 에너지를 소모해서 '되뇌기 고리(rehearsal loop)'라는 기능을 가동시킨다. 문자가 발명되기 전에 모든 정보는 사람의 기억력에만 의존했다. 이런 상황에서 정보를 잊지 않기 위해 대뇌는 '되뇌기 고리'라는 기능을 진화시켰다.

이 기능은 아직 완성하지 못한 임무가 머릿속에서 자동으로 되뇌어지도록 한다. 만약 어떤 일을 미래의 어느 시각까지 마쳐야 한다면 대뇌는 이 '되뇌기 고리'를 이용해 간헐적으로 주의를 환기시키는 신호를 보낸다. 그러다가 일을 완수하면 대뇌는 신호를 그만 보내라는 지령을 내린다. 우리가 어떤 일을 완수하지 못하면 초조함과 부담감에 시달리고, 심지어 죄책감까지 느끼는 이유가 바로 이 때문이다.

그러므로 생산형 활동, 유지형 활동, 여가형 활동에 상관없이 생활 속에서 발생하는 모든 일을 아침일기로 관리해야 한다. 그래야 대뇌의 부담을 줄여 어떤 일을 해야 하는지 기억하는 데 쓸데없이 에너지를 소모할 필요 없이 현재 하고 있는 일에만 집중할 수 있다.

▶ 원칙

1 생산형 활동에서 선택하는 평가 기준은 창조한 가치의 크기다. 가치가 적은 일에 시간을 소모하지 마라.
2 유지형 활동은 가치를 창조하지도 않고 즐거움을 안겨주는 경우도 드물다. 그러므로 이런 활동을 하는 데 쓰는 시간을 최소화하고, 이런 활동을 완수하는 효율을 높이기 위해 노력해야 한다.
3 여가형 활동을 선택할 때는 수동적인 활동은 피하고 되도록 능동적인 활동을 선택한다. 능동적인 여가형 활동이 수월하지는 않지만 개인의 성장에 유익하다. 수동적인 여가형 활동은 사람을 의기소침하고 나태하게 만든다.

▪ 아침일기 체계

- ▶ 연간 계획과 성장 회고
- ▶ 월별 계획과 성장 회고
- ▶ 주별 계획과 성장 회고
- ▶ 일별 임무 목록

1 연간 계획

가장 중요도가 낮은 항목이다. 계획이 수시로 바뀌기 때문에 연간 계획은 지나치게 세부적일 필요 없이 자신이 관심을 갖고 있는 분야를 나열한다. 그런 다음 각 분야의 목표에 대해 짧게 서술하면 된다.

예) 독서, 사업 발전, 취미 발전, 생활과 여행 등

2 월별 계획

연간 계획에 따라 월별 계획을 세울 수 있다. 연간 계획에 비해서 월별 계획은 더 구체적이다. 매달 두세 가지 임무를 집중적으로 완수하는 것이 좋다.

3 주별 계획

한 주가 시작되기 전에 월별 계획에 따라 해당하는 주에 완수해야 하는 임무를 정한다. 주별 계획은 매우 구체적이어야 하며, 반드시 완수해야 하는 임무를 모두 열거한다.

4 일별 임무 목록

사실 일별 임무 목록이 자기 관리에서 가장 중요하면서 핵심적인 부분이다. 일별 임무 목록은 주별 계획에 따라 더 상세한 임무로 나눈다. 이런 임무들은 모두 간단하고 대뇌가 직감에 따라 해결할 수 있는 작은 일들이다.

이렇게 임무를 나누면 실행할 때 별도의 정신력을 소모해서 생각할 필요가 없으므로 행동에 옮기지 못하게 만드는 심리적 저항을 줄일 수 있다. 일별 임무 목록에 관한 노하우를 알려주자면 이 과정을 '괴물 퇴치' 과정이라고 상상해보라. 퀘스트를 완수할 때마다 '괴물' 한 마리가 소멸된다고 생각하면 문득 마음속에서 쾌감이 느껴진다.

전날에 미리 다음날의 임무 목록을 나열해보는 게 좋다. 일별 임무 목록은 당신을 이불 밖으로 끌어내는 힘이 있다. 눈을 뜨자마자 오늘 해야 할 일을 안다면 잠자리에서 일어날 때 확실한 방향감이 느껴져 우왕좌왕할 일이 없다. 자제력을 발휘해 날마다 해야 할 임무를 완수한다면 주별, 월별 계획도 틀림없이 완수할 수 있다.

소크라테스는 말했다. "성찰 없는 삶은 살 가치가 없다." 정기적 회고의 중요성을 여실히 드러내는 말이다. 회고의 의미는 일단 목표를 상기하고 진도를 확보하는 데 있다. 목표는 앞으로 나아가는 원동력이다. 수시로 회고하면 긴장을 늦추고, 길을 잃는 일을 피할 수 있으며, 합리적인 진도와 효과적인 실행력을 유지할 수 있다.

또 회고하면서 반성할 수 있다. 어떤 일을 많이 해야 하고 어떤 일을 적게 해야 하는지, 어떤 일을 그만해야 하고 어떤 일을 시작해야 하는지 생각할 수 있다. 끊임없이 성찰함으로써 행동이나 목표, 계획을 조정하고 맹목적이고 무의미하게 바쁜 상황을 피한다.

회고는 주별, 월별, 연간 회고로 나뉜다. 물론 일별 회고도 추가할 수 있지만 나에게 일별 회고는 그다지 의미가 없었다. 내가 회고하는 내용은 건강, 업무, 독서, 공부, 가정, 생활, 예술 등이다. 물론 각자의 필요에 따라 재테크와 같은 내용을 추가해도 된다.

팁으로, 탈 벤 샤하르가 쓴 《해피어》에서 따라 할 만한 연습인 'Life Mapping'을 소개한다. 작가는 매주 도표에 그 주의 모든 활동을 기록하라고 했다. 여기에는 활동 내용과 활동 시간도 포함된다. 그리고 그 활동들이 주는 즐거움과 의미를 분석한다. 또 평소에 하고 싶었지만 시간이 없어서 못했던 일들을 열거하고 나서 불필요한 활동들을 줄이고 하고 싶은 일을 추가하는 방법을 생각한다. 이것은 꼭 필요한 연습으로 아침일기와 함께 시행하면 딱이라고 생각한다.

다음은 내가 실제로 쓴 아침일기와 Life Mapping의 실례다.

아침일기와 Life Mapping의 실례

■ 핵심 개념과 원칙

A

▶ 건강

1 #걷기# 35km
2 #오늘에게 "안녕"이라고 말하기# 143일째
3 #명상하기# 명상 앱 헤드스페이스(Headspace) 12시간, 인사이트 타이머 (Insight Timer) 15시간 30분 이용
4 #무용 연습# 4시간

B

▶ 개인관리, 학습

1 #독서#《세상에서 가장 아름다운 용기》 읽기
2 #CBN weekly# 5/50
3 #아침일기# 95일째
4 #회화# 1/50
5 #서예# 31/100
6 #글쓰기# 한 편 끝냄

C

▶ 일

1 시티헌터에게서 자기소개서 2부 받음
2 5.16활동 장소와 게스트 3명 확정
3 완취 첫 번째 모임 완료
4 팀 빌딩(Team Building)을 한 차례 함, 팀원 사고 동기화
5 잠재적 협력 파트너들과 연락
6 상하이 클럽과 전환에 대해 토론
7 베이징 골목여행 계획 확정

D

▶ 두 번째 신분

1 크로스핏 커리큘럼 토론

E	▶ 가정, 생활, 예술

1 상하이 '스트로베리 음악 페스티벌' 참여
2 부모님 샤먼행 비행기표와 숙소 예약
3 상하이 클럽 친구들과 모임
4 핸드드립 커피 체험
5 새로운 요리법 배우기
6 서예 연습 5판 완수
7 현대무용 <24절기> 관람

■ 아침일기 2015.4.28.

이번 달 계획 및 알림	이번 주 계획 및 알림	오늘의 할 일
1. 독서	√ 《사냥꾼 이야기》 모범 문장	√ 7시 기상
√ 푸전(傅眞)의 책 다 읽기	□ 게이머 모집	√ 15분 명상
√ 《세상에서 가장 아름다운 용기》 읽기	□ 도시 체험식 여행 문안	√ 아침식사
√ 《세계의 종교》 읽기	√ 클럽 전환 토론	√ 정기 모임
√ 크로스핏 교재 공부하기	√ 잡지 구상	√ 점심 회식
2. 커리큘럼	√ '스트로베리 음악 페스티벌' PPT 공유	√ 클럽 다음 계획
√ 디자인 사고(Design Thinking)	√ 5.16활동 게스트 확정	√ '스트로베리 음악 페스티벌' PPT 공유
√ 게임화(Gamification)	□ 상하이 출장	√ 마사지 예약
3. 여행 사이트 브랜드트립	□ 테니스 수업 홍보	√ 에이미와 인터뷰 시간 정하기
√ 일본, 한국 모집 문안	□ 시씨와 협력 모델 확정	√ 시씨에게 전화하기
√ 일본 개척 계획	□ 서예 연습(화요일)	√ 새로운 문장 구상하기
√ 각 지역 소통 커뮤니티 구축	□ 일본 개척 초보적 계획	√ 컴퓨터 정리하기
√ 독립된 위챗 계정 만들기	□ 홍보 영상 찍기	√ 핸드폰 정리하기
√ 콘텐츠 마케팅 전략 확정	□ 《세상에서 가장 아름다운 용기》 읽기	√ 마스크 팩하기
√ 게이머 10명 모집		√ 명상하기

4. 두 번째 신분		√《세상에서 가장 아름다운 용기》 읽기
√ 베이징 회화 수업 개강		
√ 상하이 회화 수업 개강		
√ 소통하는 테니스 수업		
5. 기타		
√ 개인 사진 찍기		
√ 새로운 잡지 구상		
√ 테니스 훈련 시작		
√ 이본느와 명상 활동에 관한 의견 나누기		
□ 침실 용품 사기		

■ **Life Mapping**

활동	의미(점)	즐거움(점)	시간
가족과 어울리기	5	4	2.2시간 ++
TV 시청	1	3	15시간 --
독서	5	4	5시간 ++
조깅	5	3	3시간 +

[최고 점수 5점, 최저 점수 0점]

Life Mapping은 이용 시간 옆에 '+'나 '-'를 표시할 수 있다. '+'는 활동에 더 많은 시간을 쓰고 싶다는 뜻이고 '-'는 활동 시간을 줄일 필요가 있다는 뜻이다. 현재 상태를 유지하고자 하면 '='을 사용할 수 있다.

쉽고 빠르게
기술을 익히는 방법

'기술 습득'이라고 하면 "Practice makes perfect연습이 완벽을 만든다"라는 속담이 떠오른다. 많은 사람이 이 말을 좌우명 삼아 열심히 노력하고 충분한 시간만 들이면 기술을 제 것으로 만들 수 있다고 생각한다. 물론 영 틀린 말은 아니지만 그렇다고 다 맞는 말도 아니다.

반복 연습이 기술을 습득하는 데 매우 중요한 것은 사실이다. 그러나 여기에는 전제 조건이 붙는다. 반드시 '제대로 된 연습'을 반복해야 한다는 것이다. 만약 반복하는 일이 기술 습득에 보탬이 안 되는 엉뚱한 일이라면 '반복'은 진보에 걸림돌이 될 뿐이다. 그래서 대가들이 제자를 들일 때, 차라리 아무것도 모르는 백지 상태이길 바라는 것이다. 만약 그 전에 잘못된 방법을 배웠다면 그것을 고치는 데 0부터 가르치는 것보다 훨씬 많은 시간과 노력이 들기 때문이다.

'기술 학습'과 '기술 향상'은 헷갈리기 쉬운 개념이다. 기술 학습은 아무것도 못 하는 상태에서 할 줄 알게 되기까지의 과정이다. 반면 기술 향상은 할 줄 아는 상태에서 능숙하게 할 줄 알기까지의 과정이다. 어떤 기술을 0에서부터 배우기 시작할 때는 먼저 기술 학습 단계를 거쳐야 한다. 이 단계는 매우 중요하다. 정확한 학습 방법을 습득하면 좀 더 쉽게 기술을 익혀 빠르게 기술 향상 단계로 넘어갈 수 있다.

/ 기술 학습의 4단계 /

사람의 학습 과정에 관해 미국 학자들은 '의식적 유능 학습 상태'라는 유명한 이론을 제시했다. 이들은 어떤 기술을 0부터 배우기 시작해 능숙하게 익히기까지의 과정을 네 단계로 나누었다.

첫 번째 단계는 '무의식적 무능 상태'라고 부른다. 무엇을 어떻게 해야 할지 모르거나 자신이 모른다는 사실을 모르는 단계다. 어떤 기술을 배우든 모두 이 단계에서 시작한다. 이때 우리는 아무것도 모르는 상태다.

테니스를 예로 들어보자. 나는 2014년부터 테니스를 배우기 시작했는데, 그 전까지만 해도 테니스에 대해 일자무식이었다. 코치에게서 가장 기초적인 백핸드 동작부터 배우고 나서야 올바른 그립법과 백스윙, 백핸드, 피니시에 이르는 완전한 동작을 이해하게 되었다. 이때 나는 두 번째 단계인 '의식적인 무능 상태'에 들어가기 시작했다. 말하자면 이때 나는 내가 무지하다는 사실은 알고 있지만 어떻게 해서 동작을 정확하게 할 수 있는지는 모르는 상태였다.

이른바 기술 학습은 두 번째 단계에서 세 번째 단계로 발전하는 과정이다. 이 과정은 기술 학습에서 가장 중요하지만 가장 지루하고 포기하기 쉬운 단계다. 전체 학습 과정에서 계속해서 실수를 저지르다 보니 기분이 가라앉다 못해 자신감까지 떨어지기 때문이다. 그러나 할 줄 모르던 데서 할 줄 알게 되는 학습 과정은 잘못을 고쳐 나가는 과정이므로 실수를 저지르는 것이 지극히 당연하다. 중요한 것은 실수를 저지르고 나서 의식적으로 그것을 고칠 수 있는지 여부다.

이 단계에서는 스승이나 코치의 역할이 매우 중요하다. 경험이 부족하기 때문에 우리는 자신이 실수를 저질렀다는 사실을 의식하기 어렵다. 설령 의식했다고 하더라도 정확한 동작을 모르기 때문에 효과적으로 고치지 못한다. 스승과 코치는 제자에게 정확한 방법을 가르쳐줘야 할 뿐만 아니라 제자가 실수를 저지르면 곧바로 잘못을 지적하고, 고쳐주고, 제자가 낙담하면 포기하지 않도록 용기를 줘야 한다.

그래서 어떤 기술이든 처음에 배울 때는 반드시 훌륭한 스승이나 코치에게서 배워야 한다. '훌륭하다'의 기준은 감투나 명성이 아니라 교학 이념과 방법이다. 먼저, 진정으로 이 기술에 푹 빠져 있는지 살펴봐야 한다. 마음에서 우러난 열정과 애정은 전염성이 강해서 학생의 흥미까지 불러일으킬 수 있다. 이는 몹시 중요하다. 흥미가 생겨야 초기의 재미없는 반복 훈련을 견뎌낼 수 있기 때문이다.

또 가르치는 과정에서 학생이 실수를 저지를 때마다 즉시 나서서 고쳐줄 만큼의 인내력이 있는지를 살펴봐야 한다. 마지막으로 긍정적 에너지를 발산하는지 봐야 한다. 배우는 도중에 학생들은 심지가 약해져 회의에 빠지기 쉽다. 이때 긍정적인 에너지를 뿜어내는 사람이 곁에서 에너지와 용기를 북돋아준다면 큰 도움이 될 것이다.

이 지루한 과정을 무사히 견딘 나는 이윽고 세 번째 단계인 '의식적 유능 단계'로 진입했다. 이는 내가 이미 이 기술을 익혔고 의식적으로 실수를 저지르지 않을 수 있게 되었지만 아직 숙련 단계에는 많이 못 미친다는 뜻이었다.

세 번째 단계에서 네 번째 단계인 '무의식적 유능'으로 가는 과정은 반복 연습을 통해 이 기술을 의식적으로 하지 않아도 능수능란하게 완수할 수 있는, 일종의 '본능적 반응'으로 바꾸는 과정이다. 예를 들어 테니스 기술을 능숙하게 익히고 나니 모든 스윙과 백핸드가 자연스럽고 완벽해졌다. 이제 더는 '이 백핸드의 정확한 동작이 뭐였지?' 따위의 생각을 할 필요가 없어졌다. 기술이 내 안에 완벽히 흡수돼 나의 일부가 되었기 때문이다.

이는 모두 엄청난 양의 반복 연습 끝에 얻은 결과다. 반복 연습을 통해 대뇌가 그에 상응하는 회로와 기억을 형성하도록 했다. 이제 스승은 길을 안내할 뿐, 수행은 개인의 몫이므로 순전히 자신의 노력에 달려 있다. 이 단계는 영원히 끝나지 않을 것이다. 수행의 끝은 있을 수 없기 때문이다. 그러나 이때는 이미 고정된 목표가 없기 때문에 말이 훈련이지 즐기는 것이나 다름없고, 연습이 곧 즐거움의 원천이 된다. 아마도 우리가 어떤 기술을 배우는 궁극적인 목표도 바로 즐기기 위해서가 아닐까?

/ 연습의 질을 높이는 3가지 방법 /

기술 향상에 관한 중차대한 개념을 언급해야겠다. 바로 '연습, 또 연습'이다. 이는 앞서 말한 두 번째와 세 번째 단계의 핵심적인 훈련법이다.

이 이론은 플로리다주립대학교 심리학 교수인 앤더스 에릭손Anders Eriksson이 처음으로 제기했다. '연습, 또 연습' 이론의 핵심 가설은 전문가 수준에 이르려면 시간을 두고 서서히 연습해야 하고, 일련의 작은 임무를 찾아 단계적으로 완성시켜야 효과적으로 진보할 수 있다는 것이다. 이런 작은 임무들은 트레이닝

을 받는 사람이 '원래 할 줄 모르지만 배워서 할 수 있는 것'이어
야 한다. 고된 연습 과정에서 연습의 질과 능력의 향상 속도를
결정하는 핵심 요소에는 다음과 같은 것이 있다.

1. 작은 임무들로 쪼개기

어떤 기술이든 기초적이고 모듈화된 반복 훈련을 통해 배워
야 한다. 예를 들어 테니스 초심자는 한손백핸드, 양손백핸
드, 스텝 등 기초적인 모듈화 훈련을 반복해서 오랫동안 훈
련하고 나서야 다음 단계를 배울 수 있다. 서예를 처음 배울
때도 기초적인 필획 훈련을 반복해서 수행한 다음에 글자 연
습을 시작할 수 있다.

대뇌의 인지 모드 때문에 우리는 복잡한 기교를 모방하기
힘들다. 그러므로 올바른 훈련 방법은 복잡한 기교를 익히기
쉬운 모듈화 훈련으로 나눈 다음, 엄청난 양의 반복 연습을
통해 하나씩 익혀나가야 한다. 일련의 훈련 임무를 완수하고
나면 전체 기술 수준도 자연스럽게 업그레이드된다. 그러나
우리가 훈련을 위해 작게 쪼갠 임무들은 중요한 전제 조건을
만족해야 한다. 바로 반드시 '성장 영역'에 속해야 한다는 것
이다.

2. 성장 영역에서 연습하기

심리학 연구 결과, 임무를 대하는 사람의 심리는 안전 영역, 성장 영역, 공황 영역, 이 세 가지 영역으로 나뉜다. 안전 영역에서 마주한 임무는 능력 범위 내에 속하는 일이기 때문에 자기 뜻대로 척척 해낼 수 있지만 기술 수준을 향상시키는 데는 도움이 안 된다. 예를 들어 자신이 정통한 일을 반복해서 하면 쉽고 간단하다고 생각되지만 능력을 향상시키는 데는 보탬이 안 된다.

그러나 능력의 한계를 뛰어넘는 일에 맞닥뜨리면 어쩔 줄 몰라 당혹감을 느끼게 된다. 그래서 공황 영역에 처한 사람도 기술을 연습할 수 없다. 오직 자신의 현재 능력으로 수행하려면 살짝 애를 먹는 정도의 임무를 마주했을 때 인간의 심리는 성장 영역에 들어서게 된다. 성장 영역에서 접하는 것은 새롭고 도전적이지만 해낼 수 있는 일들이라서 이 영역에서는 학습 효율이 매우 높다. 이것이 진정한 '학습'이다.

3. 즉각적인 피드백 얻어내기

단순히 성장 영역에 드는 것만으로는 부족하기 때문에 연습하면서 즉각적인 피드백을 얻어야 한다. 적확하고 즉각적인 피드백은 잘못을 발견하는 즉시 교정하는 데 도움을 주며, 틀린 일이 아니라 맞는 일을 반복해서 할 수 있도록 해준다.

기술 학습의 두 번째 단계에서는 주로 코치나 스승의 피드백에 의존하지만 세 번째 단계에 들어가면 스스로 잘못을 찾아 고쳐야 한다. 이를 위해서는 연습할 때 주의를 집중하고 예리한 관찰력을 유지해야 한다.

연습의 질을 높이는 세 가지 중요사항을 다 지켜야만 제대로 된 '연습, 또 연습'을 할 수 있고, 효과적으로 기술 수준을 끌어올릴 수 있다.

지식의 깊이를 더해주는
3단계 독서법

　이 세상에서 마음에 평안을 주는 것은 단 하나, 바로 지식, 재능, 지혜, 끈기 같은 우리 자신의 품성뿐이다. 품성은 외재적인 환경과 독립돼 있어 일단 내 것으로 만들면 결코 사라지지 않고 남이 가져갈 수도 없다.

　이런 품성은 오직 독서를 통해서만 얻을 수 있다. 독서는 지식을 늘려주고, 자신과 주변 세상에 대한 이해의 폭을 넓혀준다. 뿐만 아니라 경박한 사회에서 이성과 침착함, 독립성을 지키도록 해준다. 지식을 소유하면 마음의 평안을 얻을 수 있고 성취를 거둘 가능성도 커진다. 그 자체가 성공의 전제 조건이기 때문이다. 특히 오늘날과 같은 지식 경제 시대에는 더욱 그렇다.

/ 독서는 왜 할까? /

우리는 어떤 일을 하기 전에 종종 그 일을 하는 목적이 무엇인지 묻는다. 만약 어떤 일을 하는 까닭이 단순히 어떤 목적을 위해서라면 그 일을 하면서 즐거움을 느끼기 어렵다. 그러므로 독서를 하는 첫 번째 목적은 다른 무엇 때문이 아니라 '책을 읽는 것' 그 자체여야 한다.

진정한 독서인이 되려면 우선 마음으로부터 독서를 좋아해야지, 독서 외의 목적을 추구해서는 안 된다. 물론 독서는 우리를 전혀 다른 사람으로 변모시키거나 성장시킬 수도 있다. 하지만 이런 것은 독서를 함으로써 부가적으로 얻게 되는 결과지, 독서의 목적이 될 수는 없다.

그러려면 독서 자체가 영화 감상이나 TV 시청처럼 즐거운 일이 되어야 한다. 우리가 책을 읽는 이유도 어떤 결과를 얻기 위해서가 아니라 책을 읽는 과정 자체가 즐겁기 때문이어야 한다. 만약 독서 자체가 즐거움을 줄 수 없다면 그것은 곧 일종의 의무가 되어버리고 심하면 혐오감까지 들 수도 있다. 그런 일은 결코 오래 해나갈 수가 없다. 여기에서는 독서가 주는 즐거움에 대해 이야기해보고자 한다.

1. 독서는 행복을 불러온다

독서와 행복의 연관성은 심리학적 근거가 탄탄하다. 긍정 심리학의 창시자이자 미국 심리학회 회장을 역임한 마틴 셀리그만은 진실하고 장기적인 행복은 품성을 기르는 데서 비롯된다는 연구 결과를 밝혔다. 그가 열거한 '우리에게 행복감을 줄 수 있는 24가지 성격 강점'에서 5가지가 독서, 학습과 관련 있었다.

이는 당연한 일이다. 독서로 인한 성장과 통제감은 행복의 최대 적인 '불확실성'에 대적할 수 있는 힘을 주기 때문이다. 미래의 불확실성은 우리가 초조함과 불안감에 빠지는 중요한 원인임을 알아야 한다. 어떤 의미에서 보자면 삶 자체가 끊임없이 '불확실성'과 싸우는 과정이다. 유전자 변이의 본질이 바로 생명이 환경의 불확실성에 대응하기 위해 진화시켜낸 전략이기 때문이다.

사실 우리의 많은 행동은 미래의 '불확실성'과 관련이 있다. 예를 들어 재산 축적, 과도한 사재기 등이 그러하다. 그러나 돈이든 명예든 근본적으로 '안전감'의 문제를 해결하지는 못한다. 지금 가진 돈이 아무리 많아도 사회에 큰 변혁이 일어나거나 경제가 변천하면 하루아침에 땡전 한 푼 없는 신세로 전락할 수도 있다. 지금 인기가 아무리 하늘을 찔러도 어떤 부정한 행위 때문에 시궁창으로 떨어져 만인의 손가락질을 받을 수도 있고, 떠오르는 신예에게 스포트라이트를 뺏길 수도 있다. 부자나 스타들이 근사하고 화려한 삶을 사는 것은 맞지만 그렇다고 그들이 평범한 사람보다 꼭 행복해 보이지는 않는다. 그들은 지나치게 많은 부와 명예를 감당하기 위해 보통 사람보다 더 많은 두려움과 초조함에 시달려야 하기 때문이다.

이 세상에서 진정으로 행복한 사람은 돈, 권력, 명예를 가진 사람이 아니라 풍부한 지식과 고귀한 영혼을 가진 사람이다. 이는 오직 독서를 통해서 얻을 수 있다.

2. 독서는 오늘날의 삶에 맞는 자기 수양이다

나는 평소에 자주 정좌한 채로 명상을 하기 때문에 불교의 철학 사상에 대해 수박 겉핥기식으로나마 대충 이해하고 있다. 특히 뉴질랜드에서 10일 관선觀禪, 대상을 명료하게 관조하여 탐욕을 떠나는 선정 수행을 하고 나서는 더욱 그랬다. 독서와 수행에는 공통점이 참 많은 것 같다. 궁극적으로 도달하는 경지도 매우 비슷하니 이르는 길은 달라도 목적지는 같다고 할 수 있겠다.

불교는 석가모니가 보리수 아래서 얻은 깨달음, 즉 우주의 본질은 '무상無常'이라는 데서 비롯되었다. 세상에 고정된 것은 없으며 모든 것이 끊임없이 변하기 때문에 집착해도 아무 의미가 없다. 우리는 대자연 속에서 아주 보잘것없는 작은 존재에 불과하고, 다른 만물처럼 언젠가는 죽음을 맞이하게 될 것이며, 우리가 자부심을 느꼈던 것들은 모두 일시적인 것이고, 잃게 될까 봐 전전긍긍했던 것들도 언젠가는 잃을 수밖에 없다. 사람이 괴로움에 빠지는 까닭은 '무상'을 이해하지 못하고 집착에 사로잡혔기 때문이다. 우리는 지나치게 자기중심적이라 소위 '내 것'에 과도하게 집착한다. 그래서 불도를 닦는 것은 곧 마음을 닦는 것으로 방하착放下着, 즉 집착을 내려놓고 자신을 내려놓는 것이다.

독서를 하면 불교 수행과 비슷한 효과를 얻을 수 있다. 인류의 자만심과 자기중심주의는 무지한 탓이 크다. 밑도 끝도 없이 세상이 당연히 나를 중심으로 돌아간다고 생각하는 것이다. 그러나 책을 많이 읽을수록 우주와 세상, 생명에 대해 더 깊이 이해하게 되고, 그럴수록 우리 자신이 얼마나 미미한 존재인지 깨닫게 돼 겸손해진다.

나는 개인적으로는 불교 수행보다 독서를 더 높이 산다. 독서는 더 적극적이고 오늘날의 삶에 맞는 수행 방식이기 때문이다. 독서는 우리가 너무 자기중심적인 탓에 생기는 괴로

움을 덜어주고 지식을 늘려줘 앞으로의 사회에 더 잘 적응할
수 있도록 해준다.

3. 독서는 영혼을 자유롭게 한다

탈 벤 샤하르는 《해피어》에서 이런 말을 했다. "가장 민주적
인 제도에서도 사람들은 종종 자신이 노예로 부려진다고 느
낀다. 정권에 의해서가 아니라 사회가 강제로 씌운 가치관에
의해서 말이다."

다들 이런 느낌을 받은 적이 있을 것이다. 우리는 마음속
으로 어떤 일이나 삶을 뜨겁게 원하면서도 사회가 '그렇게
하면 안 된다'고 하면 타협하고 복종을 선택하는 경우가 많
다. 이것이 바로 문화의 힘이다.

사실 문화는 사회가 발전하는 과정에서 점진적으로 형성
되고 누적된 가치의 통합체다. 문화는 무엇이 옳고 그른지를
정의해서 사회의 행동 양식을 이끈다. 그러나 문화는 우주의
객관 존재도 아니고, 영구불변의 것도 아니며, 그저 인류의
머릿속에 존재하는 공통된 신념에 불과하다는 것이 문제다.

그러나 이 이치를 모르는 사람이 상당히 많다. 사람들은
문화가 우리에게 씌운 가치관을 당연한 것으로 보는 탓에 문
화에 구속당해 평생 사지가 결박된 채로 살게 된다. 이 난국

을 빠져나가는 유일한 방법이 독서다. 독서를 통해 우주와 인류, 사회가 어떤 과정을 거쳐 지금의 모습으로 발전했는지 이해할 수 있고, 실질적으로 존재하는 것이 무엇인지, 인위적으로 만들어진 것은 또 무엇인지, 영구불변하는 것은 무엇인지, 역사의 물결 위에 한번 떠올랐다가 가라앉고 마는 것은 무엇인지 뚜렷이 구분할 수 있다.

주변의 모든 것이 어떻게 생겨나고 발전해왔는지에 대해 분명히 알아야만 그것에 속박당하지 않을 수 있다. 또 변하지 않는 본질적인 것으로 변화무쌍한 세상에 대처하고, 과학과 지식으로 무장하고 그에 따라야만 자신에게 유익하고 미래의 발전 법칙에도 맞는 더 좋은 선택을 할 수 있다.

우리가 문화에 속박당하는 까닭은 군중심리 때문이다. 우리는 어떻게 해야 할지 갈피를 못 잡는 상황에서 의식적으로 주변 사람을 따라 하게 된다. 이 점을 깨닫고 독서와 독립적인 사고로 자기 나름의 가치관을 형성해야만 불필요한 속박에서 벗어나 영혼의 자유를 얻고 진정한 나로 거듭날 수 있다.

독서, 어떻게 시작해야 할까?

습관적으로 독서하고 체계적인 지식 구조를 갖추는 것은 처음에는 어렵지만 갈수록 쉬워지는 일련의 발전 과정이다. 내 경우, 지난 몇 년간의 '독서' 과정을 되짚어보니 처음에는 '넓고 얕게' 읽다가 어느 단계에서부터는 '집중해서' 파고들다가 마지막에 가서는 '관련된 전부'를 읽게 되었다. 여기에서 소개할 3단계 독서법은 독서를 통해 전면적인 지식 구조를 갖추고자 하는 사람이라면 누구나 거쳐야 한다.

1단계 : 독서 습관 기르기

- 목표 : '넓고 얕게' 읽으면서 흥미를 느끼는 분야를 찾는다.
- 독서량 : 30~50권
- 기간 : 1년

어떤 일을 하든 흥미는 대단히 중요하다. 아직 독서 습관이 들지 않았거나 독서에 별다른 흥미가 없다면 일단 한동안 시간을 내서 독서하는 습관을 길러보라. 이 단계에서는 지나치게 난해한 책이나 너무 전문적인 책은 한편으로 치워두는 것이 좋다. 제대로 시작하기도 전에 질릴지 모르니 말이다. 또 이른바 '성공학'을 다루는 책은 눈길조차 주지 마라. 그런 책을 읽으면 괜히 마음만 조급해진다. 일상과 가깝고, 통속적이며, 읽기 쉽고, 정서 함양에 도움이 되면서 깨달음을 줄 수 있는 책을 선택하는 것이 바람직하다.

이 단계에서는 독서 습관을 기르는 것 외에도 중요한 목적이 하나 더 있다. 바로 분야를 가리지 않고 광범위하게 읽어 '훌륭한' 책을 보는 눈을 기르고 내가 흥미를 느끼는 분야를 찾는 것이다.

이쯤에서 독서 초심자가 저지르기 쉬운 2가지 실수를 언급하고자 한다. 하나, 많이 읽을수록 좋다고 생각한다. 나는 처음에 책을 읽기 시작할 때 1년에 100권씩 읽겠다는 원대한 계획을 세웠지만 결국 80권밖에 읽지 못했고, 그 후로는 권수를 따지는 무의미한 짓을 포기했다. 독서는 양이 아니라 질이라는 사실을 깨달았기 때문이다. 하지만 1단계에서는 목표를 정해두는 것이 어느 정도 긍정적인 효과가 있다. 허영심이 독서를 부추긴다면 그 나름대로 존재 가치가 있는 셈이기 때문이다. 1단계를 지났는데도 권수에 집착한다면 그건 쓸데없는 짓이 분명하다.

둘, 독서 목록에 있거나 다른 사람이 추천하는 책만 읽으려고 한다. 처음 독서를 시작했다면 독서 목록이나 다른 사람이 추천하는 책을 참고할 수도 있다고 생각한다. 하지만 어느 정도 독서와 가까워졌다면 스스로 책을 고르는 능력을 의식적으로 길러야 한다. 헤아릴 수 없이 많은 책 중에서 내용이 훌륭하면서도 자기 자신에게 꼭 맞는 책을 고를 줄 알아야 독서가라는 이름이 부끄럽지 않다고 생각한다. 이는 시간을 들여 시행착오를 거쳐야만 기를 수 있는 능력이다. 책을 고를 줄 아는 것은 매우 중요하다. 이는 생각이 자라는 속도를 결정하는 직접적인 요인이기 때문이다.

물론 이미 독서하는 습관이 들었다면 바로 2단계로 넘어가도 된다.

2단계 : 관심 가는 분야를 집중적으로 파고들기
- 목표 : 어떤 분야를 깊이 이해하고 사고하기 시작한다.
- 독서량 : 10~20권
- 기간 : 반년

독서를 하면 이성적인 세계관을 가지고 자신을 더 분명하게 인식할 수 있고, 완전한 지식 구조를 구축할 수 있다. 그러나 지식 구조를 쌓아올리기 위해서는 주춧돌부터 야무지게 놓아야 한다. 그런 다음에야 지식의 바다를 더 깊게 샅샅이 훑을 수 있다.

반년에서 1년 동안 넓고 얕게 독서를 하고 나면 눈에 띄는 변화와 수확을 확인할 수 있다. 하나, 독서를 두려워하거나 골칫거리로 여기지 않고 독서가 주는 즐거움을 누리게 된다. 둘, 독서 속도가 빨라지고 양질의 책을 고르는 눈이 생긴다. 셋, 자신이 흥미를 느끼는 분야를 발견한다. 이때는 2단계로 들어서서 자신이 흥미를 느끼는 분야의 책을 집중적으로 파고들기 시작해도 된다.

어떤 분야를 깊이 파고들기 전에 먼저 그 분야의 발전 역사와 대표적인 인물에 대해 알아야 한다. 그런 다음, 관련 서적 중에서 일반 대중을 위해 쓰여진 책을 찾아 쉬운 것부터 차근차근 읽어나가, 그 분야의 대표적인 인물의 핵심적인 견해를 이해한다. 내 경우 가장 먼저 흥미를 느낀 분야는 긍정 심리학이었다. 긍정 심리학에 관한 책을 넓고 얕게 읽으면서 기초 지식을 쌓고 나니 더욱 흥미가 생겨 거의 반년 동안 세계적인 긍정 심리학자들의 저서를 모조리 독파했다.

하지만 단순히 이 분야의 중요 이론과 관점을 아는 것만으로는 성에 차지 않았다. 독서는 지식을 입력하는 과정이지만 지식을 배우기만 할 뿐, 생각하는 과정을 거쳐 온전히 자신의 견해와 지혜로 만드는 노력을 기울여야 한다. 그렇지 않으면 그 지식은 영원히 남의 것일 뿐이다. 생각을 해야만 남의 것을 내 것으로 만들 수 있고 자아 인식의 일부로 만들 수 있다. 그러므로 광범위하게 많은 책을 읽은 다음에는 꼭 글을 써서 자신의 생각을 정리해 보기 바란다.

3단계 : 전면적인 지식 구조 갖추기

어떤 분야에 대해 깊이 이해하고 나면 지식의 폭과 깊이를 더하는 독서를 시작할 수 있다. 일반적으로 지식 구조를 갖출 때는 다음 2가지 사항을 유념해야 한다. 하나, 호기심으로 동기를 부여한다. 둘, 지식 자체가 이끄는 대로 따라간다.

지적 욕구가 들끓는 사람은 세상에 대한 호기심이 넘친다. 호기심은 인류가 지식 분야에서 끊임없이 앞으로 나아가고 탐색하는 원동력이기 때문이다. 마리 퀴리Marie Curie는 이런 말을 했다. "호기심은 배우는 사람의 첫 번째 미덕이다." 알버트 아인슈타인Albert Einstein은 "호기심은 과학자에게 마르지 않는 끈기와 인내의 원천이다"라고 했다. 또 프랜시스 베이컨Francis Bacon은 이런 말을 했다. "지식은 즐거움이고 호기심은 지식의 새싹이다." 이로 볼 때 어떤 분야든 깊이 파고들면 세상에 대해 더 많은 궁금증이 생긴다. 우리가 독서를 하며 호기심을 충족하는 사이, 지식도 이런 식으로 서로 연결돼 세상에 대해 더 체계적이고 전면적인 인식을 갖게 해준다.

정리하자면 지식 구조를 구축하는 일은 끝이 없는 과정이다. 그러나 이 과정에서 우리는 자신이 얼마나 보잘것없고 어리석은 존재인지 깨닫게 된다. 그렇게 세상과 자신에 대한 인식이 깊어질수록 더 분명하고 소탈하게 살아갈 수 있다.

지식을 인생 자본으로
바꾸는 공부

'지식'은 우리가 일상생활에서, 또 학습을 하면서 종종 언급하는 개념이지만 과연 지식이 무엇인지 제대로 설명할 수 있는 사람은 드물다. 학자들조차 아직까지 적확하고 통일적인 정의를 내리지 못했다. 철학사에서 처음으로 지식에 관해 정의를 내린 사람은 플라톤Platon이다. 플라톤은 《테아이테토스》에서 지식을 이렇게 설명했다. "지식은 정당화된 참된 신념이다." 이 말은 지식에 대한 교과서적인 정의로 여겨지고 있지만 이것조차 완전히 참은 아니다.

먼저 플라톤은 지식을 신념이라고 정의했다. 그런데 신념은 믿기 때문에 존재하는 것이므로 주관적이지만 지식은 이와 달리 믿음을 전제로 하지 않는다. 예를 들어 빅뱅 이론을 믿지 않는 많은 사람도 그것이 현대물리학 지식의 일부라는 사실은 부인할 수 없다. 또 플라톤은 지식이 반드시 참이어야 하고 옳다고 증명되어야 한다고 했다. 만약 이 기준에 따라 판단한다면 지식의 범주 안에 들지 못하는 지식이 상당히 많을 것이다. 오늘날의 지식 중에는 아직까지 이론이나 가설에 그칠 뿐, 참이라고 증명할 수 없는 것이 많기 때문이다.

나는 플라톤이 내린 정의보다는 중국 철학자인 천딩쉐陳定學가 제기한 새로운 정의가 마음에 든다. "지식은 대뇌가 인식해서 만들어낸 관념이다. 이런 관념은 인식 대상에 대해 비교적 합리적이고 믿을 수 있는 해석을 내놓는다. 한마디로 지식은 인식 대상에 대해 합리적이고 믿을 수 있는 해석을 내놓은 관념이다." 천딩쉐는 '신념' 대신 '관념'이라는 용어를 사용했고 '정당화된'과 '참된' 대신 '합리적'과 '믿을 수 있는'이라는 말을 썼다.

천딩쉐는 지식이 특수한 관념이라고 생각했다. 지식의 특수성은 일단 인식 대상에 대해 해석을 내놓을 수 있다는 데 있다. 예를 들어 빅뱅 이론은 우주의 기원에 대한 해석이다. 또 이런 관념은 아직 옳다고 증명되지 않았을 수는 있지만 반드시 합리적이고 믿을 수 있어야 한다. 다시 말해 논리적이고 근거가 있어야 하며 사실에 위배되지 않아야 한다. 예를 들어 점성학이 성격이나 운세 따위에 관한 해석을 제공할 수는 있지만 이런 해석은 합리적이지도 않고 믿을 수도 없으므로 지식의 범주에 들어가지 못한다.

그렇다면 지식은 어떤 작용을 할까? 왜 우리는 전공 공부하기에도 벅찬 와중에 전면적인 지식 구조까지 갖춰야 할까?

천딩쉐는 지식에 대한 새로운 정의에서 이미 지식의 중요한 작용을 언급했다. 바로 '해석'이다. 예를 들어 우주는 어떻게 해서 생겨났는지, 사람은 어떻게 생겨났는지, 자유낙하운동의 원리는 무엇인지, 의식은 무엇인지, 정서는 무엇인지 등등에 대해 해석한다.

사실 사람은 누구나 세상에 대해 나름의 해석을 내린다. 학교에서 배운 생물, 화학, 물리, 천문 등의 기초 지식을 토대로 내린 해석일 수도 있고, 윤회나 영혼 등이 포함된 종교적 해석일 수도 있으며, 나름대로 상상하거나 추측해서 내린 해석일 수도 있고, 아무 근거 없이 직감에 따라 내린 비과학적 학설에서 비롯된 해석일 수도 있다.

일상적인 성장과 학습은 바로 상상, 추측, 직감, 비과학적 학설 대신 지식으로 이 세상을 해석하는 과정이다. 이와 같은 세상에 관한 해석 체계는 매우 중요하다. 이것이 우리의 세계관을 구성하기 때문이다. 세계관이란 세계의 본질과 각종 관계 및 세상에 존재하는 모든 사물에 대한 근본적인 관점과 견해를 의미한다. 그리고 세계관은 인생관, 가치관과 서로 나뉠 수 없는 통합체다. 우리가 갖는 세계관에 따라 인생관과 가치관이 결정되기 때문이다. 다시 말해 어떤 세계관을 가졌는가에 따라 우리가 인생의 목적과 의미를 어떻게 보는지, 인생에 대해 어떤 태도를 보이는지, 주변 사물의 가치에 대해 어떤 평가와 판단을 내리는지가 결정된다.

만약 세계에 대한 인지가 종교, 직감, 상상, 추측 또는 비과학적인 학설이 아니라 지식에 기반을 둔 것이라면 우리의 세계관은 세계의 진실한 모습에 더 가까울 것이고, 우리의 인생과 주변 사람, 사건, 사물을 이성적이고 객관적으로 이해하고 바라볼 수 있다. 세계관, 인생관, 가치관은 우리가 하는 대부분의 행위와 의사결정에 직접적으로 영향을 미치고 이런 행위와 의사결정이 결국 우리의 인생을 만든다. 그러므로 지식 구조가 그 사람이 어떤 삶을 살지 어느 정도 결정한다고 할 수 있다.

하버드대학교, 스탠퍼드대학교, 예일대학교 등 미국 명문대학들은 모두 학부 단계에서 교양교육을 실시한다. 교양교육의 이념은 '리버럴 에듀케이션Liberal Education'(대개 '자유교육'이나 '기초교양'으로 번역된다)에서 비롯되었다. 이런 이념을 지닌 교육학자는 교육의 목적이 직접적인 직업교육을 만족시키는 것이 아니라 사고력을 발전시키고 시야를 넓히는 것이라고 생각한다. 그래서 교양교육은 지식의 전면성과 완전성을 구현해야 하며 모든 고급 학습에 공통된 지식 베이스를 제공해야 한다. 이 지식 베이스가 바로 오늘날의 지식인이 마땅히 갖춰야 할 지식 구조다.

그런데 대부분 어디서부터 관심을 가져야 할지 막막해한다. 하지만 지식 사이의 연계는 우리가 생각하는 것보다 훨씬 긴

밀하다. 우주는 원래 통합된 완전체였고 인류의 모든 지식도 우주 만물과 세상의 모든 사건에 관한 어느 한 부분이기 때문이다. 따라서 이 모든 지식을 연결시킬 효과적인 방식을 찾아야 하는데, 가장 좋은 방식이 바로 '빅 히스토리Big History'다.

'빅 히스토리'는 호주 맥쿼리대학교 역사학 교수인 데이비드 크리스천David Christian이 '빅 히스토리'라고 이름 붙인 대학 교과과정을 신설하면서 처음으로 제기한 개념이다. 이 개념과 교과과정은 단번에 전 세계의 이목을 끌어모았다. 심지어 수많은 교육학자, 과학자, 역사학자, 교수, 교사, 예술가가 힘을 합쳐 '빅 히스토리 프로젝트'라는 단체를 자발적으로 만들기도 했다. 학생들이 중등교육 단계에서부터 각 교과목을 색다른 시각으로 받아들이고 이해할 수 있도록 '빅 히스토리' 과목 개설을 지원하기 위해서였다. 현재 이 프로젝트의 유일한 후원자는 빌 게이츠Bill Gates다.

'빅 히스토리'는 기존의 역사 학습과 판이하게 다르다. 기존의 역사 학습은 인류 문명의 기원부터 가르치며 인물과 사건을 주로 다뤘다. 하지만 '빅 히스토리'는 137억 년 전 우주 대폭발부터 시작해 우주의 역사, 지구의 역사, 다시 생명의 기원과 생물의 역사를 다룬 다음, 마지막에 가서야 인류의 역사를 이야기한다.

'빅 히스토리'는 우주 만물과 세상의 모든 사건을 역사에 전부 포함시킨 점이 매우 특이하다. 우주 최초의 역사는 물리의 역사로 그때는 기본적인 입자 사이에서 상호작용하는 물리 규칙밖에 존재하지 않았다. 그러다가 우주에 원소가 나타난 다음에 화학의 역사가 시작되었고, 태양계가 출현하기 시작했고, 이때가 되어서야 지구가 역사의 무대에 등장했다. 지구상의 무기물이 유기물로 바뀌고 첫 번째 복제인자가 출현했을 때, 비로소 생명이 탄생했다.

생명은 수십억 년의 진화 끝에 지혜를 갖춘 인류라는 생명체를 잉태했다. 인류가 끊임없이 발전하면서 부족, 도시, 국가, 현대 문명이 잇따라 출현했고 세계가 하나 되는 오늘날에 이르렀다. 이런 시각이 완전하고 전면적인 것이다. 우리가 인위적으로 조각조각 나눈 지식을 시간에 따라 유기적인 통합체로 환원했을 때, 비로소 '편협'한 시각에서 벗어나 더 높은 곳에서 우주와 사회, 인류의 발전을 바라보고 이해할 수 있으며 새로운 시대에 어울리는 지식인이 될 수 있다.

나는 자연과학 분야의 베스트셀러 기초 서적인 미국 작가 빌 브라이슨Bill Bryson의 《거의 모든 것의 역사》를 추천하고자 한다. 이 책은 자연과학 분야의 지식 구조를 구축하는 데 출발점이 될 수 있을 것이다.

그 밖에 꼭 알아야 할 분야로 심리학을 강력히 추천한다. 심리학만 따로 추천하는 까닭은 심리학이 인간의 심리 기제와 행위 양식을 다루므로 심리학을 알면 자신의 감정과 행위를 더 근본적으로 파악할 수 있으며, 주변 사람들의 심리와 행위도 더 잘 이해할 수 있기 때문이다. 이런 지식은 우리의 삶과 긴밀하게 연관돼 있으며 모든 상업의 바탕이 되기도 한다. 상업의 핵심은 사람이라서 기업 조직, 기업 문화, 조직 관리는 물론이고 제품 설계, 시장 마케팅, 판매 홍보와 고객 관리도 사람을 둘러싸고 전개되기 때문이다.

비즈니스 규칙과 시장 전략, 마케팅 수단은 끊임없이 변하지만 사람의 규칙은 변하지 않는다는 사실을 알아야 한다. 사람의 행위 양식과 심리 규칙만 제대로 이해하고 파악할 수 있다면 어떠한 변화도 느긋하게 대처할 수 있다.

그러나 이토록 중요한 학문인데도 대다수 사람들은 심리학에 대해 낫 놓고 기역자도 모르는 수준이다. 심지어 심리학이라고 하면 아직도 지그문트 프로이트Sigmund Freud의 《꿈의 해석》이 다인 줄 아는 사람도 있다. 사실 현대 심리학은 프로이트 시대와는 비교할 수 없을 정도로 비약적인 발전을 이루었다. 연구 방법도 자연과학의 방법에 더 가까워져 상상이나 추리가 아니라 실증을 중요시한다. 심리학이 수많은 하위 영역을 둔 방대한 학문이기는 하지만 그중 인지심리학, 진화심리학, 사회심리학이 가장 실용적이고 반드시 알아야 할 심리학 지식이라고 생각한다.

먼저 인지심리학은 새로운 심리학의 하위 영역 중 하나로 1970년대에 서양 심리학의 주류가 되었다. 인지심리학은 기억, 언어, 사유, 추리, 연산, 의사결정 등 사람의 인지 과정을 연구한다. 인지심리학은 대뇌의 인지 법칙을 이해하는 데 도움이 된다. 그래서 우리가 인지 법칙에 부합하는 방식으로 더 효과적으로 사유하고, 이성을 훈련하고, 지식과 기술을 학습하게 하고, 정보와 생각 또는 지식을 더 효과적으로 타인의 머릿속에 집어넣어 준다. 인지심리학은 교육, 교과과정 설계, 제품의 기능, 상호작용, 시각디자인에 매우 중요하다. 인지심리학을 모르면 좋은 교육자나 유능한 상품기획자 또는 디자이너가 되는 것은 물 건너간 셈이라고 봐야 한다.

진화심리학도 1980년대에 출현한 새로운 분야로 진화의 관점에서 사람의 심리적 기원과 본질 및 몇몇 사회현상에 대해 깊이 탐구한다. 인류의 정신은 기나긴 진화 과정에서 차곡차곡 쌓여서 이루어진 결과물로 인류의 현대적인 생활을 위해 설계된 것이 아니라 석기시대까지만 진화하고 멈춰버렸기 때문에 적잖은 사유의 '함정'을 남기고 말았다. 예를 들어 군중심리라든지, 권위에 대한 맹목적인 신봉이라든지, 관련성을 인과관계로 여기는 것 등이 그러하다. 많은 경우 우리가 고민하고 괴로워하는 까닭은 우리가 인류의 행위를 지나치게 이상화하고 미화하기 때문이다.

예를 들어 전혀 현실적이지 않은 사랑에 대한 기대, 도덕을 당연한 기준으로 여기는 것 등이 그렇다. 진화심리학은 심리 기제가 생겨나는 과정을 이해하는 열쇠를 주었다. '함정'이 있는 정신의 근원을 이해하고 나면 더는 그것에 속박당할 일이 없다.

    사회심리학은 개체와 무리의 사회심리 현상을 연구하는 심리학 분파다. 어떤 독립적인 개체도 무리에 끼어 있을 때는 자기도 모르는 사이에 무리의 영향을 받아 사상과 감정, 행위가 바뀐다. 프랑스 사회심리학자 귀스타브 르 봉Gustave Le Bon의《군중심리》는 사회심리학 분야에서 가장 영향력 있는 저서라고 할 수 있다. 작가는 책에서 군중의 행위에 대해 깊이 고민하고 군중의 특징을 적나라하게 분석했다. 사회심리학은 대중심리를 이해하는 데 큰 도움을 주는데, 대중심리는 모든 시장 마케팅의 이론적 토대다. 그래서 훌륭한 마케팅 전략가는 틀림없이 대중심리에 해박한 사람이다.

    새로운 시대의 지식인이 되고 싶다면 앞서 말한 지식 구조를 자기 교육과 성장의 목표로 삼아야 한다. 그래야만 사물의 법칙, 자신과 타인의 행위 양식을 깊이 이해해 일상생활이든 직장생활이든 능수능란하게 해낼 수 있다.

'이성'의 등불로
앞길을 밝혀라

    우리는 살면서 수시로 크고 작은 선택을 해야 한다. 그리고 사람들은 저마다의 관점에 따라 서로 다른 선택지를 고른다. 예를 들어 대도시에서 치열하게 살아야 한다고 주장하는 사람이 있는가 하면, 시골에서 소박한 삶을 꾸리는 것이 더 행복하다고 말하는 사람도 있다. 아이는 일찍 낳을수록 좋다는 사람도 있지만 젊을 때는 사서 고생해야지, 너무 일찍 안정된 삶을 추구해서는 안 된다고 하는 사람도 있다.

    또 큰 회사에 들어가야 더 규범화된 것을 배울 수 있다고 생각하는 사람이 있는 반면, 작은 회사에서 경험을 쌓아야 실력을 갈고 닦을 수 있다고 생각하는 사람도 있다. 이 밖에도 인터넷에 시시각각 올라오는 각종 글과 견해는 '전문가'나 '경험자'

를 자처하며, '성장', '발전', '삶'에 대해 저마다 옳다고 생각하는 방향을 알려준다. 그런데 문제는 갈수록 많은 관점과 주장이 우리의 문제를 해결하기는커녕 더 미궁 속으로 밀어 넣는다는 것이다.

요즘 청년들은 미궁 속에서 살아가고 있다. 이는 정보와 선택지가 넘치는 탓에 벌어진 현상이다. 만약 메뉴판에 한 가지 메뉴만 있다면 우리는 무엇을 선택할지 고민할 필요도 없을 것이다. 하지만 선택지가 다양하지 않다면 그 또한 문제다. 심리학자들은 행복하다는 것은 선택할 수 있는 권리와 자유를 가졌다는 뜻이라고 생각한다. 선택할 권리가 없다면 행복감은 저 깊은 나락 어딘가로 떨어질 것이다. 이런 모순은 어떻게 해결해야 할까?

사실 이 문제의 핵심은 선택할 권리를 가졌느냐가 아니라 어떤 선택을 해야 할지 모른다는 것이고, 어떤 선택을 해야 할지 모르는 까닭은 '이성'이 결여돼 있기 때문이다. 그래서 이성을 갖는 것이 문제 해결의 관건이다. 이성을 가져야 우리가 진정으로 추구하고자 하는 목표가 무엇인지 확실히 분별할 수 있고, 각종 글과 주장을 합리적으로 판단하는 법을 알아 목표에 도움이 되는 최적의 선택을 할 수 있기 때문이다.

많은 사람이 이성은 감성과 대립되는 개념이고, 감정적인 태도를 버리고 논리적으로 행동해야 한다고 생각하지만 이건 잘못된 생각이다. 인지과학자의 정의에 따르면 이성은 목표를 정해 이를 바탕으로 적절한 행동을 취하고 합리적인 증거가 뒷받침하는 신념을 굳게 지키는 것이다. 이로 볼 때 이성과 감성은 직접 대립하는 관계가 아니다. 중요한 것은 감성이 더 효과적으로 목표를 이루는 데 도움이 되는지 여부다. 예를 들어 협상 과정에서 이치를 따지는 것보다 감정을 자극하는 편이 더 효과적일 때도 있다. 그렇다면 이때는 감정적으로 상대방의 마음을 움직이는 것이 이성적인 행동이다.

어떤 사람이 이성적인지를 판단할 때는 세 가지를 살펴보면 된다. 하나, 목표가 합리적이고 자기 자신의 진정한 바람에 부합하는가? 둘, 신념이 유효한 추리를 바탕으로 이루어졌는가? 셋, 목표를 이루는 데 가장 바람직한 행동을 취했는가?

이성적인 사람이 되는 첫걸음은 자신의 목표를 제대로 보는 것이다. 목표가 분명해야만 자신의 행동이 이성적인지 여부를 판단할 수 있기 때문이다. 그러나 자신의 진정한 바람에 부합하는 목표를 갖는 것은 결코 쉬운 일이 아니다. 우리 안에는 3가지 이익 주체가 동시에 존재하는데, 그들의 이익이 서로 일치하지 않기 때문이다.

/ **각성한 로봇 되기** /

캐나다 인지과학자 키스 스타노비치Keith Stanovich는《로봇의 반란The Robot's Rebellion》이라는 책에서 인류를 아주 그럴싸하게 '로봇'에 비유했다. 리처드 도킨스는 《이기적인 유전자》에서 우리는 두 가지 복제인자, 즉 '진gene, 유전자'과 '밈meme, 모방'의 생존 기계라고 했다. 진은 생물학적인 것이고 밈은 사상적·관념적인 것이다. 리처드 도킨스는 밈이 관념, 신앙, 행위 양식 등 문화의 기본 원소라고 정의하며 비유전적인 방식으로 후대에 전달된다고 했다. 밈이 원하는 바도 진과 마찬가지로 복제, 즉 전파를 통해 많은 숙주의 멘탈을 점령하는 것이다. 이른바 종교, 문화적 관념, 정치적 주장, 윤리 도덕은 모두 밈에 속한다. 그러므로 진은 우리가 존재할 수 있도록 해줬고 우리의 존재는 밈이 이루어질 수 있도록 해줬다.

진과 밈은 모두 각자의 이익이 있으며 둘 다 인간의 몸을 빌려 복제하고 전파할 생각만 한다. 그러나 독립적인 개체로서 우리는 번식과 생존 욕구를 넘어서는 잠재력 발굴, 자아실현, 다채로운 인생 경험 등 좀 더 고차원적인 바람이 있다. 비록 진이 기대하는 이익과 우리 자신의 이익이 일치하는 경우가 많지만 서로 부딪치는 경우도 있다. 예를 들어 진은 인간을 노쇠하게 만들고 죽음에 이르게 하지만 인간은 더 오래 살고 싶어 한다. 진은 우리가 아이에게 더 많은 자원과 에너지를 쏟길 바라지만 이는 자아실현을 바라는 우리의 생각과 서로 충돌한다.

마찬가지로 우리의 멘탈에도 자신의 이익과 상충되는 밈이 많이 기생하고 있다. 예를 들어 '집과 차는 꼭 있어야 돼'라는 관념이 우리를 하우스푸어와 카푸어의 길로 몰아가지만 우리는 더 다채로운 삶을 체험할 수 있는 경제적 자유를 희망한다. 또 '안정적인 삶에 대한 추구'는 안정적인 철밥통을 선택하게 하지만 이는 더 많은 잠재력을 발굴하고자 하는 갈망에 위배된다.

사실 우리의 고민은 상당수 우리 자신과 이 2가지 복제인자 사이의 이익이 충돌하는 데서 비롯된다. 그렇다면 이런 상황에서 우리는 누구의 이익을 우선시해야 할까?

만약 우리가 자신의 이익에 위배되는 선택을 하고 복제인자의 이익에 굴종한다면 우리는 로봇과 크게 다를 바가 없다. 로봇은 창조자에 의해 프로그래밍 되어 있다. 그래서 처음에 입력된 프로그램이 보내는 명령에 따라 주인이 원하는 임무를 수행한다. 그러나 지구상의 다른 생명체와 달리 인간은 독특한 능력을 하나 가지고 있다. 바로 주어진 명령에 반항할 수 있다는 것이다. 그래서 인간은 자신의 이익을 복제인자의 이익보다 더 중요하게 생각하고 자주적인 목표를 가진다. 이것이 스타노비치가 말한 '로봇의 반란'이다. 스타노비치는 우리가 SF소설에 등장하는 통제력을 벗어난 로봇처럼 자신을 창조한 자의 이익보다 자신의 이익을 더 우선시한다고 했다. 이는 사실 일종의 각성이다.

그래서 우리는 반드시 자신의 목표를 바로 보는 능력을 길러야 한다. 이 목표가 유전자의 이익이나 사회가 우리에게 기대하고 요구하는 것이 아니라 우리의 진정한 바람을 반영해야만 이성적인 목표가 되며 우리는 '각성한' 로봇이 된다.

우리의 머릿속에는 잘못된 신념이 차고 넘친다. 이성의 또 다른 모습은 우리의 신념과 진실한 세계가 일치하는 정도다. 우리의 신념과 진실한 세계의 모습이 가까울수록 우리는 더욱 이성적이 된다. 예를 들어 '착한 사람에게는 좋은 일이 생긴다'는 믿음은 진실한 세계를 반영하지 않은 비이성적인 신념이다. 애초에 '착한 사람에게는 좋은 일이 생긴다'는 법칙 따위는 우주에 존재하지 않기 때문이다.

어떤 신념이 합리적인지 여부를 판단하는 것은 오늘날을 살아가는 데 매우 중요한 능력이다. 세상에 각양각색의 신념이 넘쳐나는데, 이런 판단력이 부족하면 잘못된 관념에 빠지기 쉬워 자신의 이익에 맞지 않거나 목표에 위배되는 행동을 할 수 있기 때문이다. 신념의 힘은 막강해 시시때때로 우리의 행동을 좌우한다. 따라서 이성적인 사람은 합리적인 증거가 뒷받침되지 않은 신념을 거부할 뿐만 아니라 끊임없이 자신이 지닌 신념을 살피며 진실한 세계와 일치시켜나간다.

이런 판단력은 타고나는 것이 아니라 후천적인 훈련을 통해 습득해야 한다. 이를 위해서는 논리적인 사고 능력과 충분한 지식이 있어야 한다. 논리는 추리, 논증과 관련돼 있다. 모든 결론과 관점은 유효한 추리와 논증 과정을 거쳐야만 얻을 수 있는데, 이 과정이 없으면 관점이나 결론의 유효성을 판단할 수 없다. 그런 관점이나 결론이라면 받아들여서는 안 된다. 논리적 사고는 정확한 추리와 논증을 보장하고 그릇된 추리와 논증을 식

별하고 반박할 수 있게 한다. 그러나 논리는 추리 과정만 주시하기 때문에 추리 과정이 유효하더라도 결론까지 유효하다고 할 수는 없다.

그렇기 때문에 전제의 진위 여부를 살펴봐야 하는데, 이를 위해서는 충분한 지식과 전면적인 지식 구조를 먼저 갖춰야 한다. 앞서 언급했듯이 지식은 인식 대상에 대해 합리적이고 믿을 만한 해석을 내릴 수 있는 관념이다. 그러므로 이성은 논리적 사고와 관련이 있을 뿐만 아니라 지식 구조가 얼마나 이성적인지에도 직접적으로 영향을 미친다.

/ 잘못된 판단을 부르는 사고의 오류 /

우리가 합리적인 목표와 신념을 가졌더라도 이성의 길에서 또 다른 장애물을 만날 수 있다. 바로 '사고의 오류'다.

사고의 오류는 인지심리학의 연구 내용 중 하나로, 이성적이고 논리적이고 이지적인 사고와 행위에서 벗어난 것을 말한다. 사고의 오류가 생기는 주된 이유는 인간의 대뇌에 2가지 체계가 존재하기 때문이다. 노벨경제학상 수상자 대니얼 카너먼 Daniel Kahneman은 《생각에 관한 생각》에서 머릿속의 '빠름'과 '느림'이라는 2가지 선택에 대해 자세히 서술했다.

카너먼은 이 두 시스템을 '시스템1'과 '시스템2'라고 불렀다. 시스템1은 원시적인 '조작 시스템'이라고 볼 수 있다. 이는 인류가 기나긴 진화 과정에서 얻은 생존 본능으로 감정, 기억, 경험에 따라 신속한 판단을 내리며 눈앞의 상황에 순식간에 반응할 수 있다. 그러나 시스템1은 종종 오류를 일으켜 목표에서 벗어난 행위를 하게 한다.

시스템2는 대뇌가 복잡한 생존 환경에서 더 적확하게 반응할 수 있도록 원시적인 '조작 시스템'에 장착한 새로운 '조작 시스템'이다. 시스템2는 강력한 연산 능력과 추리 능력을 갖춰 문제를 분석하고 해결하며 결정을 내릴 수 있다. 그러나 시스템1에 비해 반응 속도가 매우 느릴 뿐만 아니라 무척 게을러서 종종 '지름길'을 선택해 시스템1의 직감에 따른 판단 결과를 수용해버린다. 그런데 시스템1이 지나치게 원시적인 상태인 탓에 인류는 종종 사고의 오류에 빠진다. 흔히 볼 수 있는 사고의 오류로 다음과 같은 것들이 있다.

하나, 군중심리. 우리는 종종 대다수 사람들의 행위를 자신의 행위 기준으로 삼으며 불확실한 상황에서는 무의식적으로 타인의 행위를 모방하는 경향이 있다. 둘, 손실회피. 손실회피는 똑같은 양의 손실이 가져다주는 고통이 똑같은 양의 이익이 가져다주는 기쁨의 정도보다 훨씬 큰 것을 가리킨다. 이는 사람들이 주가 하락에 지나친 반응을 보이는 이유이기도 하다. 주식 투자자 중에 쌀 때 사서 비쌀 때 팔아야 한다는 기본적인 상식을 모르는 사람은 없지만 이상하게도 많은 사람이 비쌀 때 사서 쌀 때 판다.

셋, 우리는 항상 자신이 옳다고 생각하며 자신의 신념이나 관점과 다른 정보는 본능적으로 무시하고 자신의 관점을 지지하는 데 유익한 정보만을 찾는다. 넷, 이해할 수 없는 임의의 사건에 맞닥뜨리면 자기도 모르게 이 일의 인과성을 찾고, 그게 안 될 경우에는 초자연적인 현상으로 해석한다.

사실 사고의 오류는 생활 곳곳에서 관찰할 수 있다. 사고의 오류는 종종 우리가 잘못된 판단과 비이성적인 행위를 하게 만들지만, 대부분의 경우 우리 자신은 의식조차 하지 못한다. 이런 사고의 오류를 피하려면 일단 사고의 오류가 존재한다는 사실을 의식하고 그에 대한 예민한 관찰력을 키워야 한다. 또 수시로 자아 성찰의 시간을 갖고 1인칭 시점을 벗어나 3인칭 시점으로 자신의 사고와 행위를 살펴봐야 한다.

이성은 노력해서 길러야 하는 능력이다. 이성이 결여되면 내재적인 유전자의 힘이나 외재적인 문화의 힘에 지배되어 타인의 관점과 주장을 합리적으로 판단할 수 없고 사고의 오류를 피하기도 어렵다. 어떤 의미에서 보자면 이성적으로 사고하고 행동할 수 있는지 여부가 행복과 즐거움의 정도를 결정한다.

길고 긴 인생길, 어떻게 걷는 것이 바람직할까? 이성의 등불로 앞길을 밝혀라.

1,000명의 광팬 만들기:
1인 미디어를 통한 깨달음

케빈 켈리Kevin Kelly는《테크늄The Technium》에서 아주 흥미로운 이론을 제시했다. 이름하여 '1,000명의 광팬 만들기 이론'이 그것이다. 케빈 켈리는 예술가, 음악가, 사진작가, 공예가, 배우, 애니메이터, 디자이너, 영상제작자, 작가와 같은 창작자는 1,000명의 광팬만 만들면 입에 풀칠할 수 있다고 했다. 여기에서 말하는 광팬은 평범한 팬과는 다르다. 그들은 자신이 따르는 창작자를 무조건 인정하기 때문에 어떤 작품이든 상관없이 비용을 지불하고 구매할 의향이 있다.

'1,000명의 광팬 만들기'는 좋아하는 일로 경제적 독립을 이루고자 하거나 타인의 투자에 기대지 않고 자신의 힘으로 창업을 이루려는 사람에게 매우 의미가 크다. 자신이 좋아하는 일을 하면서 충분히 많은 광팬을 만들면 점차 독립적이고 자주적인 삶을 살 수 있기 때문이다. 적잖은 '멀티족'이 자신을 지지하는 광팬을 많이 확보한 덕분에 서서히 경제적 독립을 이뤘다. 내가 용기 내서 직장을 그만둔 것도 충분히 많은 광팬을 확보하고 있었기 때문이다.

내가 개인 사업을 시작한 이후, 이 광팬들이 내 첫 번째 고객이자 가장 충실한 고객이 되었다. 나를 열렬히 지지하는 팬이라니, 듣기만 해도 절로 미소가 떠오르는 환상적인 일이지만 광팬을 확보하는 것은 생각만큼 쉽지 않다. 일단 사람들이 당신을 이해할 수 있는 방식과 루트가 있어야 한다. 문자에 기반을 둔 1인 미디어는 비용이 적게 들면서 간단하고 조작하기도 쉬운 방식이다. 그러나 1인 미디어만으로는 부족하다. 1인 미디어가 넘쳐나는 시대에 두각을 드러내고 자신이 원하는 팬을 끌어들이려면 어느 정도 인격적인 '매력'을 갖춰야 한다. 인터넷 상에서 매력은 드문 자원이라서 매력이 있으면 곧 주의를 끌 수 있기 때문이다. 그런데 도대체 매력이란 무엇일까?

혹자는 시선을 끌 수 있는 것이 매력이라고 한다. 그래서 감각기관을 자극하거나 일시적인 쾌락을 줄 수 있는 마케팅 수단을 십분 활용해 시선을 끌어모은다. 이처럼 감각기관을 자극하거나 기분 좋게 만들고 웃음을 주는 콘텐츠는 확실히 사람들의 시선을 사로잡지만 여운이 오래가지 않아 강한 감정적 공명을 일으키기에는 부족하다. 진정한 매력은 사상과 정신에서 비롯되어야 하고 사람들에게 영감과 용기를 줄 수 있어야 한다.

사이먼 사이넥Simon Sinek은 베스트셀러《나는 왜 이 일을 하는가》의 작가다. 그는 일을 하면서 위대한 리더들을 관찰하고 연구한 끝에 그들의 사상과 행동, 소통방식이 보통 사람과는 매우 다르다는 사실을 발견했다. 무슨 일이든 '왜?'에서 출발했고, 주변 사람들을 조종하지 않고 용기를 북돋는 방식으로 상대가 진심으로 자신을 따르도록 만들었다. 그래서 사이먼은 자신의 연구 결과를 바탕으로 골든서클 법칙을 제기해 널리 이름을 알렸다.

골든서클 법칙은 동심원 3개로 사람의 사고 양식을 설명하는데, 이 골든서클은 밖에서부터 순차적으로 무엇을 하는가(What), 어떻게 하는가(How), 왜 하는가(Why)로 구성된다.

사고 양식이 가장 바깥쪽 원에 있는 사람은 자신이 무엇을 하는지는 알지만 어떻게 해야 더 좋을지에 대해서는 거의 생각하지 않는다. 이에 비해 사고 양식이 가운데 있는 사람은 어떻게 해서 임무와 목표를 더 잘 완수할 수 있는지는 알지만 이 일을 왜 해야 하는지에 대해서는 잘 생각하지 않는다. 마지막으로 사고 양식이 가장 안쪽 원에 있는 사람은 '왜?'에서 출발한다. 그들은 내재적 동기를 가지고 있고 스스로 용기를 북돋을 수 있다. 이런 사람만이 위대한 리더가 될 수 있고, 주변 사람들에게 힘을 불어넣고 영향을 줄 수 있다.

사이먼은 위대한 작품을 창작하고 위대한 운동을 이끌었던 사람들은 모두 '왜?'에서 출발하는 사고 습관을 가졌다고 했다. 예를 들어 보통의 컴퓨터회사는 이런 사고 순서로 사람들의 구매를 독려한다. '우리가 생산한 컴퓨터는 성능이 탁월하고 사용이 편리하다.' 그런데 애플 사가 정보를 전달하는 순서는 이와 정반대다.

'우리는 끊임없이 지금의 상태와 사고 양식을 깨부순다. 우리는 인류에게 전혀 다른 체험을 선사하고 싶다. 우리는 탁월한 성능과 완벽한 디자인, 편리한 사용성을 겸비한 제품을 설계해 현재 상태와 전통을 바꿔나간다.' 그래서 다른 사람에게 최대한 큰 영향을 주고 싶다면 '무엇'이라는 정보가 아니라 '왜'라는 이유에 답을 주어야 한다. 사람들이 가장 중요하게 생각하는 것도 공급과 수요의 매칭이 아니라 신념의 일치다.

골든서클 법칙은 기업의 브랜드와 마케팅에도 적용할 수 있지만 광팬을 만드는 데도 적용할 수 있다. 사상과 신념으로 영향을 줘 당신의 신념을 믿고 따르도록 해야 충실한 추종자로 만들 수 있다. 그러므로 매력 넘치는 인격체가 되려면 흔히 말하는 마케팅 수단은 머릿속에서 깨끗이 지우고 타인을 조종하려고 해서는 안 된다. 어떠한 내재적 역량과 신념이 당신이 현재 하고자 하는 일을 이루는 데 유익한지 열심히 생각해본 다음, 꿈과 열정, 신념으로 타인을 흔들어야 한다. 그래야만 충성스러운 지지자를 얻을 수 있다.

다음은 개인적인 경험에서 비롯된 것으로 1인 미디어를 운영할 때 알아두면 좋은 몇 가지 건의사항이다.

/ 생각을 글로 다듬어라 /

신념은 그 사람의 영혼과 같으며 모든 행위의 토대다. 하지만 매력적인 인격체라면 신념만으로는 부족하다. 깊이 있는 사상과 내용이 뒷받침되지 않은 신념이라면 허무맹랑한 느낌을 주기 때문이다. 따라서 확고한 신념을 가진 다음에는 피와 살이 될 사상적 내용을 채워야 한다.

사상은 세계와 인생, 사물의 가치, 옳고 그름에 대한 견해다. 이런 견해의 깊이는 우리가 평소에 읽고 생각하는 깊이와 폭에 달려 있다. 더 많은 책을 읽고 더 많은 지식을 섭렵할수록 견해도 깊어진다. 그러나 조각조각 흩어진 견해를 완전한 체계와 사상으로 정리하려면 지속적인 글쓰기가 이루어져야 한다. 독서와 생각, 글쓰기는 상부상조한다.

독서가 생각에 마르지 않는 소재와 영감을 준다면 생각은 다시 독서하도록 자극하고, 글쓰기는 더 분명하게 생각할 수 있도록 해주며, 조각난 생각을 체계적이고 논리적으로 다듬고, 생각의 결과를 나누고 퍼트려준다. 어떤 면으로 보든 글쓰기는 훈련해볼 만한 능력이다. 미국 유명 작가인 베르린 크린켄보그

Verlyn Klinkenborg도 말하지 않았던가! "누구도 글쓰기라는 능력에 값을 매길 방법을 찾을 수는 없지만 글쓰기 재주를 가진 사람은 누구나, 그것을 언제 얻더라도, 매우 드물고 귀중한 자산이라는 점을 알고 있다." 그래서 나는 독서 습관과 함께 글을 쓰는 습관도 들여 자신의 생각을 글로 다듬고 독특한 인격적 매력을 만들어가기를 권한다.

/ 홍보보다 콘텐츠에 집중하라 /

1인 미디어를 운영하는 3년 동안, 나는 한 번도 마케팅 수단을 동원해 홍보하지 않았고 상호 추천할 기회도 단호히 거절했다. 내가 운영하는 1인 미디어의 구독자가 늘어난 것은 대부분 충실한 독자들의 추천과 전파 덕분이었다. 이런 식으로 1인 미디어를 운영하는 사람은 매우 드물다. 그리고 이런 식의 운영을 뒷받침해주는 논리가 바로 1,000명의 광팬 만들기 이론이다.

일반적으로 1인 미디어는 광고나, 독자와 가입자가 직접적으로 지불하는 비용에서 수입을 얻는다. 광고는 주로 구독자 수를 근거로 비용을 지불하기 때문에 방문자 수가 가장 중요하다. 그래서 광고 수입에 의존하는 1인 미디어 운영자에게는 광고주야말로 신이고, 구독자는 그저 광고주에게 판매하는 대상이자 소비되는 대상이다.

그러나 구독자는 소비되는 대상이 아니라 서비스를 해줘야 하는 대상이다. 1인 미디어의 수입은 비용을 지불해야 하는 콘텐츠와 서비스에서 창출된다. 구독자는 당신을 진심으로 인정하고 신뢰할 때만 비용을 지불하고 콘텐츠를 구입한다. 이런 관계를 구축하려면 오랜 시간 이념이 일치하는 양질의 콘텐츠를 제공해야 하지만 인내는 쓰고 열매는 다니 충분히 노력을 기울일 가치가 있다. 일단 광팬이 되면 무상으로 당신의 미디어를 홍보하고 추천해줄 것이고, 상호 추천으로 가입한 독자보다 입소문을 듣고 자발적으로 가입한 독자가 광팬이 될 가능성이 훨씬 크기 때문이다.

사실 나는 내 미디어를 홍보한 적도 없을 뿐만 아니라 돌이킬 수 없는 잘못을 저지른 탓에 1년이나 운영한 1인 미디어를 포기하고 처음부터 다시 시작했던 적이 있다. 생각지도 못한 실수를 계기로 나는 플랫폼이 아니라 콘텐츠가 가장 중요하다는 사실을 깨달았다. 플랫폼은 그저 공유하는 경로일 뿐, 정신과 이념에 충실하면 콘텐츠를 통해 다시 광팬을 끌어모을 수 있다.

/ 적은 것이 곧 많은 것 /

상당수 1인 미디어 운영자가 글을 많이 올릴수록 좋고, 새 글을 올리지 않으면 독자가 더는 팔로우를 하지 않는다고 착각

한다. 이런 착각 때문에 어쩔 수 없이 1인 미디어에 '인질'로 잡혀 온종일 방문자 수만 들여다보며 한숨짓는 사람이 적지 않다. 1인 미디어는 원래 생각을 공유하는 도구에 불과하지만 부지불식간에 '수단'이 아닌 '목적'이 되어버렸다.

나 또한 오랜 시간 이런 고민에 빠졌었다. 평소에도 글을 자주 올리는 편은 아니지만 한동안 새 글을 올리지 않으면 심한 압박감에 시달렸고, 어떤 때는 그 부담을 못 이겨 아무런 영감도 떠오르지 않는데 꾸역꾸역 글을 써내려간 적도 있다. 그러던 어느 날, 단순히 새 글을 올리기 위해 깊이 있는 사고를 거치지 않은 평범하기 짝이 없는 글을 올리는 것은 아무 의미가 없다는 사실을 깨달았다. 그런 글은 나 자신을 만족시킬 수도 없고 독자들에게 공명을 일으키거나 깨달음과 깊이 생각할 거리를 주기도 어렵다. 그리하여 단순히 새 글을 올리기 위해 글을 쓰는 어리석은 행위를 안 하기로 마음먹고 나니 큰 짐을 내려놓은 듯 가뿐하고 자유로워졌다.

이 시대는 정보고 깨달음이고 부족한 것이 없다. 부족한 것이라면 이 세상에 진정한 깨우침과 변화를 몰고 올 수 있는 사상이다. 그런데 굳이 티끌만큼의 존재감을 얻기 위해 가뜩이나 넘쳐나는 정보를 더 많이 만들려고 기를 쓸 필요가 있을까?

사실 독자 수를 결정하는 것은 글의 양이 아니라 질이다. 이미 많은 사례에서 증명된 사실이지만 우수한 글 1편이 일으키는 효과가 평범한 글 10편이 가져오는 효과보다 훨씬 크다. 관점이 독특하고 심도 있게 분석한 글만이 독자에게 깊은 인상을 남길 수 있다. 평범하기 이를 데 없는 글은 많이 올릴수록 오히려 역효과를 일으킬 뿐이다. 아마 독자들은 가치 없는 콘텐츠가 방해된다고 생각해 팔로우를 그만둘 것이다.

1인 미디어는 개인의 사상을 표현하고 광팬을 보유할 수 있는 최적의 방식 중 하나지만 결코 만만하게 볼 대상이 아니다. 글을 통해 따뜻한 인간미가 느껴지고 신념과 가치를 지닌 매력적인 인격체가 되는 것이 1인 미디어 운영자로서 최종 목표다. 이 목표를 이뤄야만 전심전력으로 당신을 지지하는 광팬을 확보할 수 있고, 이를 바탕으로 독립적이고 자주적인 삶을 살 수 있다.

0에서
1로!

진정한 의미의 '멀티족'이 되려면 강한 소프트파워를 갖춰야 한다. 여기에는 비교적 완전한 지식 구조와 한두 가지 숙련된 기술, 명확한 사고력과 작문 능력이 포함된다. 준비 단계에서는 반드시 자기 투자에 많은 시간을 할애해야 한다. 이렇게 시간과 부지런한 노력으로 얻은 것이 곧 핵심 경쟁력이 되고, 개인의 발전에 튼튼한 디딤돌이 될 것이기 때문이다.

충분히 자기 자신에게 투자했다면 다음 단계로 넘어가 어떻게 이 소프트파워를 자본으로 바꿔 수입을 창출할지 고민해야 한다. 0에서 1로, 무에서 유로의 도약은 밑도 끝도 없이 이뤄지지 않는다. 여기에는 한 가지 매우 중요한 요소가 필요한데, 그것이 바로 '제품'이다.

제품은 유형에 관계없이 다음의 기본적인 요소를 만족해야 한다. 하나, 제품은 각종 원료, 소재, 인력 등으로 디자인, 창작, 취합의 과정을 거쳐 생산된 완전한 결과물이다. 둘, 제품은 특정한 수요를 만족시킬 수 있어야 한다. 의식주와 같은 인간의 기본적인 생활 요소에 대한 수요일 수도 있고 더 고차원적인 심리적·정신적 수요일 수도 있다. 셋, 거래할 수도 있다. 다시 말해 고객이 그것을 구매하기 위해 비용을 지불할 의사가 있다는 뜻이다.

제품은 어떠한 수입의 전제여야 한다. 사실 어떤 측면에서 보면 사람은 누구나 인력시장의 제품 제공자다. 우리라는 '제품'은 각자의 종합적인 지식과 기술이고, 이력은 제품 설명서고, 회사는 우리의 고객이고, 급여는 제품의 가격이다. 그러므로 자신의 재능을 충분히 활용해 다양한 수입원을 창출하려면 '제품화 사고방식'으로 지식과 기술을 제품화해야 한다.

/ 수익을 창출하는 제품화 사고법 /

원래 나는 MBA를 졸업하고 금융 분야에서 일할 계획이었지만 좌충우돌하다가 생각지도 못한 모바일인터넷 업계로 들어가 몇몇 스타트업에서 일했다. 지금 생각해보면 매우 옳은 선택이었음을 인정할 수밖에 없다. 인터넷 업계에서 일한 덕분에 다른 분야에서는 어려웠을 사고방식을 훈련할 수 있었기 때문이다. 바로 '제품화 사고'다.

제품화 사고를 언급하면 대부분 자연스럽게 제품 기획자를 떠올릴 것이다. 모바일인터넷 기업에서 제품 기획자의 역할은 매우 중요하다. 기업의 안팎을 잇는 교량 역할을 하기 때문이다. 제품 기획자의 가장 중요한 직책은 고객 및 고객의 수요를 명확하게 설정하고, 이런 수요를 만족시킬 수 있는 제품 모델을 설계해서 디자이너, 엔지니어와 협업해 제품을 구현하고, 최종적으로 고객의 피드백에 따라 한층 더 개선된 완제품을 내놓는 것이다.

제품 기획자를 평가하는 중요한 기준은 고객의 수요를 적확하게 이해했는지 여부다. 이는 제품의 성패를 결정하기 때문이다. 그리고 고객의 니즈를 파악하려면 1인칭 시점에서 벗어나 주관적인 편견을 모두 버리고 고객의 눈으로 문제를 이해하고 생각해야 한다. 그래서 제품화 사고의 결정적 특징을 2가지로 정리할 수 있다. 하나, 제품화 사고는 시점의 전환, 즉 1인칭 시점을 2인칭 시점으로 전환한 것이다. 그래야만 더 적확하게 고객의 니즈를 파악할 수 있다. 둘, 파악한 니즈를 구체화해서 제품이라는 방식으로 니즈를 만족시켜야 한다.

사실 이런 시점의 전환은 말처럼 쉬운 일이 아니다. 사람은 원래부터 자기중심적이기 때문에 다른 사람의 입장에서 문제를 보거나 이 세상을 이해하기 어렵다. 사람이 정보를 구성하는 방식에서 이런 차이를 확인할 수 있다. 1인칭 시점만 가진 사람은 자신의 생각대로 정보를 구성하지만, 2인칭 시점을 가진 사람은 상대방이 인지하는 규칙을 맥락으로 삼아 정보를 구성한다. 2인칭 시점이 타고나는 것이 아니라면 제품화 사고를 하기 위해서는 평소에 열심히 훈련하는 수밖에 없다.

내 경우를 예로 들어보겠다. 몇 년 전, 인도로 여행을 가기로 했다. 떠나기 전, 나는 상당한 시간을 들여 인도의 지리와 역사, 종교, 문화, 유명 관광지에 대해 알아봤다. 그리고 여행하는 동안 인도에 대해 더 많은 점을 알게 되었고 계획에서 벗어난 흥미로운 일을 여러 가지 경험했다. 여행에서 돌아오자마자 나는 인도 여행을 글과 사진으로 빼곡하게 채운 전자잡지로 만들었다. 나는 평이한 용어로 인도에 대해 전반적으로 소개하고 내 여행 루트를 상세하게 공개하면서 유용한 정보와 조언을 잔뜩 실었다.

이는 전형적인 제품화 사고다. 시간과 에너지를 들여 어떤 일을 완수했을 때 나는 다른 사람도 나와 비슷한 니즈를 가지고 있는지를 생각해보고, 만약 그렇다고 생각되면 내 경험을 타인에게 가치 있는 제품으로 만든다. 물론 이때는 시점을 전환해서 내가 인도에 대해 아무것도 모르지만 인도 여행을 가고 싶어 하는 사람이라고 상상해 문외한의 시각에서 니즈를 분석한 다음, 정보를 구성하고 정리해야 한다.

'제품화'는 강력한 힘을 가진 사고방식이다. 이는 어떤 일을 할 때 단순히 완수에 의미를 두는 것이 아니라 더 고차원적인 결과, 밖으로 내보일 수 있고 잠재적인 거래 가치를 가진 결과를 추구하는 것을 뜻한다. 예를 들어 여행 중에 수집한 정보와 몸소 겪은 체험을 정리하는 것, 책을 읽은 후에 가장 핵심적인 내용과 가치 있는 정보를 기록하는 것, 토익이나 토플 등의 시험을 보고 나서 시험 준비 과정에서의 경험과 공부법을 보조 교과과정으로 삼는 것 등이 제품화다.

제품화 사고는 일상생활에서 자주 접하는 평범하고 일반적인 일을 잠재적 기회로 바꿀 수 있다. 내 주변에도 평소에 관심을 갖던 별것 아닌 일을 타인에게 가치 있는 제품으로 바꿔 취미를 통해 수입을 창출하는 데 성공한 사람들이 적지 않다. 예를 들어 기록이나 필기 정리에 푹 빠진 사람은 이 취미를 비즈니스로 끌어와 투자를 받는 데 성공했다. 또 어떤 사람은 미식을 연구하는 취미가 있었는데, 자신이 평소에 연구한 음식의 조리법을 이미지로 기록하고 SNS에 올리곤 했다. 그는 이와 관련된 레시피 책을 한 권 출간하더니 아예 하던 일을 관두고 음식과 관련된 일을 시작했다.

그러므로 제품화 사고를 훈련하려면 무슨 일을 하든지 자신에게 더 높은 잣대를 들이밀고 의식적으로 한 걸음 더 나아가 지금 하는 일을 다른 사람에게 가치 있는 '제품'으로 바꿔야 한다.

제품을 만드는 것과 관련해 알아야 할 중요한 개념이 있다. 바로 '린 스타트업Lean Startup'이다. 린 스타트업은 실리콘밸리 창업자 에릭 리스Eric Ries가 자신의 저서《린 스타트업》에서 처음 제기한 것으로, 이미 인터넷 창업에서 가장 유행하는 방법 중 하나가 되었다. 린 스타트업의 핵심 개념은 '최소기능제품'이다.

린 스타트업이라는 개념이 제기되기 전에는 창업할 때 주도면밀하고 복잡한 시장조사를 거쳐 제품 방안을 토론하는 데 많은 시간을 투자했다. 그다음 계획에 따라 단계별로 실시하면서 프로젝트의 각 부분을 완성하고 최종적으로 완성품을 만들었다. 그러나 이렇게 제품을 만드는 방식에는 치명적인 문제가 있었다. 바로 제품의 생산 주기가 너무 길고 심각한 정보 비대칭이 존재한다는 것이었다. 시장조사만으로는 적확하고 완전한 정보를 얻을 수 없기 때문에 이런 정보에만 의존해 만들어낸 제품이 시장의 진정한 니즈를 반영하기란 매우 어려웠다.

린 스타트업 개념은 이처럼 시장과 동떨어진 채 자체적인 판단만으로 제품을 만드는 기존의 방식에 안녕을 고한다. 지루하고 융통성 없는 계획을 버리고 가장 빠르게, 최소 자원으로 고객이 사용해볼 수 있는 최소한의 요건을 갖춘 제품을 만들어 출시한 뒤, 고객의 반응을 보고 다음 제품에 반영하는 식으로 끊임없이 최적화한다. 지금은 거의 모든 인터넷 창업 기업이 업데이트 방식으로 제품을 개발한다. 먼저 1.0 버전을 개발한 다음, 이를 바탕으로 수정 및 보완해서 2.0, 3.0 버전 등으로 더 고차원적이고 완벽한 제품을 출시한다.

최소기능제품이라는 개념은 인터넷이나 과학기술 제품에

만 국한되는 것이 아니라 모든 분야의 제품을 만들 때 참고할 만하다. 우리는 최소기능제품을 통해 신속하게 자신의 아이디어를 시험해볼 수 있다. 시제품으로 만든 것은 완벽할 필요가 없고 심지어 무료로 제공할 수도 있다. 그저 추상적인 아이디어를 어떤 구체적인 형태로 구현할 수 있고 유효한 피드백을 얻을 수 있으면 된다.

만약 당신이 강의를 개설하고 싶은데 교수법을 잘 모른다면? 상관없다. 먼저 주변 친구들에게 저가나 무료로 강의를 들려준 뒤, 사람들의 반응을 보고 커리큘럼과 교수법을 고민한다. 시강 과정을 마쳤다면 가격을 매겨 2기 수업을 개설해도 된다. 아마 5기, 10기가 되면 완벽한 강의로 거듭나 있을 것이다.

사실 내가 추진한 프로젝트 중 상당수도 이런 방식으로 시작했다. 2년 전에 만든 '작문 훈련 캠프'도 처음 만들 때는 단순히 사람들끼리 서로 격려하는 식의 글쓰기 모임이었지만 2년 동안 개선을 거듭한 끝에 완벽하고 체계적인 작문 교육 과정이 완성되었다.

정리하자면 다양한 수입원을 가진 '멀티족'이 되려면 '제품화 사고법'을 길러서 자신의 가장 핵심적이고 가장 경쟁력 있는 지식과 기술을 최소기능제품으로 바꿔 0에서 1로 도약해야 한다.

Part 4

'무경계 인생'을 사는 마음 습관

"

'무경계 인생'은 일과 수입의 무경계,
더 중요한 것은 심리 상태의 무경계를 말한다.
즉, 인생에는 '반드시'라는 것이 없고
무한한 가능성이 존재함을 믿는 것이다.

"

과감히 변화를 선택하거나,
담담히 받아들이거나

　1년 전, 친구가 새로 연 스위스 식당에서 나와 어떤 부부에게 식사를 대접한 적이 있다. 이 친구는 예전에 스위스에서 오랫동안 살면서 호텔경영을 공부한 뒤, 미국에서 MBA를 졸업하고 베이징으로 돌아와 자신의 패션 브랜드를 론칭했다. 다른 두 친구는 내 동료였는데, 미국에서 컴퓨터를 전공하고 돌아와 줄곧 인터넷 업계에서 일한 덕분에 이력서에 구글, 바이두 등 세계적인 인터넷 기업의 이름이 빼곡했다.

　그들과 저녁 식사를 하면서 나는 대체로 '패션'과 '인터넷'에 관한 대화를 가만히 듣고만 있었다. 패션계에 몸담고 있는 친구는 앱 개발과 운영에 호기심이 많았고 동료들은 그녀를 통해 미스터리한 패션계와 연예계를 들여다보고 싶어 했다. 모바일인터넷 업계에 대해서라면 모르는 게 없을 정도로 빠삭한 나다. 또 막후에서 중국 연예계를 쥐락펴락하는 인물도 우연히 만난 적이 있어 그 세계의 규칙에 대해서도 대충 알고 있다. 그래서 그들이 나누는 대화보다는 눈앞에 놓인 스위스 퐁듀가 훨씬 오감을 자극했다. 하지만 그러면서도 수시로 호기심, 부러움, 허영심이 섞인 복잡한 감정이 공기 중에 섞여 있는 것을 느낄 수 있었다. 이는 미지의 세계에 대한 호기심이자 부와 권세, 사회적 지위에 대한 원시적 갈망이었다.

2년 전, 명상을 시작하면서부터 나는 내면이 바뀌는 것을 느낄 수 있었다. 그 후로 나는 사람들이 무슨 말을 하든 내 마음에는 아무런 동요도 일지 않는다는 사실을 깨달았다. 나는 유명 인사들과 만나는 삶이 부럽지 않았고, 사람들이 이야기하는 잠재적인 이익과 기회에 귀가 솔깃하지도 않았으며, 더욱이 허영심에 들떠 내가 여태껏 이룬 자랑할 만한 일들에 대해 주저리주저리 떠들어대지도 않았다. 나는 내 마음이 외부의 자극에 영향을 받지 않고 평정을 유지할 수 있다는 사실을 깨달았다.

예전에 이런 글을 읽은 적이 있다. 베이징대학교 영문과 여대생이 졸업 후에 외국계 기업에 들어가 몇 년 동안 일한 끝에 중국 지부 프로젝트 매니저가 되었고 몇몇 글로벌 대기업과 손잡고 합자회사 2개를 설립했다. 그 후, 그녀는 런던으로 건너가 영상 제작 회사를 설립했고 영국 현지의 '셀러브리티 파티'를 개최하고 〈Hello〉 잡지에 정기적으로 얼굴을 비쳤다. 그러면서 그녀는 그리스계와 영국계 혼혈인 남자와 결혼해 딸 하나를 낳았다. 2002년, 그녀는 패션 브랜드 '폴리폴리'를 중국에 들여오면서 중국 지부 사장이 되었다.

처음에 그녀에 관한 글을 접했을 때는 성공에 대한 투지를 자극하는 글이라고만 생각했다. 그녀는 한마디로 현대판 '신데렐라'였다. 평범하기 짝이 없는 여성이 열심히 노력한 끝에 멋진 외국 남자에게 시집가 영국 상류사회의 일원이 되었고 지금은 국제 패션 브랜드의 중국 총괄 사장이 되었으니 말이다. 이 글에는 상류사회, 패션, 고위층, 우아한 여인, 글로벌 대기업 총수 등등 시선을 사로잡고 신경을 자극하는 단어가 넘쳐났다.

이 얼마나 휘황찬란하고 부러운 삶인가 말이다. 하지만 이성을 되찾고 다시 한 번 읽어보니 이 글은 명리욕을 부추기고 깨알같이 허영심을 자극하는 것 말고는 별로 보탬이 될 만한 내용이 없었다. 글에서 언급한 결과와 성취들은 일부러 과대포장한 냄새마저 솔솔 풍겼다. 나는 이런 글보다는 '견지堅持', '자기통제', '부지런함'에 관한 이야기를 더 듣고 싶다. 이런 품성이야말로 아름다운 인생을 사는 데 필수 조건이기 때문이다.

문자는 조작당하기 쉬운 도구다. 그것은 사람의 상상력에 작용해 '미운오리새끼'를 '백조'로 탈바꿈시킬 수 있다. 사람의 허영심과 욕망을 극도로 이용해 미리 설정된 가치관을 소리 없이 사람들의 잠재의식에 이식해 비싼 차를 타고 좋은 집에 살며 온갖 사치품을 소유하고 상류사회 인사들과 어울리는 삶이야말로 성공한 삶이라고 각인시킨다. 그러면 굳은 신앙과 성숙한 가치관이 없는 사람은 금세 '함정'에 빠져 독립적인 자기 탐색을 포기하고 주류 가치관이 정의한 '성공'과 '행복'을 좇게 된다.

지난 몇 년 동안, 나는 자유롭고 독립적인 삶이 가장 이상적이고, 사람이라면 누구나 그런 삶을 살기 위해 부단히 노력해야 한다고 생각하는 가치관에 한 톨도 의심을 느끼지 않았다. 그런데 문득 나의 이런 믿음이 주류 매체가 퍼뜨리는 배금주의와 실상 다를 바가 없다는 생각이 들었다. 나는 다른 사람에게 어떤 삶을 추구해야 한다고 말할 자격이 없었다. 삶은 답을 얻을 수 있는 자연과학이 아니고, 정해진 공식도 없으며, 인생에 대한 이해는 환경과 과거의 경험을 바탕으로 형성한 신념과 깊은 관계가 있기 때문이다.

심리학자 미하이 칙센트미하이Mihaly Csikszentmihalyi의 저서 《몰입》을 다시 읽고 나서 새로운 깨달음을 얻었다. "인류의 모든 고통은 안팎이 무질서하고 화합하지 못한 데서 비롯된다. 다시 말해 내면이 바라는 것과 실제로 가진 것이 달라 서로 부딪치는 것이다."

예를 들어 운전하는데 길이 막히면 불안하고 초조해진다. 이는 목적지에 빨리 도달하고 싶은 당신의 바람과 현실이 충돌하기 때문이다. 하지만 이런 충돌은 일시적인 것으로, 꽉 막힌 도로가 뚫리면 금세 사라지게 된다.

어떤 충돌은 꽤 오랜 시간 이어질 수도 있다. 예를 들어 자유와 모험을 즐기는 사람에게 한가한 회사에 다니라고 하면 분명히 언짢은 마음을 숨길 수 없을 것이다. 또 자아실현을 원하는 사람이 남편과 아이를 위해 전업주부가 되었다면 만족스럽지 않은 삶에 한숨이 절로 나올 것이다. 안정과 단순한 삶을 좋아하는 사람이 주변 사람의 영향으로 그를 따라 화려하고 불안정한 삶을 살게 된다면 그 역시 이런저런 유감을 느끼게 된다.

내면이 조화로우면 이는 자신의 바람과 일치하는 생활을 하고 있다는 뜻이다. 그렇다면 그 삶이 단순하고 소박하든, 호화롭고 돈을 숭배하든, 자율적이고 효율적이든, 나태하고 산만하든 그 누구도 평가하고 비난할 자격이 없다.

나도 점차 다른 사람의 삶을 평가하지 않고 모든 사람이 어떤 특정한 삶을 추구해야 한다고 생각하지 않게 되었다. 만약 안팎이 충돌해 불행하다면 내면과 화합, 일치시키면 된다. 그러려면 바라는 것을 용감하게 추구하거나 지금의 상태를 받아들이는 것 중에서 한 가지를 선택해야 한다. 이 두 가지 선택에는 어느 것이 좋고 나쁘다는 기준이 없으며 충돌이 해소되면 인생의 과정이 달라질 뿐, 내면은 행복을 되찾게 된다.

인생에는 '반드시 어찌어찌 해야 한다'는 당위가 없고 통일적인 평가 기준은 더더욱 존재하지 않는다. 유일하게 추종하고 장려해야 하는 것은 과감히 변화를 선택하는 용기와 담담히 받아들이는 지혜뿐이다.

이 이치를 깨닫고 나니 나는 마음이 훨씬 가볍고 즐거워졌다. 물론 내 삶과 깨달음을 다른 사람과 나누고 싶은 마음은 여전하다. 그러나 더는 '구세주'를 자처하며 타인의 삶을 내 입맛대로 바꾸려고 하거나 타인에게 내 인생 가치관을 받아들이라고 강요하지 않는다. 또 타인의 '성공' 스토리와 그들의 호화로운 삶을 부러워하지도 않는다.

나는 이미 타인의 삶과 나의 삶을 현명하게 구분하는 법을 배웠다. 타인의 삶이 나의 삶과 아무런 관계가 없듯이 내 삶도 타인의 삶과 아무런 관계가 없다. 나의 삶과 타인의 삶은 마치 사과와 배처럼 비교할 수도 없고 비교할 필요도 없다. 그러므로 자신이 원하는 삶에만 집중해 바꿀 수 있는 것은 열심히 바꾸고, 바꿀 수 없는 것은 담담히 받아들이면 그뿐이다.

해야만 한다는
강박을 벗어던지자

　YT는 내가 가장 좋아하는 친구다. 이는 단순히 그녀가 미모와 재능을 겸비한 보기 드문 여성이어서만이 아니라 모든 화려한 수식어를 하찮게 여기고 평범하면서도 품위가 느껴지는 삶을 살기 때문이다.

　그녀는 명문대를 졸업하고 금융업에 종사하면서 파리에 몇 년간 머물다가 베이징으로 돌아와 잠시 일한 뒤, 다시 워싱턴으로 거처를 옮겨 8년 동안 발레를 배우고 전문가 수준의 그림 실력으로 전시회에 작품을 출품하기도 했다. 만약 내가 그녀의 글을 우연히 읽지 않았다면 나는 그녀를 그저 화려한 수식어가 따라붙는 엘리트라고만 생각했을 뿐, 아끼는 마음을 품지는 않았을 것이다. 그녀의 글 일부를 소개한다.

"서른 살이 되기 전 여러 가지 취미가 있었는데, 그중 하나가 좋아하는 것과 싫어하는 것을 분명히 나누는 것이었다. 예를 들어 나는 고전적인 것을 좋아하고 현대적인 것을 싫어하며, 결과를 좋아하고 과정을 싫어하며, 새로운 것을 좋아하고 상투적인 것을 싫어한다. 인생에는 내가 이뤄야 하는 꿈이 만 가지나 되지만 시간은 나를 기다려주지 않는다."

"어느 날, 미스터 우가 꿈이 뭐냐고 물었다. 나는 권력과 돈, 명예, 미모, 인기를 모두 가진 사람이 되는 게 꿈이라고 답했다. 그러자 그는 내가 말한 것은 꿈이 아니라 부산물이라며 꿈은 내가 하는 행위라고 했다."

"여행을 가면 많은 브랜드와 많은 지역, 그리고 많은 비화를 찾곤 했다. 매번 어떤 도시에 갈 때마다 반드시 발레 공연을 보고 온갖 공연을 속속들이 꿰고 이러쿵저러쿵 떠들어댔다. (중략) 나는 그때의 내가 좋았다. 활력이 넘쳤고, 일을 하든 놀든 죽기 살기로 몰입했고, 지쳐서 호되게 앓고 나면 다시 평소의 나로 돌아가 정신없이 뛰어다녔다."

"세월은 기운을 앗아가지만 눈앞에 놓인 수많은 것들 사이에서 자신이 진정으로 원하는 것을 알아보는 눈도 선사한다. 시간이 나면 얼굴을 살짝 스치고 지나가는 바람과 입안을 적시는 물, 정신이 번쩍 드는 따끔한 가르침을 맛본다. 온통 진흙투성이인 시장 바닥, 코를 찌르는 흙냄새, 곳곳에 뱉어놓은 더러운 가래침, 땀 냄새와 샤넬 넘버5의 향기가 오묘하게 뒤섞인 버스가 오가는 혼잡한 시장 풍경도 눈에 들어온다."

서른 살은 참으로 미스터리한 시기다. YT와 마찬가지로 서른 살이 되기 전의 나는 새롭고 자극적인 것이라면 무엇이든 가리지 않고 열중했고 타인이 나의 존재와 가치를 인정해주기를 바랐다. 심지어 '만약 스스로 자부심을 느끼며 살아갈 수 없다면 차라리 자부심 속에서 죽고 말리라'고 당치 않은 오기를 부렸다.

도교의 세계관에 따르면 세상 만물에는 음양이 존재한다. 양陽은 운동, 외향적, 흥분, 능동적, 단단함을 대표하고 음陰은 상대적으로 정지, 내향적, 억제, 수동적, 부드러움을 대표한다. 모든 사람의 성격과 생명에 대한 태도가 양과 음 사이의 어딘가에 자리한다면 나는 일말의 망설임 없이 양 쪽에, 그것도 가장 바깥쪽에 자리한다고 말할 수 있다. 나의 생명은 오직 능동적, 외향적, 열정, 창조와 관련이 있을 것이다. 나는 한자리에 멈춰 있고 부드럽고 내향적인 삶이 싫다. 그런 삶은 듣기만 해도 하품이 날 정도로 따분하고 우울하다.

나는 항상 이런 에너지를 가지고 있는 자신에게 자부심을 느꼈다. 서른 살의 강을 건너기 전까지만 하더라도 말이다. 그러던 내게 변화가 시작된 것은 조지 쉬언George Sheehan이 쓴《달리기와 존재하기》라는 책에 나온 글을 읽으면서부터였다. 그것은 공격과 방어를 비교한 글이었다.

"공격은 게임이고 방어는 임무다. 공격할 때는 자신의 세계를 창조했다. 나는 내 각본에 따라 연기하고 내 리듬에 따라 춤 추고 내 가락에 맞춰 노래 부른다. 공격은 리허설이 없고 활력이 넘치고 마음 가는 대로 행동한다. 공격은 사람을 흥분시키는 일로 특유의 자극과 독특한 추진력을 드러냈다. 공격은 자신에게 속하는 에너지를 만들 수 있다.

그러나 방어는 아무것도 필요하지 않다. 방어는 지루하고 따분하고 평범하다. 상상력이 부족하고 무미건조한 책임이고 완강함이고 결심이고 견지다. 방어는 행동의 의향과 결심이 필요하며 그것을 위해 100퍼센트 노력을 쏟아야 한다. 그래서 방어는 자부심이고 이런 사람이 되겠다는 결심, 즉 나의 영광을 법으로 삼고 평생 그것을 지키겠다는 결심이다."

나는 철저히 '공격' 모드로 살아왔다. 확실히 이런 '공격' 모드는 자극적이고 멋졌다. 그 안에서 나는 활력이 넘쳤고 마음 가는 대로 무엇이든 해도 된다는 자유와 쾌감을 느꼈다. 그런데 어찌된 일인지 방어에 관한 서술이 생각지도 못하게 내 마음속 보들보들한 어딘가를 건드렸다. 대관절 어떤 매력이 있기에 그토록 많은 사람이 '달리기'라는 지루하고 따분하기 짝이 없는 운동에 홀딱 빠진 건지 미치도록 궁금해졌다. 마치 이 세상과 나 사이에 보이지 않는 유리막이라도 존재하는 것처럼 볼 수는 있지만 느낄 수가 없었다.

그때부터 또 다른 매력을 느끼고픈 마음이 간절해졌는데, 이 간절함은 시간이 지나도 사라지지 않았다. 꼭 영혼 어딘가에

뻥 뚫린 구멍이 무언가로 채워지길 바라는 것 같았다. 몇 달 뒤, 미국의 유명한 심리학자이자 철학자인 켄 윌버Ken Wilber의 《세상에서 가장 아름다운 용기》를 읽다가 마음을 빼앗겼다. 이 책은 켄 윌버와 그의 아내 트리야 킬람 윌버Treya Killam Wilber가 5년 동안 항암 투병을 하며 겪은 일을 진실하게 기록한 것이다.

결혼한 지 열흘도 채 안 된 어느 날, 트리야는 유방암 판정을 받았다. 병마와 싸우는 동안, 트리야는 단 한순간도 죽음과 마주할 필요가 없었다. 죽음에 다가서면 사람은 누구나 생명의 의미를 더 깊이 생각하게 되지만 트리야에게는 수행이나 깨달음의 과정과 다름없었다. 강직하고 승부욕이 강했던 그녀는 병을 앓을수록 점점 부드러워졌다.

무언가를 '한다'는 것에 대한 집착을 버리고 '존재'에 의미를 두기 시작해 세상의 사건, 사물, 사람의 있는 그대로의 모습을 받아들였고, 수용적이고 포용적이고 자비로운 마음으로 그 순간을 품에 안았다. 이런 변화를 통해 그녀는 태어나서 처음으로 온전한 평안함을 느꼈다. 그래서 몸은 고통스러울망정 마음만큼은 자유롭고 즐겁고 생기가 넘쳤으며 자신의 죽음조차도 자비롭고 차분한 마음으로 마주할 수 있었다.

차츰차츰, 내게도 어떤 평온한 힘이 내 영혼 깊은 곳에서 자라고 있으며 승부욕에 대한 충동도 점차 사라지고 있음을 느꼈다. 나 자신조차 모르는 사이에 나는 일상생활에서 스스로 만족하는 즐거움을 찾을 수 있게 되었다. 더는 큰 붓을 거침없이 휘두르는 데서 느껴지는 자유로움을 좇지 않았고 선명한 색채가 주는 시각적 자극에 경도되지 않았다. 이제 나는 서예의 아름다움을 감상할 줄 알게 되었고 서예 연습에서 '무아無我'의 희열을 느낄 줄 알게 되었다.

우리는 무언가를 '한다'는 것과 '자아'를 강조하는 시대에 살고 있다. 시시때때로 새로움과 자극을 체험하고 물욕이 충분히 만족되고 성취감을 느끼고 타인에게 인정받는 그런 삶을 멋지다고 생각한다. 오늘날 평범함은 곧 무능함의 다른 말이며, 심장이 뛰는 순간순간이 멋지기를 원한다. 이런 가치관에 휘둘린 우리는 평생 더 많이 창조하고 더 많이 소유하기 위해 발바닥에 땀나도록 뛰어다닌다. 그래야 남 보기에 부끄럽지 않고 의미 있는 삶을 산다고 취급받기 때문이다.

우리는 어떤 형태의 고요함과 고독도 참을 수 없어 무언가를 하지 않고는 단 1초도 견딜 수 없을 만큼 존재감에 목숨을 건다. 사실 이 시대의 많은 문제는 우리가 단순히 고요와 존재를 느끼고만 있는 것을 참을 수 없어 반드시 무언가를 해야만 하는 탓에 벌어진다.

우리는 성과를 내서 자신의 남다름을 증명하려고 기를 쓰고, 성취를 거둬서 평범함을 내던지고 타인의 박수갈채와 인정을 받고 싶어 한다. 하지만 인정을 받고 나면 더 많은 명예와 부에 대한 욕망이 끓어오른다. 그래서 평범하지 않은 사람이 되고

자 하는 우리는 자신의 지위와 감투를 지키고 더 많은 인정과 찬사를 얻기 위해 온종일 불안감과 초조함 속에서 살아간다.

사실 세상에서 가장 행복하고 자유로운 사람은 평범함을 즐길 줄 아는 사람이다. 평범함은 범상하다는 뜻이 아니다. 범상함이 진취적이지 못하고 현실에 안주하며 이성과 용기가 부족하고 뛰어난 재주와 학식도 없는 것을 말한다면, 평범함은 이보다 더 사회성이 있어 결과와 사회의 인정을 바탕에 깔고 있다.

뛰어난 재능을 타고났고 남다른 소양과 포부를 지녔어도 명예와 이익을 추구하지 않아 타인의 인정을 받지 못한다면 평생 그저 평범한 사람으로 살다 가게 될 것이다. 하지만 그러면 또 어떤가? 자신이 원하는 삶을 마음껏 누리고 자신이 좋아하는 일을 하고 타인의 시선을 신경 쓸 필요도 없고 명예와 이익에 질질 끌려 다니느라 애먼 고생할 필요도 없으니 이 또한 멋진 삶이 아닌가?

마지막으로 알렉산더 대왕의 이야기를 들려주고자 한다. 알렉산더 대왕은 용맹한 군대를 이끌고 위풍당당하게 동방 원정에 나서 인도에까지 이르렀다. 인도 국경을 넘은 알렉산더 대왕이 높은 산 정상에 올랐다가 가부좌를 튼 채 앉아 있는 고승을 발견했다. 고승이 알렉산더 대왕에게 이곳을 찾은 이유를 묻자 대왕이 대답했다.

"세계를 정복하고 있소."

이어서 알렉산더 대왕이 고승에게 반문했다.

"당신은 이곳에서 무엇을 하고 있소?"

그 말에 고승이 답했다.

"나도 세계를 정복하고 있습니다."

서로의 대답을 들은 두 사람은 파안대소했다. 서로 상대방이 쓸데없는 짓을 한다고 생각했기 때문이다. 사실 인생에는 '반드시'라거나 '꼭'이라는 것이 없다. 비범하고 탁월한 것도 좋지만 평범해도 상관없다. 이는 모두 외재적인 결과와 타인의 평가에 불과하다. 가장 중요한 것은 마음이 평안하고 여한이 없는 것이다.

미래에 대한 집착을 버려야
이 순간이 행복하다

어느 날, 나는 오랫동안 연락이 없던 미국 친구를 만나 커피를 마셨다. 그는 매사추세츠공과대학교를 최우수 학생으로 졸업하고 일본에서 몇 년 동안 일하다가 와튼스쿨에 진학해 MBA 학위를 취득하고 5년 전에 베이징으로 건너와 글로벌벤처 투자펀드에서 투자가로 활동하고 있다. 그의 배경과 경력은 나조차도 부러울 정도였지만 이야기를 나누면서 그가 지금의 생활에 만족하지 못한다는 사실을 알 수 있었다.

그에게 뭔가 깨달음을 주기 위해 나는 질문을 던졌다.

"만약 경제적 자유를 이룬다면 무엇부터 할 것 같아?"

그는 한참 동안 심사숙고하더니 대답했다.

"여행을 가는 데 더 많은 시간을 쓰겠지. 그리고 '건강하고 기발한 샐러드'를 파는 식당을 차릴 거야. 그런 다음에는 사람들이 심신 건강을 관리할 수 있는 앱을 만들 거고."

그렇게 대답한 그는 나에게 같은 질문을 던졌다. 물론 내가 먼저 물었지만 사실 나는 한 번도 그 문제를 생각해본 적이 없었다. 그래서 나는 이 기회에 내가 만약 경제적 자유를 이룬다면 어떤 삶을 살지 상상해봤다. 그런데 아무런 경제적 부담이 없더라도 여전히 지금 하고 있는 일을 하고 싶었다. 그 순간, 나는 내가 이미 '이상적인 삶'을 살고 있다는 사실을 깨달았다. 흔히 말하는 경제적 자유를 이루려면 아직 멀었는데도 말이다.

예전에 나는 재미있는 질문을 들은 적이 있다.

"만약 40년 동안 죽도록 힘들게 살다가 나머지 30년은 매우 편안하고 즐겁게 사는 인생과, 50년 동안 더할 나위 없이 편안하고 즐겁게 살다가 나머지 20년은 말도 못하게 고되고 궁핍하게 사는 인생 중에서 하나만 선택하라면 당신은 어떤 인생을 선택하겠는가?"

이 질문을 들은 사람 중 대다수가 첫 번째 인생을 선택했다. 나도 마찬가지였다. 참 재미있는 일이다. 우리는 차라리 젊을 때 좀 더 고생하는 것이 낫지, 나이 들어서 궁핍하게 사는 것은 못할 짓이라고 여긴다. 그러나 논리적이고 이성적으로 생각해보면 두 번째 인생이 첫 번째 인생보다 훨씬 낫다.

하나, 50년의 즐거움과 30년의 즐거움 중에서 하나를 고르라면 당연히 50년의 즐거움이 수지타산이 맞다. 자그마치 20년

284

이나 더 즐겁게 사는 셈이지 않은가! 둘, 상대적으로 쾌락은 젊은 시절에 더 의미 있다. 나이가 들면 몸은 삐거덕거리고 기력은 쇠하고 감각기관은 퇴화해 젊었을 때처럼 쾌락에 큰 가치를 부여하지 않는다. 물론 이 질문은 현실에 맞지 않는 극단적인 가설이지만 사람들의 선택에서 한 가지 결론을 얻을 수 있다. 바로 우리가 현재보다 미래를 훨씬 더 중시한다는 것이다.

그렇다면 미래는 정말로 기꺼이 현재를 희생할 만큼 중요할까? 사실 미래라는 개념은 예전부터 있었던 것이 아니다. 수렵채집 사회에서 인류는 미래에 관한 개념이 희박했다. 당시의 생존 환경에서는 미래를 신경 쓸 필요가 없었다. 원시인류는 음식을 얻자마자 바로 먹어치웠다. 그래서 미래를 고려할 필요 없이 순간순간을 잘 지내면 그뿐이었다.

문명이 발전하면서 인류는 점차 수렵채집 사회에서 농경 사회로 진화했다. 농업혁명 이후, 생존 환경이 변하면서 미래도 점차 중요해지기 시작했다. 농경 사회의 인류는 수렵채집 사회의 인류보다 대자연 앞에서 훨씬 나약했다. 생존 과정에서 통제할 수 없는 요소들이 늘어나면서 대자연이 내어준 대로 만족해야 하는 수렵채집에만 의존할 수 없게 됐다. 전혀 예측할 수 없는 날씨가 매해의 작황을 결정짓는 생활을 하게 됐기 때문이다. 날씨가 그럭저럭 괜찮더라도 가뭄이나 홍수가 닥쳐 흉년이라도 들면 굶어죽기 십상이었다. 그래서 농민들은 살기 위해 시시때때로 미래를 생각했고 남은 곡식을 대량으로 저장했다. 그리하여 농경 사회부터 인류는 거의 미래를 떠받들어야 할 대상으로 여기고 중시하기 시작했다.

미래라는 개념은 인류가 대자연의 품에서 벗어나면서 마주한 불확실성에서 비롯되었다. 그래서 생존을 위해 미래를 염려하는 것은 매우 당연했다. 그런데 문제는 현대인이 생존의 필요보다 훨씬 더 미래를 중시하는 탓에 오직 미래를 위해서만 살고 현재는 간과한다는 사실이다.

어떤 심리학자는 현대인의 생활에서 흔히 보이는 현상을 '트레드밀 위의 행복'이라는 생동감 넘치는 표현으로 묘사했다. 현대인은 목표를 향해 끊임없이 달리지만 정말로 그 목표에 도달하고 나면 행복이 너무 짧다는 사실에 불만을 느껴 다른 목표를 좇기 시작한다. 그래서 우리는 마치 트레드밀 위를 끝없이 뛰는 것처럼 영원히 불만족스러운 상태에서 새로운 목표를 좇으며 산다. 자신의 삶을 한번 돌아보자. 당신은 지금 트레드밀 위를 달리고 있는가?

대학을 막 졸업했을 때는 한 달에 만 위안이라도 벌면 충분하다고 생각한다. 그런데 정말로 만 위안을 벌게 되었을 때는 돈이 부족하다고 생각한다. 사고 싶은 옷은 점점 더 많아지고, 먹고 싶은 음식은 점점 더 비싸지기 때문이다. 젊을 때는 그저 굴러가기만 하면 어떤 차라도 상관없었지만 정말로 차를 갖게 되니 더 좋은 차가 눈에 들어온다. 그래서 우리는 한때 '사치품'으로 여겼던 것들이 점점 '필수품'이 되어가는 사실을 발견하게 된다.

　우리의 직위와 수입은 갈수록 높아지지만 우리가 비교하는 대상도 끊임없이 레벨을 높여간다. 먹을 것, 입을 것, 쓸 것 등등 하루가 다르게 업그레이드되니 생활비도 덩달아 올라가게 된다. 우리는 늘 충분히 많은 돈을 벌면 자신이 정말로 하고 싶은 일을 하고 말겠다고 굳게 다짐한다. 하지만 나중에 가서야 우리는 이 '충분히 많다'는 것이 상대적인 개념이고, 만족할 줄 모른다면 '충분히 많은' 돈을 가질 날은 영원히 오지 않는다는 사실을 깨닫는다.

　물질문명이 진보할수록 미래에 대한 우리의 기대도 높아진다. 진보는 '미래는 더 나을 것'이라는 기대를 심어주기 때문이다. 우리가 늘 '더 나은' 것을 기대할 때, 현재는 우리 머릿속에서 깡그리 잊힌다. '더 나은' 것이 만족될 때마다 한 단계 '더 나은' 것을 바라는 욕망이 비집고 나오기 때문에 '더 나은' 것을 추구하는 이 게임에서 우리는 갈수록 만족과 즐거움에서 멀어진다. 그런데 어떻게 이상적인 삶이 가능하겠는가?

　사실 이상적인 삶이란 주관적인 심리 개념일 뿐이며 현실과 이상 사이의 차이가 이른바 '더 나은' 것이다. '더 나은' 것에 대한 집착을 버리지 않는다면 이상과 현실의 간극은 결코 좁힐 수 없다. 자족할 줄 모르고 현재를 중시할 줄 모른다면 '이상적인 삶'은 영원히 이룰 수 없다. 물론 이 말은 소극적이고 수동적으로 현재 상태를 받아들이고 어떠한 변화도 시도하지 말라는 뜻이 아니다. 맹목적으로 미래만 추구하느라 현재를 너무 많이 희생하지 말고, 미래와 현재 사이에서 균형을 잡고, 자신이 진정으로 원하는 바를 알라는 뜻이다.

예전의 나는 MBA 금테를 두른 다른 경영학 석사들처럼 뛰어난 전문 경영인이 되어 직장에서 끗발을 날리고 고액 연봉을 받으며 중산층의 '행복한 삶'을 사는 것이 목표였다. 그러나 지난 몇 년 동안 직장생활을 해보니 내 성격과 이런 목표가 적잖이 부딪쳤다. 나는 단순하고 자유로운 것을 좋아하고 복잡한 인간관계를 싫어했으며 다른 사람을 관리하거나 제한하고 통제하는 것이 끔찍하게 싫었다. 이 점을 깨닫고 나니 직장생활을 이어가기 더욱 힘들었지만 무턱대고 회사를 그만둘 수는 없으니 울며 겨자 먹기로 고달픈 생활을 할 수밖에 없었다.

다행히 직장생활에 어려움을 느낄 때 마침 기회가 찾아와 회사를 떠날 수 있었다. 이 결정으로 나는 한 가지를 깨달았다. '다달이 받는 월급 때문에 따분한 사무실 암투를 견디고 재능을 낭비한 채 자신의 가치를 드러낼 수 없는 일을 하는 것은 의미가 없다.' 돈을 버는 가장 본질적인 목적은 기본적인 생활을 영위하기 위해서다. 기본적인 생활이 가능하고 심지어 꽤 괜찮은 생활을 하고 있는데도 원래 자신을 수양하는 데 써야 할 시간을 모조리 희생해 기본적인 생활을 넘어서는 사치 생활을 하는 것은 정말이지 불필요하다.

이상적인 삶에는 정해진 공식이 없다. 이상적인 삶에서는 자신을 파악하고, 자신이 누구인지 알고, 자신과 평온하게 마주할 수 있는 것이 중요하다. 또 다른 사람이 원하는 것과 자신이 원하는 것을 분명히 구분할 수 있어야 한다. 그 밖에 미래에 집착하지 말고 살아 숨 쉬는 순간순간을 잘 보내며 바꿀 수 있는 것은 용감하게 바꾸고 바꿀 수 없는 것은 담담히 받아들여야 한다.

2015년, 나의 명상 스승인 이완億萬 선생님께서《행복창조력》이라는 책을 쓰셨다. 이 책에서 가장 마음에 와닿은 글귀는 "이 순간, 행복하라"였다. 맞는 말이다. 왜 군이 멀고 먼 미래를 기다리는가? 왜 지금은 안 되는가? 혼란스럽고 곤혹스러울 때, 나는 끊임없이 '아름다운 미래'를 상상하며 자신을 위로했다. 하지만 미래에 대한 집착을 버리고 나서야 이상과 현실 사이의 거리는 스스로 정할 수 있고, 그것은 우리가 생각하는 것만큼 그렇게 멀리 있지 않으며, 지금 이 순간에 있을 수도 있다는 사실을 알아차렸다.

나쁘지 않다면
좋은 것이다

처음으로 긍정 심리학을 알게 된 것은 '하버드 공개 수업' 덕분이었다. 이 수업의 영문명인 '포지티브 사이콜로지Positive Psychology'가 바로 긍정 심리학이라는 뜻이다. '긍정 심리학' 수업은 하버드대학교의 젊은 강사였던 탈 벤 샤하르가 개설한 선택과목에 불과했지만 2005년 하버드에서 가장 인기 있는 과목에 뽑히는 영광을 안았다.

탈 벤 샤하르의 수업에서 긍정의 매력과 힘을 엿본 나는 마침내 행복의 비밀을 찾았다는 사실에 흥분을 감추지 못했다. 그 후 나는 긍정 심리학 대가들의 책을 있는 대로 찾아 읽기 시작했다. 그렇게 해서 읽은 책 중에는 긍정 심리학의 창시자 마틴 셀리그먼과 '몰입'이라는 개념을 제시한 미하이 칙센트미하이의 책도 있다.

그러나 얼마 지나지 않아 한 가지 문제를 발견했다. 학술 이론과 현실 생활은 서로 결코 만날 일이 없는 평행선 상에 있다는 사실이었다. 이런 연구 결과와 학술 이론이 굉장한 것은 사실이지만 일상생활에 적용할 수는 없었다. 그래서 긍정 심리학을 공부해도 전혀 행복해지지 않았다.

나는 이론을 현실에 적용할 수 있는 방법을 찾기 위해 1년 동안 긍정 심리학 연구 결과와 각기 다른 계파를 형성한 학자들의 이론 및 주장을 실용적이고 효과적인 체계로 정리하고, 참가자 수십 명을 모아 두 달에 걸쳐 실험을 진행하기도 했다. 그러나 별다른 결과를 얻지 못했다.

그러다가 우연한 기회에 독일 철학자 아르투르 쇼펜하우어 Arthur Schopenhauer의 책을 읽게 되었다. 긍정 심리학에 비해 쇼펜하우어의 사상과 관점은 꽤 염세적이다. 쇼펜하우어는 날카로운 언어로 대중적인 범속함을 거침없이 비난했으며 정신적으로 빈곤하고 공허한 사람은 사람 취급도 하지 않았다. 쇼펜하우어는 대중이 사람을 천박하고 속되게 만들기 때문에 대중을 멀리하고 내면의 정신을 가득 채우라고 독려했다. 그가 이런 식의 주장을 하기는 했어도 나는 쇼펜하우어의 철학 이념에 빠르게 매료됐다. 긍정 심리학이 내게 한 줄기 빛을 선사했다면 쇼펜하우어는 겸허와 평온을 안겨주었다.

쇼펜하우어가 내게 준 가장 큰 선물은 정방향 사고를 역방

향 사고로 바꿔 '무엇이다'를 고민하던 데서 '무엇이 아니다'를
고민하게 해준 것이다. 긍정 심리학자들의 중요한 임무 중 하나
는 행복을 정의하는 것이다. 탈 벤 샤하르는 '행복이 즐거움과
의미가 만나는 곳에 있다'고 했다. 마틴 셀리그먼은 행복해지려
면 긍정적인 감정, 몰입, 건강한 인간관계, 삶의 의미와 목적감,
성취감, 이 5가지 요소를 갖춰야 한다고 했다.

예부터 인류는 행복을 이해하려고 노력해왔지만 아직까지
누구도 모든 사람이 받아들일 수 있는 행복의 적확한 정의를 내
리지 못했다. 우리가 행복의 정의를 내리는 것이 어려운 까닭은
그것이 행복을 느끼는 주체의 주관적인 의식과 관련이 있으며,
우리를 즐겁게 하는 일이 이 세상에 지극히 많아 물질적이고 감
각적인 것에서부터 정신적인 것, 심지어 영혼의 영역까지 극히
광범위하기 때문이다.

그런데 역으로 생각하면 행복을 훨씬 쉽게 정의할 수 있다.
비록 행복이 무엇인지 표현할 수는 없지만 불행과 고통이 무엇
인지에 대한 인류의 인지는 놀랄 만큼 일치한다. 어차피 행복이
무엇인지 정의하기 어렵다면 행복의 반대가 무엇인지 정의해보
는 게 낫지 않을까? 이것이 쇼펜하우어의 행복에 관한 논리다.
그는 '고통이 결핍된 정도'가 어떤 사람의 삶이 행복한지를 가늠
하는 기준이라고 했다. 다시 말해 고통을 적게 느낀 사람일수록
더 큰 행복감을 느낀다는 말이다. 그래서 우리는 외부적인 자극
으로 즐거움을 얻는 것이 아니라 최대한 고통에서 멀어지는 것

을 인생의 목표로 삼아야 한다.

　나는 창업을 준비하면서 퇴사에 관한 글을 썼다. 글을 올린 지 몇 시간도 채 되지 않아 수많은 댓글이 올라왔는데, 대부분은 나의 결정을 지지하고 응원하고 칭찬하는 글이었고, 내 글에 대한 독후감이나 좋은 글을 올려준 데 대한 감사의 글도 적지 않았다. 그런데 수많은 댓글 중에서 유독 눈에 띄는 글이 하나 있었는데 뉘앙스가 굉장히 비우호적이었다. 그 사람은 첫머리에서부터 나에게 대단히 실망했다고 밝혔다. 젊어 고생은 사서도 하는 건데 회사를 그만둔 것은 도피일 뿐이라고 비난했다. 사실 그냥 무시해도 되는 댓글이었지만 나는 그러지 못했다.

　잠자리에 누워서도 여전히 그 댓글의 내용이 떠올라 괴로웠다. 마치 귓가에 녹음기라도 틀어놓은 것처럼 끊임없이 '도피'라는 단어가 귓가에서 울려댔다. 나는 언뜻언뜻 분노가 치밀기도 했다. 그것은 아마도 인생 경력이 부족한 사람의 평가가 내 자존심을 상하게 한 탓일 수도 있고, 반박할 데가 없어 가슴에 응어리가 맺힌 탓일 수도 있다. 하지만 나는 금세 어처구니없는 사실을 깨달았다. 나를 지지하고 칭찬하던 수많은 목소리가 가져다준 즐거움이 겨우 비우호적이고 전혀 중요하지 않은 댓글 하나 때문에 너무 쉽게 망가져버렸다는 것이다.

　하지만 나는 왜 나를 즐겁게 해주는 일은 그토록 쉽게 놓아버리면서 나를 기분 나쁘게 만드는 일은 꼭꼭 끌어안고 놓지 못하는 것인지 이해할 수 없었다. 그러다가 문득 쇼펜하우어의 말을 떠올렸다. "고통이 결핍된 정도가 어떤 사람의 삶이 행복한지를 가늠하는 기준이다."

그 순간, 나는 이 말의 함의를 절실하게 이해했다. 사실 외부적인 사물이 가져다주는 즐거움은 모두 일시적인 것이다. 생리적인 자극에서 비롯된 쾌감은 금세 사라져버리고 욕망이 충족된 데서 얻은 쾌감도 얼마 지나지 않아 새로운 욕망이 생기면 자연스럽게 사라져버린다. 그러나 외부에서 얻은 즐거움에 비해 고통이 지속되는 시간은 훨씬 길다. 삶에 기뻐할 만한 일이 얼마나 많든 상관없이 일단 고통스러운 일이 생기면 행복감을 느끼기 어렵다. 모든 신경이 자연스럽게 자신을 고통스럽게 만드는 일로 집중되기 때문이다.

인류는 행복과 소유를 한데 묶어 생각하길 좋아해 자신을 즐겁게 하는 일에 평생을 바치는 사람이 부지기수다. 하지만 재물이든 명예든 소유하는 것이 많아질수록 고통을 느낄 가능성도 커진다는 사실은 아는지 모르겠다. 소유한다는 것은 곧 잃을 수도 있다는 뜻인데, 어떤 것을 잃어서 느끼는 고통은 그것을 얻어서 느끼는 즐거움보다 훨씬 크기 때문이다.

고대 로마의 유명한 역사가인 티투스 리비우스Titus Livius는 나쁜 일이 좋은 일보다 훨씬 더 사람을 건드린다고 했다. 재물을 예로 들어보자. 우리는 모두 부자가 되고 싶어 하지만 정말로 부자가 되면 재물을 잃는 고통이 재물을 얻을 때 느끼는 기쁨보다 월등히 크기 때문에 계속 감정적인 위협에 시달리면서 살게 된다. 그래서 부유한 사람은 재물 때문에 피곤한 삶을 산다. 그가 가진 재물이 그 자신을 통제하기 때문이다. 명예도 마찬가지다. 일단 타인의 인정에 의존하기 시작하면 내면의 평온을 잃게 된다. 자신은 못 받은 찬사를 남이 받거나 심지어 그가 자신보다 못나 보인다고 생각하면 크게 상처 받고 나약해진다.

사실 이런 역방향 지혜는 쇼펜하우어에게서만 확인할 수 있는 것이 아니다. 동서고금의 수많은 현자들이 이와 비슷한 주장을 했다. 고대 로마의 작가 퀸투스 엔니우스Quintus Ennius는 "그렇다. 주로 나쁜 것이 부족한 탓이다"라고 했다. 고대 로마에서 기원한 스토아학파는 '어떠한 정념이나 욕망에 휘둘리지 않는 상태', 즉 아파테이아apatheia를 주장하며 마음을 단련해 우리 안에서 재물이 갖는 중요성을 약화시켜야 한다고 했다. 그래야 잃게 되더라도 자극받지 않을 테니 말이다. 이는 외부 환경으로부터 개인의 자유를 되찾는 방식이었다.

불교의 관점과 교리도 이와 매우 비슷하다. 불교에서는 '탐貪, 진嗔, 치癡'가 마음의 번뇌를 일으키는 근원이라고 본다. '탐'은 소유에 대한 집착이다. 이미 가진 것이든 아직 가지지 못한 것이든 소유하려고 하는 욕심이다. '진'은 일이 마음대로 풀리지 않아 노엽고 증오가 이는 것이다. '치'는 지혜와 생각이 부족해 생기는 집착과 번뇌를 가리킨다. 그래서 불교에서는 번뇌를 떨치기 위해 주관적인 정서에서 빠져나와 그것에 휘둘리지 않도록 명상을 통해 심지心智를 단련한다.

그러고 보니 행복을 얻는 가장 좋은 전략은 무조건 외부의 즐거움을 추구하는 것이 아니라 고통을 처리하고 피하는 방법을 배우는 것이다.

고통은 쉽게 이해할 수 있다. 신체적인 아픔 외에 심리적인 고통은 사실 초조, 상심, 분노, 질투, 열등감 등 모든 부정적인 정서를 이른다. 감정은 생리적인 현상으로 없앨 수 없다. 그래서 불교와 스토아학파는 감정을 없애라고 하지 않고 감정이 생겨나는 근원으로 관심을 돌리라고 말한다. 우리가 고통을 느끼는 까닭은 감정이 있어서가 아니라 이런 주관적인 느낌을 지나치게 신경 쓰고 인정하며, 자신의 감각과 생각이 곧 자신을 만든다고 생각하기 때문이다. 만약 이런 동질감을 버리고 감정은 그저 마음 안에서 일어나는 물결일 뿐, 실체도 없고 의미도 없고 파도처럼 매 순간 변한다는 사실을 깨달으면 그저 감정의 존재만 느낄 뿐, 그것에 휘둘리지 않을 수 있다.

스토아학파가 추구한 아파테이아와 불교의 명상은 모두 심지를 단련하는 데 효과가 탁월하다. 스토아학파는 주로 마음속의 욕구를 가라앉혀 손실이 가져올 아픔을 피한다. 어떤 손실에도 흔들리지 않을 수 있다면 외부 세계의 어떠한 파동에도 부정적인 영향을 받지 않게 된다. 또 명상은 '알아차림'을 훈련하는 것으로 당신과 당신의 감정을 분리하는 것이다. 감정은 하늘에 떠 있는 구름처럼 이리저리 흘러갈 뿐, 당신에게는 아무런 영향도 미치지 못한다.

심지를 단련하는 것은 고통을 피하는 중요한 방식임이 분명하다. 그러나 이 밖에도 무리에서 멀어지고 사회활동을 줄이는 것도 좋은 방법이라고 생각한다. 자세히 관찰해보면 살면서 겪는 대부분의 고통이 타인에게서 비롯되기 때문이다.

인간은 사회적 동물이고, 인간이 느끼는 감정의 주된 목적은 사회조직을 연결, 유지하고 개인 간의 상호협력을 조절하는 등 단체생활에 따른 필요를 만족하기 위함이다. 그러다 보니 타인과의 접촉이 잦아질수록 감정의 기복도 커지고 타인의 평가를 지나치게 신경 쓰는 탓에 두려움과 초조함을 느낀다. 타인의 악의적인 언행에 분노하고, 타인이 나보다 낫다는 사실에 질투심이나 열등감을 느끼고, 타인에게 빚을 진 탓에 양심의 가책을 느낀다.

한마디로 타인과 섞여 살다 보면 부정적인 감정을 피할 수 없다. 오늘날, SNS가 빠르게 발달하면서 사람들의 인맥은 수십 배에서 많게는 수백 배까지 넓어졌다. 그러면서 타인의 말이나 삶이 시시각각 우리의 삶에 영향을 미쳐 인간의 허영과 나약함을 여지없이 드러내고 있다.

이 점을 깨닫고 나서 나는 일부러 사회활동을 줄이기 시작했다. 심지어 타인의 삶에 관심을 끊었다. 그런 대단치 않은 정보를 내 삶의 밖으로 몰아내고 나니 타인의 말이나 행동에 휘둘릴 일이 없어졌다. 그리고 외부의 이런 소음을 무시하고 나 자신에게 몰두하기 시작하니 점차 마음속에서 어떤 힘이 자라나는 게 느껴졌다. 마음과 머릿속이 그 힘으로 채워질수록 침착하고 느긋해졌다. 나를 인정하니 나에 대한 다른 사람의 평가가 신경 쓰이지 않았다. 그리고 나의 가치와 능력을 인정하니 확고한 안정감이 들었다. 나는 더는 무엇을 잃을까 두려워하지 않았다. 내면에 가진 것은 다른 사람이 빼앗아갈 수 없고, 외부의 변화로 늘거나 줄 일이 없다는 사실을 깨달았기 때문이다. 외부 세계가 좋든 나쁘든 나는 이미 면역력이 생겼으니 운명의 결정에 나약해지지 않을 것이다.

이것이 내가 오랜 세월 열심히 고민한 행복에 대한 답이다. 이 세상에서 가장 행복한 사람은 자유로운 머리와 넉넉한 마음, 고귀한 영혼을 가진 사람이다. 이런 사람들에게 가장 소중한 부는 바로 자신이며, 이런 부는 아무도 가져갈 수 없고 잃을 리도 없다. 쇼펜하우어가 말했듯이 내면이 가득 찬 사람은 밖에서 즐거움을 찾을 필요가 없고 이런 사람이 가장 행복한 사람이다.

행복에 관한 많은 사색을 거친 끝에 마침내 깨달음을 얻었다. 진정한 행복은 영원한 즐거움이 아니다. 그런 것은 애초에 존재하지도 않는다. 영원한 즐거움에 집착하면 오히려 고통스러워진다. 진정한 행복은 철학자 세네카Seneca의 말처럼 '아무것도 잃지 않는' 내면의 상태를 말한다. 만약 '아무것도 잃지 않는' 심리 상태로 인생을 대한다면 《채근담》에서 이르는 최상의 경지에 이를 수 있지 않을까?

"영화와 치욕에 놀라지 아니하고, 한가로이 뜰 앞의 피고 지는 꽃을 바라보며, 가고 머무름에 뜻을 두지 아니하고, 느긋하게 하늘의 구름이 일어나고 스러짐을 따르노라."

지난 1년간,
나의 '멀티 라이프'

많은 사람이 '멀티족'의 삶은 과연 어떤 모습일지 궁금해한다. 물론 내가 모든 '멀티족'을 대변할 수는 없다. 사람마다 발전 방향과 생활 이념, 추구하는 인생이 다른 까닭에 삶의 양상도 다를 수밖에 없기 때문이다. 그래서 나는 내가 지난 1년간 어떤 삶을 살았는지에 대해서만 이야기하고자 한다.

예전에 비해 요즘 들어 가장 크게 달라진 점은 기계적으로 시간을 나눌 필요가 없어졌다는 사실이다. 평일과 주말의 개념이 없어졌고 출퇴근 시간도 사라졌다. 나는 완전히 내 리듬대로 하루하루를 어떻게 지낼지 결정할 수 있다. 가끔은 언제 '일'하고 언제 '생활'하는지 구분하기 힘들 때도 있다. 나는 일할 때도 내가 좋아하는 것을 하기 때문이다. 유일하게 다른 점이라면 이런 일들로 돈까지 벌 수 있다는 점이다. 그래서 나는 일과 생활의 균형만이 아니라 대뇌의 각 구역의 사용 빈도에서도 균형을 추구하고 있다. 쉽게 말해 예술, 사고, 운동, 여가 등 다양한 활동 간의 균형을 이루려고 노력 중이다.

비록 다양한 분야의 일을 하고 있기는 하지만 전반적으로 보면 나는 지식 서비스와 교육 분야에 속하는 일을 하고 있다. 이 분야를 선택한 이유는 2가지다. 하나, 교육가 집안에서 태어난 까닭에 태생적으로 교육을 좋아하기 때문이다. 둘, 배움은 내 인생의 가장 큰 즐거움이기 때문이다. 오직 배움만이 내 안에서 끊임없이 용솟음치는 지적 욕구와 호기심을 충족시켜준다.

훌륭한 교육 제공자이자 지식 서비스 제공자가 되기 위해서는 일단 나 자신이 종합적인 지식 구조를 갖춰야 한다. 또한 시장에 대한 예리한 후각과 지식을 제품화하는 능력이 필요하다. 내가 과거에 했던 일들은 대개 지속적으로 아웃풋을 내놓고 소모하는 일이었지만 지금은 끊임없이 독서하고 배우고 생각한 다음에 아웃풋을 내놓고 있다. 이는 내 개인적인 취미와 인생의 목표에 딱 들어맞을 뿐만 아니라 나 자신이 날마다 진보하고 성장하고 있다는 기쁨까지 준다.

그 밖에 일의 내용이 다채로워진 것도 내가 즐겁게 일하는 데 한몫한다. 현재 나는 여러 제품을 공동으로 개발하기 때문에 수시로 다양한 분야를 넘나들고 있다. 어제는 인문·역사와 관련된 프로젝트에 참여했다가 오늘은 문학과 글쓰기에 대해 토론하고, 내일은 논리적 사고 훈련을 고민하고, 주말에는 무용이나 다른 예술 과정에 참여한다. 나머지 시간에는 흥미가 느껴지는 분야의 책을 읽으면서 연구를 거듭해 미래의 새로운 프로젝트를 준비한다. 한마디로 내가 하는 일은 다양할 뿐만 아니라 재밌기까지 해서 반복 작업으로 인한 지루함을 느낄 틈이 없다. 이처럼 여러 분야를 수시로 넘나들다 보니, 내 머리는 항상 활성화되어 있고 갈수록 사고가 유연해지고 창의력이 샘솟는다.

이런 업무 형태는 경제적으로도 장점이 많다. 여러 프로젝트는 곧 다양한 수입원을 의미하기 때문에 수입이 끊길 걱정을 안 해도 된다. 각각의 프로젝트는 모두 독립적인 '현금 수송 파이프라인'으로 서로 영향을 미치지 않는다. 설령 한 '파이프라인'이 끊기더라도 다른 '파이프라인'이 남아 있고, 새로운 '파이프라인'을 구축할 수도 있기 때문이다. 모든 '파이프라인'을 잘 관리해 지속적이면서 수동적인 현금 흐름을 만든 다음, 또 새로운 '파이프라인'을 구축하면 총수입이 안정적으로 증가할 것이다.

나의 일과는 이렇다. 오전 7시에 일어나서 20분 동안 명상하고 풍성한 아침 식사를 즐긴 다음, 밀크티나 커피를 마시면서 그날의 일을 시작한다. 오전 9시부터 12시까지는 하루 중 기운이 가장 넘치는 시간대기 때문에 그날 안에 마쳐야 하는 일은 이때 집중적으로 완수한다.

그날 할 일은 그 전날 계획해둔다. 그러면 일을 시작할 때

따로 시간 내서 무슨 일을 해야 하는지 생각할 필요 없이 곧바로 정신을 집중해 가장 효율적으로 업무를 완수할 수 있기 때문이다. 필수적인 업무를 마치고 나면 오후에는 독서나 운동처럼 비교적 가뿐한 활동을 한다. 대개 이 시간에 크로스핏 훈련과 무용 연습을 한다. 저녁에는 보다 여유로운 시간을 보낸다. 흥미로운 다큐멘터리를 보거나, 머리를 많이 쓰지 않아도 되는 책을 읽거나, 친구들과 식사를 하거나, 집에서 차분히 서예 연습을 한다.

하지만 나는 계획표에 딱 맞춘 삶을 나에게 강요하지 않고 몸이 보내는 신호에 따라 수시로 스케줄을 조정한다. 예를 들어 너무 피곤하면 마사지를 받거나 일찍 잠자리에 든다. 초조한 마음이 들면 명상을 하면서 마음을 가라앉힌다. 게으름을 피우고 싶거나 일을 하기 싫을 때는 영화나 예능 프로그램을 보거나 쇼핑을 하거나 카페에 간다. 여하튼 나는 대뇌가 적극적이고 활발히 움직일 때만 일을 한다. 대뇌가 쉬고 싶다거나 게으름을 피우고 싶어 하면 그에 따른다. 쉬고 나면 다시 활발한 상태로 돌아올 것을 알기 때문이다.

물론 나도 한창 바쁠 때가 있다. 프로젝트 하나를 끝내면 곧바로 다음 프로젝트를 진행하는 식으로 쉴 틈 없이 바쁜 나날을 보낸다. 하지만 나는 재량껏 바쁜 시간을 한데로 몰아 일을 처리할 수 있다. 그렇게 하면 일과 수입 모두 영향을 받지 않으면서 세계 각지를 돌아다니는 시간을 마련할 수 있다. 그래서 이런 새로운 생활을 시작한 첫해 가을에 나는 뉴욕으로 날아가 브로드웨이에서 뮤지컬 재즈를 배워 마음속에 오랫동안 담아뒀던 작은 꿈을 이뤘다.

우리는 더 많은 시간을 일에 쏟으면, 더 성공할 수 있고 더 많은 돈을 벌 수 있다는 사실을 잘 알고 있다. 하지만 왜 그렇게 살아야 할까? 2016년 초, 나는 연간 계획을 세우면서 인생 목표를 진지하게 고민했다. 그 결과, 나는 내가 물질이나 명성에 대한 욕망이 그다지 크지 않다는 사실을 발견했다. 그렇기 때문에 나는 웬만해서는 유혹에 흔들리지 않고 부와 명예를 위해 진심으로 원하지 않는 일을 해본 적이 없다. 나는 내가 부자들의 호화로운 삶을 별로 부러워하지 않으며, 더욱이 명성에 목매는 일 따위는 결코 바라지 않는다는 사실을 분명히 알고 있다.

오히려 나는 일부러 명리욕에서 멀어지려고 노력한다. 조용하고 편안한 환경에서만 장인의 마음으로 제품을 만들 수 있기 때문이다. 인생의 목표를 고민해보니 내가 원하는 삶은 사실 정말로 단순하기 짝이 없었다. 그저 보람차고, 즐겁게 지내고, 경제적 부담에 시달리지 않고, 원만한 인간관계를 유지하면 그만이었다. 나는 이미 이 모든 것을 가졌으므로 내 삶에 매우 만족하고 행복하다.

그러나 삶에 대해 요구가 단순하다고 해서 인생에서 추구하는 바가 없다는 뜻은 아니다. 오히려 이와 정반대로 내가 물질생활에 크게 바라는 바가 없는 이유는 더 높은 차원의 인생을 추구하는 데 온힘을 쏟기 때문이다. 이것이 내가 죽기 살기로 노력하는 이유다. 내가 하는 모든 일은 중요한 신념에서 비롯된다. 바로 이성과 호기심이 인류 진보의 근원이라는 신념이다.

이성은 중세 시대 '하느님이 모든 것을 결정한다'는 신중심주의에서 인류를 해방시켜 인류가 자신이 가진 거대한 잠재력을 발견할 수 있도록 이끌었다. 또 호기심은 몇 세기에 걸쳐 과학자들이 한발 한발 우주의 신비와 법칙을 밝혀내는 원동력이 되었다. 그러나 물질문명이 고도로 발달한 오늘날, 우리는 물질적 향락에 지나치게 빠져들어 사상적·정신적 추구를 간과하고 있다. 그래서 사람들이 물질적으로는 풍요롭지만 정신적으로는 빈곤한 삶을 살고 있다.

무지와 어리석음은 행복의 가장 큰 적이다. 지식과 이성을 가진 사람만이 더 높은 차원에서 자신과 이 세상을 객관적으로 바라볼 수 있고 감정이나 욕망, 어리석은 사상에 휘둘리지 않을 수 있다. 그래서 나는 배움을 통해 끊임없이 자신을 채워나가고, 노력을 통해 더 많은 사람의 이성과 지식에 대한 열망을 일깨우며, 더 풍요로운 정신생활을 추구하도록 이끄는 삶을 추구한다.

여기까지가 지난 1년간 '멀티족'으로서의 내 삶이다. 이런 삶이 가장 훌륭한 생활 방식이라고 할 수는 없으며, 그저 지금의 나에게 가장 맞는 생활 방식일 뿐이다. 나는 이런 생활이 모든 시간을 과학 연구에 쏟는 과학자나 온종일 작업실에 틀어박혀 창작에 열중하는 예술가, 세계 곳곳을 누비는 여행가의 삶과 본질적으로 차이가 없다고 생각한다. 모두 각자의 생활 방식으로 보람차고 즐겁게 꿈을 추구하고 자신을 위해 살고 있기 때문이다.

멀티족으로 산다

2017년 9월 20일 초판 1쇄 발행

지은이 · 수잔 쾅
옮긴이 · 정주은

펴낸이 · 김상현, 최세현
편집인 · 정법안
책임편집 · 손현미, 김유경 | 디자인 · 김애숙, 최우영

마케팅 · 권금숙, 김명래, 양봉호, 임지윤, 최의범, 조히라
경영지원 · 김현우, 강신우 | 해외기획 · 우정민
펴낸곳 · (주)쌤앤파커스 | 출판신고 · 2006년 9월 25일 제406-2006-000210호
주소 · 경기도 파주시 회동길 174 파주출판도시
전화 · 031-960-4800 | 팩스 · 031-960-4806 | 이메일 · info@smpk.kr

ⓒ 수잔 쾅(저작권자와 맺은 특약에 따라 검인을 생략합니다)
ISBN 978-89-6570-503-1 (03190)

쌤앤파커스(Sam&Parkers)는 독자 여러분의 책에 관한 아이디어와 원고 투고를 설레는 마음으로 기다리고
있습니다. 책으로 엮기를 원하는 아이디어가 있으신 분은 이메일 book@smpk.kr로 간단한 개요와 취지,
연락처 등을 보내주세요. 미뭇거리지 말고 문을 두드리세요. 길이 열립니다.